El problema de la vida humana

Una introducción a la filosofía antropológico-vital de la Escuela de Madrid

La colección Divulgación y Transferencia se crea con la función principal de comunicar los resultados de la investigación científico-técnica a la sociedad, para así acercarla al público general.

Comité científico de la colección

El problema de la vida humana
Una introducción a la filosofía antropológico-vital de la Escuela de Madrid

Bryan Jesús Irias Alfaro

EDICIONES COMPLUTENSE

PRIMERA EDICIÓN: MARZO 2025

ISBN: 978-84-669-3877-8
Depósito Legal: M-2132-2025

Diseño de cubiertas de la colección: Koln Studio

Impresión
    Solana e Hijos Artes Gráficas
    San Alfonso, 26 B° La Fortuna
    28917 Leganés (Madrid)

Ediciones Complutense es miembro de Unión de Editoriales Universitarias Españolas (UNE) y está asociada a Cedro.

Ediciones Complutense garantiza un riguroso proceso de selección y evaluación de los trabajos que publica.

*Con amor de hijo a
Mami † y Papi.*

Agradecimientos

La presente obra es fruto del trabajo desarrollado en mis años de doctorado en la Universidad de Florencia y la Universidad Complutense de Madrid. Agradezco a mi maestro el profesor Adriano Fabris su paciencia y rectitud en estos años de estudio, y el haberme enseñado el rigor filosófico en la investigación. Además, este trabajo no hubiese sido posible sin la ayuda, la colaboración y el acompañamiento del personal del Centro Universitario Cattolico de Roma (C.U.C.), Italia, a quienes doy las gracias de manera sincera. Agradezco con amor a mi esposa Liliana por el sostén y la paciencia que me muestra día a día.

Índice

Introducción

En el presente trabajo se expone la situación intelectual que vivía el pueblo español de los años 20 y 30 en la primera mitad del siglo XX, ya que es en ese espacio temporal donde inicia el movimiento de la llamada Escuela de Madrid. De hecho, lo que pretende este estudio es observar cómo dicho movimiento impulsa el pensamiento español a ser una posibilidad clara y real para la filosofía y cultura europea, que estaba inmersa intelectualmente en la línea de pensamiento del realismo y del idealismo alemán, además de una fuerte afirmación del neokantismo. Como afirma Lucia Parente:

> Todos los orteguianos intentan guiar al pueblo español a re-propiarse, a través de la regeneración de ideas, de sí misma con la mirada proyectada hacia Europa y la filosofía moderna para asimilarla y superarla; empeñándose en un debate constante entre «tradición» y «renovación». Los pensadores de la Escuela de Madrid […] proponen europeizar España, introduciéndola en el debate cultural que actualmente, aunque muy lentamente, la está reconociendo[1] (Parente 2016, 53).

[1] Traducción propia.

Se debe tener presente que la filosofía de la Escuela de Madrid es un proyecto que abarca no solo la esfera intelectual, sino además el ámbito político, social y cultural español. Como lo confirma José Luis Abellán:

> Es evidente que la floración de filosofía que tuvo lugar en nuestro país durante el siglo XVI constituye más una prolongación del movimiento escolástico medieval que una muestra de la peculiar vocación filosófica de los españoles. Y en los restantes siglos, nuestros filósofos han estado muy por debajo no solo de las mentes extranjeras, sino del resto de la producción literaria nacional (Abellán 1972, 11).

Antes de iniciar este recorrido por las primeras décadas del siglo XX español, se debe mencionar al menos la generación del 98, para buscar un «puente» que pueda ayudar a entender mejor el proyecto de la Escuela de Madrid no solo a nivel intelectual sino también a nivel político y cultural en la sociedad española de la primera mitad del siglo XX.

Por ello, si se quiere indagar la Escuela de Madrid como proyecto intelectual de la España contemporánea, se debe tener en cuenta las primeras décadas del siglo XX en las que la sociedad española vivía un momento trágico de división social y política como lo evidencia José Ortega y Gasset, en *Vieja y nueva política* (1914), cuando utiliza la metáfora del esqueleto para asemejarlo al Estado oficial de la España de entonces (cfr. Ortega y Gasset 2004e, 713).

Parte I

Miguel de Unamuno y la idea de ser humano

No se puede llegar a la Escuela de Madrid sin pasar por la figura del literato Miguel de Unamuno (1864-1936). Don Miguel se consideraba a sí mismo, más que literato o filósofo, un poeta. Como afirma Julián Marías:

> […] conviene no olvidar que los libros de Unamuno figuran por derecho propio en la literatura. Ante todo, y por lo pronto, son obras literarias, y así se las suele considerar justificadamente. Sus principales géneros literarios son, junto al ensayo, la poesía y la novela, y también el drama. (Marías 1960, 27).

Unamuno prefería que su obra fuese analizada como poesía o literatura, afirma Ángel Alcalá, para que se pudiese observar con mayor claridad la amplitud y el alcance de su pensamiento: «Unamuno mismo, en varias ocasiones, expresó que prefería ser tenido por poeta y calificó de poesía toda su obra, fundiendo de ese modo sus múltiples géneros literarios» (Alcalá 1969, 279). Por otra parte, el histórico español Abellán, confirmando las palabras de Alcalá, muestra cómo en el literato bilbaíno se funden diversos géneros literarios por el gran número de metáforas que se pueden encontrar en sus obras:

> Hay cosas para cuya expresión no se ha hecho el lenguaje, y entonces no queda más remedio que utilizar las metáforas.

A ellas acude Unamuno para expresar su filosofía; recorde-
mos lo que él mismo nos dice en *Del sentimiento trágico
de la vida*, cuando se dispone a iniciar sus reflexiones más
personales: «No quiero engañar a nadie ni dar por filosofía
lo que acaso no sea sino poesía o fantasmagoría, mitología
en todo caso» (Abellán 1972, 13).

En el libro *Three Spanish Philosophers* don Miguel, es
presentado como el pensador de la tragedia por motivo de
la oposición entre la fe y la razón sobre las cuales él mismo
reflexiona:

> Ferrater presents Unamuno as a thinker of tragedy, that is,
> someone capable of discovering, explaining, and expound-
> ing the contradictions inherent in human life. The funda-
> mental tragic feeling stems from a powerful source: the
> opposition between reason and faith (Terricabras 2012, 3).

La figura unamuniana sea como poeta o como pensador
es fundamental, no solo para los intelectuales, sino para toda
la sociedad española por la profundidad de su pensamiento
y por la riqueza que presenta su obra literaria (cfr. Abellán
1989, 238).

La existencia del ser humano, el sentido agónico de la vida
humana y su persistencia en la obra unamuniana son temas in-
herentes al ámbito de su pensamiento religioso, por la influencia
de los autores protestantes que leía el escritor bilbaíno: «[...]
de todos estos autores[2] puede provenir el punto de partida que
elige Unamuno para su filosofía de la religión: el «hombre de
carne y hueso» consistente, ante todo, en su afán de perseverar
en su ser» (Orringer 1985, 58), además de la influencia del pen-

---

[2]   Orringer hace referencia a: Albrecht Ritschl, Alexandre Ruodolphe Vinet, Aguste
      Sabatier, William Ellery Channing.

samiento cristiano de Pascal y de Kierkegaard (cfr. Savignano 2016, 53)[3].

Una consecuencia de dichas lecturas cristiano-protestantes en el pensamiento de Unamuno es el tema de la muerte y, sobre todo, el tema de la vida humana, que se presenta como tema fundamental en la filosofía española del siglo xx y en la antropología unamuniana. De hecho, se puede afirmar que Unamuno ha sido el precursor de diversos tipos de pensamiento que se desarrollarán particularmente en José Ortega y Gasset y Julián Marías, principalmente el pensamiento sobre la vida del ser humano (cfr. Alcalá 1969, 281). El pensamiento antropológico de Unamuno en España no debe ser visto como un existencialismo en el sentido heideggeriano de estar-en-el-mundo, sino como un pre-existencialismo; porque la teoría unamuniana tiene como centro la existencia de la vida del ser humano y particularmente el *pervivir* del ser humano después de la muerte: «La resurrección del cuerpo y la inmortalidad del alma, pues, forman para Unamuno la aspiración y hueso» (Orringer 1985, 61).

---

[3] Armando Savignano afirma que Unamuno en *Del sentimiento trágico de la vida*, antes de leer la obra de Kierkegaard –que poco tiene que ver con su concepción antropológica en esa obra–, había leído a los protestantes liberales que se acaban de mencionar. Esto no quita la fuerte influencia filosófica que Pascal y del mismo Kierkegaard tienen en el pensamiento de Unamuno. Y esta afirmación la comparte con Nelson Orringer en el estudio *Unamuno y los protestantes liberales* (1985).
Además, hay que tener en cuenta –según Orringer– que el hombre de carne y hueso al que se refiere Unamuno está lejos de la influencia filosófica de Kierkegaard, como evidencia el estudioso en una nota: «Aunque Kierkegaard parte también del "existente concreto", conviene recordar que Unamuno leyó con anterioridad a los protestantes liberales […]. La descripción unamuniana del «hombre de carne y hueso», procede de muchos autores, aunque sobre todo, de estos y, en nuestra opinión, tiene poco que ver con Kierkegaard» (Orringer 1985, 58). En su estudio sobre Unamuno, Orringer, concluye que: Albert Ritschel, Auguste Sabatier y Carl Gustav Harnack son las principales figuras que influenciaron el pensamiento de Unamuno en la obra *Del sentimiento trágico de la vida* (cf. Orringer 1985, 223), dejando poco espacio por la influencia de la filosofía kierkegaardiana.

1. El sentir político de Unamuno

La España de la generación del 98[4] –a la cual pertenece don Miguel– se vio fuertemente dividida entre aquella generación cerrada en sí misma, en su patriotismo y su idea de república, y aquella que aspiraba a salir de su realidad intelectual reducida a la sola España para ser una posibilidad intelectual para Europa, que en 1914 estaba entrando en la Gran Guerra.

Don Miguel, después de la I Guerra Mundial, sufrió dramáticamente la incomprensión de un país cerrado en su visión del mundo, esto fue debido a la ruptura social y política que culminará con la Guerra Civil. Unamuno no se siente ajeno a esta situación, por tal motivo busca en su obra *El Cristo de Velázquez* (1920) un punto de unión con el cual el pueblo español, según Antonio Ullán, se pueda identificar: «El poema pretende ser un evangelio nacional. En él, Unamuno, desea expresar de manera poética lo que Diego Velázquez plasmó en el lienzo. El Cristo es una unidad orgánica en sí misma» (Ullán 2003, 37). La intención unamuniana en dicha obra era mostrar aquello que según él faltaba al pueblo español, la unidad, y esta intención la alcanza Unamuno con la belleza de sus textos (cfr. Ullán 2003, 37).

El carácter trágico de la vida humana, que se manifiesta en las diversas obras de Unamuno, ha sido perseguido por el literato en la propia realidad vital (cfr. Savignano 2017, 11). La *tragicidad*[5] del destino de la persona humana está aso-

---

[4]   El estudio de la generación del 98 no forma parte de este trabajo, por lo tanto, para tener un panorama más amplio de la generación del 98 recomiendo: Abellán, José Luis. (1989b). XXVI. «La generación del 98: Marco literario y problemática general». En *Historia crítica del pensamiento español*. Vol. V, tomo II, *La crisis contemporánea: de la gran guerra a la guerra civil española (1914-1939)*. Espasa-Calpe, Madrid.

[5]   El término *tragicidad* no existe en la lengua española y por ello se debería utilizar el concepto de «carácter trágico»; no obstante creo necesario utilizar este término para referirnos a la esencia del carácter dramático de la vida del ser humano en la antropología unamuniana (cfr. Arrate 2023b), como se observa en algunos estudios (Arrate 2023a). Por ello creo que puede ser necesario dentro del ámbito filosófico para referirnos la pensamiento trágico de Unamuno.

ciada a la «congoja» y la angustia de no saber qué le pasará al hombre de carne y hueso en el momento futuro. Diversamente acontece –como se verá más adelante– en las teorías filosóficas sobre la vida humana de José Ortega y Gasset y de Julián Marías. Para ellos el destino de la persona es analizado como aquello que el hombre está viviendo aquí y ahora, dando así un sentido personal y por tanto biográfico a la propia circunstancia vital; porque es desde la propia circunstancia que el ser humano se proyecta hacia el futuro, que no se presenta en la presencia de la persona como trágico sino dramático.

2. La muerte y la agonía

En la obra filosófica unamuniana el tema de la vida humana ha sido observado como *meditatio mortis*, como aquel paso que separa al hombre de la muerte. De hecho, Guillermo Fraile declara que el poeta español analiza el tema de la vida como una perenne agonía de la persona humana en carne y hueso:

> toda su vida fue una «agonía», en el sentido griego de combate, una lucha sin tregua ni descanso entre el agnosticismo y el escepticismo de su razón, que negaba o era incapaz de demostrarle la existencia de Dios y la pervivencia de su ser individual, y el fideísmo o el sentimentalismo en que se refugiaba para afirmarlas (Fraile 1972 202).

El carácter agónico elaborado por Unamuno es dirigido, sobre todo, a la persistencia del ser humano, y esto es lo que caracteriza todos sus escritos: «Ya está Unamuno con la muerte, su perenne amiga-enemiga. Toda su vida, toda su filosofía ha sido, como la de Spinoza, una *meditatio mortis*» (Ortega y Gasset 2006b, 409). Esta influencia intelectual que tiene la filosofía de Spinoza sobre la visión de la inmortalidad en la literatura de

Unamuno, la hace presente también Julián Marías cuando analiza la obra unamuniana:

> El conato de perduración. –El punto de partida intelectual de Unamuno, es la tantas veces citada doctrina de Spinoza de que toda cosa tiende a perseverar indefinidamente en su ser, ese conato o apetito en su misma esencia y, en el caso del hombre, ese apetito va acompañado de conciencia–. Ninguna otra afirmación filosófica fue compartida tan honda y sinceramente por Unamuno, que descubrió en las sobrias proposiciones latinas de la *Ética* spinoziana la expresión de su agónico afán de inmortalidad. A esto llama a veces apetito de divinidad; pero, como ya vimos, no se trata de un afán de llegar a Dios por él mismo, sino de alcanzar la garantía de la inmortalidad (Marías 1960, 187).

El concepto de «apetito de divinidad» en Unamuno es sinónimo de inmortalidad, y afirma Marías, que este es un concepto central de la actividad intelectual unamuniana (cfr. Marías 1967a, 380). De hecho para el escritor bilbaíno la inmortalidad es el fin *telos* hacia el cual tiende el ser humano y, a su vez, es una característica inherente a la naturaleza humana. Como él mismo afirma:

> Todo hombre que sea de veras hombre, todo hombre que lleve en sí una conciencia viva, un reflejo de Dios, siente en sus íntimas luchas un tormento de sed y de hambre, tormento que es nuestra mayor bendición, siente un ansia de infinitud y de eternidad, siente el ansia de la perpetuidad y totalización de la conciencia, siente, para servirme de la expresión característica de uno de nuestros escritores clásicos, un apetito de divinidad[6] (Unamuno 1958c, 805).

---

[6] Es interesante observar cómo este apetito de inmortalidad, que se encuentra en diversas obras de Unamuno, hace referencia no solo a Spinoza, como afirma Marías, sino también a autores que estaban antes que él, como san Juan de la Cruz: «¡Ganas de creer! san Juan de la Cruz nos habla del "apetito de Dios" (*Subida del Monte*

En la obra *Del sentimiento trágico de la vida* Unamuno afirma, comentando a san Agustín, que este apetito divino es un apetito bueno, y que acompaña al ser humano hacia el fin al cual tiende, que no es otro que la inmortalidad:

> «Todo lo que es en cuanto es, es bueno», sentenció San Agustín; pero ¿por qué? ¿qué quiere decir ser bueno? Lo bueno es bueno para algo conducente a un fin, y decir que todo es bueno, vale decir que todo va a su fin. Pero ¿cuál es su fin? Nuestro apetito es eternizarnos, persistir, y llamamos bueno a cuanto conspira a ese fin, y malo a cuanto tiende a amenguarnos o destruirnos la conciencia. Suponemos que la conciencia humana es fin y no medio para otra cosa que no sea conciencia, ya humana, ya sobrehumana (Unamuno 1958b, 372).

La vida humana, por lo tanto, es analizada como una lucha entre el vivir y el morir al interno de la existencia del ser humano, esto quiere decir que la existencia del mismo hombre se convierte en agonía. Esta tensión de lucha agónica era pensada por Miguel de Unamuno como el estar agonizando[7] del ser humano para encontrarse con la muerte: «Agonía, ἀγωνία quiere decir lucha. Agoniza el que vive luchando, luchando contra la vida misma. Y contra la muerte» (Unamuno 1958, 463). Dicho sentir es el punto más alto de la metafísica de la vida humana en

---

Carmelo, libro I, cap. X)» (Unamuno 1958d, 502). Y además en san Alonso Rodríguez: «Es, sirviéndome de una fuerte expresión del padre Alonso Rodríguez, el gran clásico, "apetito de divinidad". Sí, apetito de divinidad: "¡Seréis como dioses!"; así tentó, dicen, el demonio a nuestros primeros padres. El que no sienta ansias de ser más, llegará a no ser nada, ¡O todo o nada! Hay un profundo sentido en esto» (Unamuno 1958f, 691-692).

[7]   El tema de la agonía recuerda –desde un punto de vista espiritual– la célebre frase de la poesía de santa Teresa de Ávila: «Vivo sin vivir en mí y tan alta vida espero que muero porque no muero» (de Avila 1967, 499). De hecho, para la santa, la verdadera vida, será estar al lado del amado, o sea, al lado de Cristo, y para alcanzar dicha vida, el ser humano debe morir, abandonar esta vida, para vivir la vida bienaventurada.

la literatura unamuniana como afirma Marías: «[Unamuno][8] es un efectivo precursor, con personalidad propia, de la metafísica de la existencia o de la vida» (Marías 1967a, 381).

Se debe tener presente que la tragicidad de la vida humana no consiste en la muerte que se presenta a ella –a la vida– como el único evento seguro en el futuro de la persona humana, sino que la tragicidad se encuentra en el estar muriendo mientras se está viviendo. El vivir del ser humano en Unamuno es una tensión entre la vida y el deseo de la vida perdurable, en ello está la tragicidad de la vida, en el estar frente a la muerte, pero que no significa ser-para-la-muerte: la vida de la persona humana tiene en su trayectoria la muerte como evento y esto no lo puede evitar la persona humana porque, paradójicamente, lo debe vivir.

La muerte es un tema central en la teoría de la vida desarrollada por la Escuela de Madrid; y a su vez, la muerte es considerada no como fin en sí misma sino en función de la vida «porque el hombre muere, y la muerte solo se puede entender desde la vida que es privación» (Marías 1950, 22). Las palabras de Marías sobre el tema de la muerte en Unamuno aclaran cómo el tema central es la vida humana en sentido trágico y no la muerte como fin de la persona humana.

Por ello el tema de la muerte para los pensadores del siglo XX español no va a ser un tema extraño, porque la muerte desde un punto de vista vital no es solo una posibilidad como tantas, sino que es una realidad futuriza en la vida del ser humano, realidad que la persona está viviendo en el momento presente.

En la obra unamuniana, según Marías, no se encuentra ni un sistema, ni una uniformidad doctrinal por motivo de los «saltos» entre tema y tema que aparecen en sus escritos (Marías 1967a, 381), por ello en la obra unamuniana no se encuentra un verdadero sistema filosófico:

---

[8]   Paréntesis míos.

En Unamuno no se puede encontrar, no ya un sistema, sino ni siquiera un cuerpo de doctrina congruente. Salta sin cesar de un tema a otro, y de cada uno solo nos muestra un destello. Parece como si hiciera girar ante nosotros pedrerías que fuesen heridas un instante por la luz para quedar en seguida otra vez en la sombra y suceder al primer reflejo un brillo distinto. Las afirmaciones de Unamuno no se enlazan nunca entre sí, no se apoyan unas en otras para fundamentarse y darse mutua justificación. Cada una queda recluida en sí misma, aislada, suelta, y esto, más que su contenido, es lo que constituye lo que se ha llamado vagamente su arbitrariedad (Marías 1960, 23).

Reconociendo la no sistematicidad de la obra unamuniana –como afirma Fraile– se debe decir que es en sus obras donde se encuentran las raíces de la teoría de la circunstancia, y sería un error –y una injusticia hacia don Miguel–, decir que dicha teoría es una invención solo orteguiana:

Pero la publicación de sus *Obras completas* permite seguir mejor su trayectoria intelectual. Ciertamente que Unamuno no tiene ningún sistema. Pero sí puede apreciarse en su pensamiento una línea central más o menos quebrada, pero siempre dominante en ocasiones casi obsesiva que arranca de su crisis religiosa juvenil (Fraile 1972, 205).

3. Unamuno, preexistencialista español

Para Marías el tema del hombre es el hilo conductor de toda la obra unamuniana, esto hace del literato el «precursor» sobre el problema de la existencia del ser humano en el pensamiento español contemporáneo y de la filosofía orteguiana, que se ocupa de la circunstancia del ser humano, no solo como aquella realidad en la cual se encuentra, sino sobre todo como aquella realidad en la cual el ser humano se hace.

Se trata, pues, del problema del hombre, de la persona humana, y de su perduración. Y quien plantea esta cuestión es la muerte: se trata de saber qué es morir, si es aniquilarse o no, si morir es una cosa que le pasa al hombre para entrar en la vida perdurable, o si es que deja de ser, que no le pasa nada. Porque esto es lo angustioso e intolerable, como vió muy bien Unamuno: que no pase nada (Marías 1960, 29).

Comentando la llamada filosofía agónica y existencial de Unamuno, Juan Vayá afirma que el literato español «interpreta la filosofía como una "función existencial" necesaria, toda vez que el hombre necesita no solo comprender esa realidad vital que encuentra sino también justificarse a sí mismo» (Vayá Menéndez 1966, 289). Según cuanto se ha dicho, para Unamuno, la vida es filosofía y esa se justifica cuando el hombre mismo busca comprender la propia realidad vital: «tema primario de su meditación: el hombre, el existente. Unamuno está, pues, a la altura de los tiempos; diremos más: Unamuno fue, como veremos, un claro precursor de la meditación antropológica de nuestro tiempo» (Vayá Menéndez 1966, 289).

Con Unamuno se inaugura en España la preocupación filosófica por la realidad del hombre concreto, del hombre de «carne y hueso» que está viviendo una determinada circunstancia, que es experimentada por el mismo hombre que está muriendo mientras está viviendo. Esta paradoja que se define como existencial –vivir muriendo–, define al escritor español como «pre-existencialista» en el sentido que abre el sendero antropológico-existencial al pensamiento español del siglo xx:

> La filosofía de D. Miguel, así como toda su producción, pertenezca al género que pertenezca, es existencialista y si el existencialismo se caracteriza por algo, es por un comportamiento extremadamente sensible y a D. Miguel se le puede acusar de lo que ustedes quieran pero de insensible, no (Ullán 2003, 40).

Para Julián Marías la influencia de la filosofía de Kierkegaard sobre la filosofía española es evidente; la renuncia del ser
eterno del hombre lleva al pensamiento español a reflexionar
exactamente sobre la existencia del hombre mismo, no desde
la eternidad sino desde la mortalidad: «El hombre es algo concreto, temporal, en devenir, situado en ese modo de ser que llamamos existencia por un cruce de lo temporal y lo eterno, su-
mergido en la angustia» (Marías 1969, 351). Para Unamuno no
hay nada más concreto que la propia existencia. Él, de hecho,
se aleja de las posiciones positivistas para abrirse a la filosofía
existencial kierkegaardiana, como evidencia Jaime Barrio:

> El pensador de Copenhague entró en España de la mano de
> Miguel de Unamuno, con quien vivió en Salamanca. Una-
> muno se encontró con Kierkegaard el año 1901, y aunque
> careció de la valentía de este último para dar el arriesgado
> «salto» de la fe, tuvo coraje para aprender danés, movido
> sobre todo por el deseo de leer al pensador de Dinamarca en
> el idioma original (Barrio 1989, 212).

Julián Marías en la *Historia de la filosofía* (1941) introduce la figura de Unamuno como «literato que empuja la filosofía
española hacia un existencialismo agónico». Como se ha dicho
antes, Unamuno y la generación del 98 son una generación *pre-
existencialista*, ellos tienen como tema central el problema de la
vida y de la existencia de la persona humana.

Una carencia que se podría encontrar en el pensamiento unamuniano es aquella que señala María Salmerón; la estudiosa subraya que Unamuno cimenta sus teorías en su propia experiencia del existir, como respuesta a la situación del hombre mismo
que vive en constante agonía: «un pensador –Unamuno– que
lejos de comenzar con tesis o definiciones lo hace con experiencias y sobre todo, con la existencia misma del existir, pues existir como persona es para él un problema que urge ser resuelto»
(Salmerón Jiménez 1998, 106).

Unamuno no puede ocuparse de la realidad humana en general, él hace su reflexión desde la propia realidad, esto no quiere decir que no le interese la situación del hombre en general (como concepto universal), sino que aquello que le interesa más es el hombre concreto de «carne y hueso». El preexistencialista español piensa una teoría de la vida humana desde la propia situación existencial, o sea, desde su propia realidad agónica (Cfr.Unamuno 1958a, 718) y no desde el abstracto de las teorías precedentes, alejándose así del racionalismo. Como afirma Paulino Garagorri:

> Pero el antirracionalismo de Unamuno y el de otros filósofos congéneres suyos tiene, como punto de partida, un sólido argumento. La aparente incapacidad de la razón para afrontar promisoriamente los temas que entonces emergían como los auténticos problemas filosóficos –la Historia y el hombre– justifica que, en cuanto *órganon* de conocimiento, la razón entre en crisis (Garagorri 1968, 19).

Respecto a la actitud «irracionalista» del escritor español Fraile afirma: «su actitud irracionalista o antirracionalista, inspirada en la *Crítica de la razón práctica*, de Kant, se consolida con la lectura de autores protestantes y racionalistas»[9] (Fraile 1972, 199). Unamuno no comparte una meditación abstracta y objetiva sobre el hombre; para él, el ser humano no debe ser una categoría sino una experiencia. Por tal motivo él no deja espacio a la razón frente a la existencia del ser humano, porque la existencia se hace en el vivir, en la experiencia de la realidad que es circunstancial al ser humano:

> Por eso, de esta contradicción entre razón y existencia surge, para Unamuno, el sentimiento trágico de la vida. El existente debe luchar «contra cualquier posibilidad de des-

---

[9]   Es interesante observar cómo Fraile y Orringer –como se ha dicho antes– se encuentran de acuerdo respecto a la influencia que los autores protestantes tienen sobre el pensamiento existencialista de Unamuno.

personalización»; ser persona quiere decir no solo existir como el que se es sino también, y sobre todo, existir como el que se quiere ser (Menéndez 1966, 293).

En la experiencia personal de la existencia, el ser humano no solo realiza aquello que es, sino y sobre todo, realiza quién quiere ser, este se puede considerar como el *quid* de la tragicidad de Unamuno el no saber que será de «mí»; la falta de conocimiento del futuro hace de la filosofía de Unamuno una filosofía agónica en la cual el hombre vive, sufre y muere:

> El dolor es la sustancia de la vida y la raíz de la personalidad, pues solo sufriendo se es persona. Y es universal, y lo que a los seres todos nos une es el dolor, la sangre universal o divina que por todos circula (Unamuno 1958b, 331).

Por otra parte, el sufrimiento y el dolor presentes en la obra de Unamuno, son fruto de la existencia misma del ser humano, según expone Jan Evans: «El anhelo de la inmortalidad produce el sufrimiento que define la existencia. El corazón exige que esta vida no termine con la muerte y la razón demanda pruebas de una vida después de la muerte, pruebas que no existen» (Evans 2008, 16). Evans afirma que del texto unamuniano se pueden traer dos consecuencias que son evidentes y que se relacionan con el llamado pre-existencialismo: uno es el tema del sufrir que llama la «agonía y la lucha por existir», y la otra es la no racionalización de la vida humana respecto no solo al sufrimiento sino también al futuro, viendo este último de manera trágica por el hecho que el ser humano no sabe que será de sí mismo.

La formación de la Escuela de Madrid

Como se ha visto, el pensamiento de Miguel de Unamuno ha sido clave para impulsar en la España del siglo xx una escuela de pensamiento que tenga como centro el problema del hombre. Por lo tanto se puede afirmar que el proyecto de la Escuela de Madrid no nace solo gracias a la idea de José Ortega y Gasset; porque dicho proyecto es precedido por la figura de Miguel de Unamuno y por toda la literatura española. Además se puede decir que no ha sido propiamente Unamuno quien inició el proyecto de una filosofía en España[10], porque sus obras y especialmente *Del sentimiento trágico de la vida*, deberían leerse como una obra de arte mayor respecto a las otras (cfr. Marías 1967a, 385); además porque es Ortega el filósofo de la primera parte del siglo xx en la España (cfr. Nicol 1961, 126-127) que, con sus ideas nuevas, trata de llevar la intelectualidad española al nivel europeo. Como afirma Soler Planas:

> Está claro que Ortega inició en España un nuevo estilo de filosofar, y «prendidos en él o de él prendados [...] ha des-

---

[10] Esto no quiere decir que el literato bilbaíno no haya influenciado, como se ha comprobado anteriormente, el pensamiento español contemporáneo, sino que su obra no puede leerse como un verdadero sistema filosófico (cfr. Marías 1969b, 236).

pertado a la filosofía a los españoles que filosofan en el siglo». Puede afirmarse que ha sido un estilo con «tradición
escolar», que ha venido a llamarse «Escuela de Madrid»
(Soler Planas 1973, 98-39).

Uno de los discípulos de Unamuno, José Ortega y Gasset
(cfr. Marías 1967a, 386), observa la necesidad de un pensamiento profundo y crítico que sirva de guía intelectualmente al
pueblo español. Miguel Bueno, comentando el libro de Manuel
Granel *Ortega y su filosofía*, afirma que no es solo el nombre de
Ortega que hace nacer el proyecto filosófico de la Escuela de
Madrid, sino tantos otros nombres de peso intelectual no solo
para la sociedad de entonces sino también para la sociedad actual: «La Escuela de Madrid [...]. Naturalmente, los nombres
de Morente, Zubiri, Gaos y otros, acompañan al de Ortega para
ambientar la descripción de un movimiento filosófico que ha tenido palpables consecuencias en la filosofía contemporánea de
habla española» (Bueno 1962, 321).

Si bien la Escuela de Madrid tiene como método la filosofía
de la razón vital orteguiana, esa no permanece simplemente en
el pensamiento de Ortega, porque los maestros de dicha escuela
elaboran dicha teoría, la enriquecen y la superan. Esta es una
opinión compartida, la escuela nació gracias a la fuerte figura
del pensamiento orteguiano, pero el trabajo filosófico de la escuela no se queda estancado en Ortega o en sus teorías, sino que
busca, con el mismo impulso del maestro, la realidad radical del
ser humano, alejándose, a su vez, como se analizará más adelante, del historicismo y del solo vitalismo:

> Esta escuela se organiza a mediados de 1915 a partir de la
> figura de José Ortega y Gasset. No obstante, lo que Ma-
> rías señala en su texto es que la denominación «Escuela de
> Madrid» no alude a un tipo de orteguismo, sino más bien
> designa a un grupo de intelectuales que participaron en la

renovación del pensamiento filosófico español, sin embargo, es necesario tener presente que esta renovación surge a partir del influjo e ímpetu de trabajo propuesto por Ortega en las diversas acciones que emprendió para ejecutar este proceso de cambios en el pensamiento español (Soto García & Espinoza Lolas 1970, 437).

Las características peculiares del panorama que vivía entonces el pueblo español no eran solo de índole política sino también intelectual y filosófica, y este problema ofrece a Ortega y a sus seguidores, la posibilidad real de hacer una nueva filosofía sobre el ser humano. Como afirma Nicol:

> Es exagerado afirmar que antes de Ortega, España se encontraba como un erial por lo que atañe a la filosofía. De cualquier modo, él contribuyó a darle vida nueva con su enseñanza, con su obra y con su *Revista de Occidente*. Digamos, pues, que comenzó a ser posible, y hasta real, una filosofía española y, en general, hispánica (Nicol 1961, 152).

Con Ortega no se puede decir que comience una nueva historia para la sociedad española porque la historia es la misma de antes, aquella historia que donó al maestro español la fuerza y la convicción para poder dar a España no solo un futuro sino, sobre todo, un presente mejor. Se puede afirmar que con él se comienza una nueva forma de ver la realidad desde una razón vital que radica en la propia circunstancia española.

1. La Escuela de Madrid, un proyecto español

Reconociendo a Miguel de Unamuno como «precursor» de la filosofía española de inicios del siglo xx, se abre un nuevo horizonte filosófico gracias a sus importantes descubrimientos sobre «las cosas últimas» (cfr. Marías 1969b, 236). Después de la figura de Unamuno se avanza hacia los años 30, momento en el cual se desarrolla con mayor fuerza el pensamiento de la Escuela de Madrid en el ámbito político y social.

Se podría decir que la Escuela de Madrid fue el primer esfuerzo en la España del siglo xx por afirmar la posibilidad de una vida intelectual a través de la cultura en la sociedad española (cfr. Marías 1969b, 221), además que es fruto, como afirma Héctor Arévalo, de una fuerza intelectual que fue impulsando la actualidad del pueblo español:

> debemos apuntar que si bien se puede afirmar que hacia 1933 existió una «Escuela de Madrid» vigente, y efectivamente presente […] también podemos plantear aquí que antes de llegar a esta fecha de 1933, hay vida filosófica y (en sentido muy amplio) «cultural» en la renombrada escuela madrileña: pues antes de llegar a su constitución y consolidación, debemos reparar en sus comienzos, y, sobre todo, en el papel nuclear que Ortega y Gasset tuvo en su aparición (Arévalo Benito 2016, 214).

Aunque la actividad de la escuela duró poco tiempo (1933-1936), aquellos años fueron de gran vigor intelectual, cultural, social y político. Esa fortaleza intelectual radica en la originalidad de los pensadores de la Facultad de Filosofía y Letras de la Universidad Central, quienes cambiaron el pensamiento de la sociedad de la época e influyeron en gran medida en la actividad política (cfr. Soto García & Espinoza Lolas 1970, 441).

El proyecto de la Escuela de Madrid es visto por algunos como una escuela no filosófica en sentido estricto (cfr. Savignano 2016, 173) porque carecía de una estructura o sistema de pensamiento real; otros veían el proyecto madrileño como un intento fallido (cfr. Reñón 2003) ya que existió por muy poco tiempo. Como afirma Armando Savignano: «En efecto, en los años treinta, Ortega había elaborado una vía autónoma que daría lugar a la "Escuela de Madrid", sustentándose en un proyecto orgánico, desafortunadamente incumplido» (Savignano 2010, 41). Por otro lado, es gracias a este esfuerzo intelectual por el que comienza a elaborarse en la sociedad española un proyecto filosófico en el ámbito político y social, en el cual se comienza a gestar una filosofía de la vida de la persona humana y de su circunstancia, abriendo de esta manera un claro horizonte para pensar la vida humana y su realidad radical como la realidad metafísica en cual vive la persona humana.

La ambición de los filósofos de la escuela era contribuir a la reflexión política y al panorama filosófico español y europeo con un nuevo idioma, el español, presentado como un nuevo horizonte de renovación para la contemporaneidad intelectual de la época:

> La Escuela de Madrid durante la primera mitad del siglo xx se estableció como un horizonte de renovación para el pensamiento español. Este horizonte propone la instauración de nuevos referentes filosóficos que permitieran el desarrollo de una reflexión situada y propia desde la lengua y el territorio español (Soto García & Espinoza Lolas 1970, 436).

Dentro del contexto políticamente desfavorable en el que se encuentra la Escuela de Madrid, se busca generar en los intelectuales una línea de pensamiento más cercana a la persona de «carne y hueso» que vive el momento presente de forma dramática: «Frente a todos los obstáculos, aquella reducida "Escuela de Madrid" aspira a avanzar en la investigación teórica en cuanto a los múltiples problemas que aquejan a la vida humana» (Carpintero 1967, 207).

La escuela tuvo un gran impacto en la sociedad española porque abordó los problemas que afectaban a la vida diaria del hombre español (cfr. Marquínez Argote 2004, 98). Una fuerza e impacto similar vino, como afirma Alain Guy, gracias al pensamiento del joven Ortega, como superación de la tragicidad unamuniana: «Después del vitalismo trágico de Unamuno, el gran

movimiento que más marcó a España fue sin duda el raciovitalismo, que fundió y difundió José Ortega y Gasset, jefe de la
Escuela de Madrid» (Guy 1983, 287).

Reconociendo la importancia del pensamiento orteguiano
como fundamento cultural de la filosofía española contemporánea, Julián Marías afirma que: «Sería inexacto decir que la
filosofía española de nuestro tiempo conserva como fuente
el pensamiento de Unamuno» (Marías 1969b, 236). Las teorías filosóficas contemporáneas españolas tienen como punto
de referimiento el pensamiento filosófico de Ortega y Gasset
(cfr. Ferrater Mora 1965, 110), con su teoría de la razón vital
y la circunstancialidad de la vida humana. La filosofía de la
razón vital en Ortega es el fundamento de su antropología,
que comienza con la teoría de la circunstancia, pero no termina en esta última, pues encuentra en ella el impulso necesario para iniciar el trabajo antropológico-existencial que
orientará el pensamiento de escuela: «Las cuestiones antropológicas constituyen el centro de los intereses de orteguianos durante la década de 1920-1930 aunque estos problemas
también estuvieron presentes con anterioridad» (Savignano
1996, 44).

En 1933 el proyecto de la escuela comenzó a ser más activo, sus integrantes reconocen en la antropología orteguiana el
punto de partida de su pensamiento político, social y filosófico
(cfr. Fourmont Giustiniani 2014). El círculo de intelectuales que
forman parte de la escuela tiene una atención especial hacia la
antropología de la sociedad española, para ellos la sociedad española necesita un nuevo impulso cultural y político que ayude
en la búsqueda de sus valores. Los pensadores de la escuela madrileña plantearon dos temas fundamentales:

1. La vida de la persona humana es analizada como la rea-
    lidad radical de cada uno, o sea, como «mi» realidad,
    que pertenece a un «quién» que está viviendo y dando
    una sentido a la propia circunstancia.

2. La relación personal del ser humano, que tiene como finalidad la trascendencia de la propia realidad radical a través de la relación personal.

Esto no quiere decir que todo el pensamiento filosófico gire en torno solo a la filosofía orteguiana; él en cuanto maestro (especialmente para Zubiri y Marías) es solo el punto de partida y también el impulso para la formación del edificio filosófico de la España contemporánea que llevarán adelante otros grandes pensadores como García Morente, Zambrano, Gaos, Recaséns, Aranguren, Zubiri y Marías.

Se debe aclarar que este estudio se ocupará principalmente de la antropología filosófica de Ortega y Gasset, Zubiri y Marías, los cuales –teniendo como punto central la vida de la persona humana– construyen su propia filosofía antropológica por un lado metafísica y por otro vitalístico-personalista.

2. Una posibilidad filosófica europea

Para Ortega y Gasset la situación intelectual y cultural española tiene la oportunidad de ser una nueva posibilidad europea, para ello la sociedad española debe abrirse a la realidad europea y en esto el pensamiento del maestro español es categórico: «España es una posibilidad europea. Solo mirada desde Europa es posible España» (Ortega y Gasset 2004d, 337). El proyecto filosófico y cultural de alcanzar el nivel europeo para la sociedad española comienza, para el filósofo español, en el regenerarse como sociedad y esto conlleva aún enfrentarse con la cultura europea:

> Regeneración es inseparable de europeización; por eso apenas se sintió la emoción reconstructiva, la angustia, la vergüenza y el anhelo, se pensó la idea europeizadora. Regeneración es el deseo; europeización es el medio de satisfacerlo. Verdaderamente se vio claro desde un principio

que España era el problema y Europa la solución (Ortega y
Gasset 2004f, 102).

El historiador de filosofía Guillermo Fraile, comentando la
afirmación orteguiana que aparece en *Pedagogía social* (1910)
sobre la posibilidad que representa el pensamiento europeo para
la sociedad española, afirma que Ortega mira a Europa pero con
especial atención a Alemania; porque le atraía la rigurosidad del
sistema filosófico alemán en el cual se formó:

> Ortega sentía profundamente el dolor de España y pensaba
> que su remedio consistía ante todo en la cultura, en todos
> los órdenes, pero singularmente el filosófico. España, sus
> universidades, sus intelectuales, no estaban al nivel de las
> grandes instituciones, de los grandes sistemas y corrientes
> de pensamiento que brillaban en otros países, en concreto
> en Alemania. Para regenerarla era preciso asomarse a Euro-
> pa (Fraile 1972, 237).

Ortega tenía muy presente el objetivo de llevar la cultura española a un nivel superior: su formación provenía del ambiente
filosófico de Marburgo, había estudiado con grandes profesores
como Cohen y Natorp (cfr. Savignano 2005, 140), había leído
los grandes textos de la filosofía contemporánea. Es gracias a
este punto por lo que Ortega entiende la ruptura que se dio entre
Europa (Alemania) y España, esta última se quedó atrás intelectualmente y culturalmente cuando abandonó el estudio de la
ciencia moderna (cfr. Herranz 2004, 203). Fraile, de hecho, describe la sociedad española de los tiempos de Ortega como una
sociedad que no parece ser siquiera una potencial posibilidad ni
para sí misma ni para el entorno europeo:

> Es difícil superar la acritud y la negrura de los colores con
> que Ortega ha intentado describir la España de su tiempo.
> «España ha sido durante tres siglos un aldeón, torpe y os-

curo, que Europa arrastraba en uno de sus bordes». «Esta
España tan agria, tan paralítica, tan inerte», en que se vive
una vida «torpe y estéril» (Fraile 1972, 234).

Esto hace que en Ortega nazca la vocación de regenerar y
revitalizar política, cultural y socialmente su España. Como observa Fraile: «Ortega, ante aquella situación de España, siente
desde muy temprana la vocación dura, difícil y sacrificada de
consagrarse a su regeneración» (Fraile 1972, 235). La posibilidad de regeneración que Ortega propone para España es abrirse
al pensamiento europeo y se puede decir que esa no solo fue su
posibilidad sino su solución; y del mismo modo la solución para
Europa era España: tesis que no significa la supremacía de una
realidad sobre la otra, sino una solución de complementariedad
entre dos tradiciones de pensamiento.

Parte II

Ortega y Gasset, un maestro por superar

José Ortega y Gasset (1883-1955) es conocido como el máximo representante de la filosofía española contemporánea. Con él, el pensamiento español alcanza un verdadero rigor filosófico (cfr. Marías 1969b, 225) que no había logrado con el literato Miguel Unamuno; con Ortega la labor intelectual busca seriedad y protagonismo en la sociedad española, pero no en la elite política sino en la cotidianidad de la sociedad. Como asegura Alain Guy:

> Ortega supo mostrar a sus compatriotas la seriedad de una filosofía arraigada en lo cotidiano […] consiguió devolverles a los filósofos peninsulares e iberoamericanos el gusto por el trabajo en la preocupación por la verdad más escrupulosa; les abrió plenamente a Europa y a la modernidad mundial (Guy 1983, 298).

El pensamiento orteguiano conduce al pueblo español, mediante el lenguaje filosófico, a la confrontación con Europa (cfr. Abellán & Mallo 1991). Con la filosofía orteguiana de la circunstancia en España se empezó a trabajar por una cultura, por una sociedad y, sobre todo, por una filosofía como posibilidad para Europa, por tal motivo, Ortega piensa España no solo como una posibilidad social sino también intelectual para el pensamiento europeo. Esta visión de apertura a otra realidad social y cultural –que no era su circunstancia llamada España– hizo del

maestro un hombre sistemático en la elaboración y exposición
de su pensamiento, transmitiendo su obra de diversas formas en
la sociedad española. Como afirma Marías:

> Lo llevó a una actuación múltiple que ha determinado las
> facetas de su figura pública. Principalmente, cuatro: la in-
> formación intelectual de primera mano y al día [...] «a la
> altura de los tiempos»; el adoctrinamiento en materia políti-
> ca y social [...] el ensanchamiento y maduración de la men-
> te española [...] y la formación de una escuela de filosofía
> (Marías 1969b, 332).

García Morente –decano de la Facultad de Filosofía, colega y
amigo de Ortega– escribe un ensayo dedicado a la obra del maestro, en ello queda claro el rol fundamental de Ortega en la sociedad española: «[...] la obra de Ortega y Gasset significa, nada
menos, que la gran incorporación del pensamiento español a la
universalidad de la cultura» (García Morente 1945, 201). Como
se observa en la declaración de Morente, Ortega ofrece al pensamiento español un sentido de universalidad y rigor filosófico y
esto le permite entrar en diálogo con las grandes teorías filosóficas del siglo xx que para él eran el idealismo y el realismo.

El filósofo madrileño se confronta con dichas teorías pero
a su vez toma distancia pues para el maestro español la realidad no gira en torno al sujeto como sucede en el pensamiento
cartesiano (en el cual se afirma que el sujeto no es una simple
realidad ni siquiera una simple parte de ella). En Ortega, por lo
tanto, el ser humano se ocupa de la realidad que es aquí y ahora
(cfr. Ferrater Mora 1965, 347-348). Esta capacidad de diálogo
con las teorías que dominaban los campos filosóficos de la época abre a España un mundo que le era ajeno, el mundo del rigor
y la confrontación filosófica.

Ortega pone en práctica su teoría y su enseñanza al confrontarse con otras teorías filosóficas y esto es parte fundamental
de la vida intelectual del maestro español; por ejemplo, fren-

te al biólogo Jakob von Uexküll que parte del ser biológico de los animales para explicar su mundo y su entorno, su «*Umwelt*» (cfr. Marías 1982, 65). Ortega diversamente, respecto a sus maestros, inicia sus investigaciones desde la vida del ser humano en sentido biográfico para explicar la circunstancia que acontece en el ser humano mismo: «El punto de partida de Ortega es la teoría de la circunstancia. [...] Pero no hay que confundir la circunstancia con el *Umwelt* de Husserl y de Von Uexküll» (Guy 1983, 289). Este es un claro ejemplo de la originalidad del pensamiento orteguiano, que dialoga y discute con las teorías filosóficas modernas, mostrando el nivel al cual quiere llevar a la sociedad española.

Es en este sentido que se quiere investigar al maestro español y su teoría de la razón vital, que es definida por él mismo como «la propia vida», y esta se debe entender como la realidad radical en la cual el ser humano se desarrolla como realidad que es dada pero no hecha o terminada, superando así su propia circunstancia (cfr. Ortega y Gasset 1970, 50).

Para su discípulo Marías, Ortega ocupa un lugar único en la historia del pensamiento español y de los pueblos hispánicos: él –afirma Marías– trae consigo una nueva forma de ver las cosas sin la cual el mundo filosófico occidental quedaría mutilado e incompleto (cfr. Marías 1969, 172-173). Para el joven alumno, Ortega es una institución filosófica, un pensador radical y auténtico que hace de su destino y circunstancia su propia realidad radical, o sea, su propia vida.

1. España: problema y circunstancia

Ortega vivió la circunstancia española como su propia realidad vital, pero tenía bien marcado el ambiente filosófico alemán en el que se formó. De hecho, basta observar que los primeros en apreciar y reconocer la filosofía del entonces joven filósofo español fueron los intelectuales alemanes. Como afirma Abreu:

Ortega fue el verdadero divulgador de las ideas alemanas en España, no menos cierto es que sus obras fueron al principio dirigidas a españoles e hispano-hablantes, aunque es Alemania la primera en reconocer la grandeza filosófica del gran pensador español (Abreu 1985, 90).

Si de Unamuno se decía que la causa de su muerte era el mal de España, de Ortega hay que decir que España fue su propia circunstancia, la cual vivía y pensaba intensamente, se convirtió además en su verdadero problema vital. Este «problema», el ser español, como lo denomina el propio Ortega, es básicamente un problema educativo o, mejor dicho, cultural (cfr. Ortega y Gasset 2004, 238). El problema vital orteguiano se ha convertido –según Fraile– en la primera y más larga fase de la vida intelectual orteguiana heredada de la generación del 98:

> En una primera fase, que abarca más de veinticinco años, el tema de España tiene una primacía destacada en la actividad docente y escrita de Ortega […]. Ortega hereda el tema de España de Giner y de sus inmediatos antecesores del noventa y ocho. Con ellos coincide en su idealismo, un poco iluso, a la vez que en la amargura, el pesimismo, el diagnóstico negativo, la crítica despiadada con frases que se enroscan como latigazos de fuego al torso de aquella pobre España (Fraile 1972, 233).

Ortega, como se ha visto, se encuentra en un momento histórico de división social y política en España: «La España oficial consiste, pues, en una especie de partidos fantasmas que defienden los fantasmas de unas ideas y que, apoyados por las sombras de unos periódicos, hacen marchar unos ministerios de alucinación» (Ortega y Gasset 2004g, 715). En el escrito *Vieja y nueva política* se observa cómo «la vieja política» de la cual habla el maestro, es una política de sombras que hace caminar al pueblo español en una auténtica alucinación. Desde este panorama Ortega no solo critica la vieja política, sino que define lo que debe hacer «la nueva política», trazando el camino político que debe tomar la sociedad española:

> La nueva política es menester que comience a diferenciarse de la vieja política en no ser para ella lo más importante, en ser para ella casi lo menos importante la captación del gobierno de España, y ser, en cambio, lo único importante el aumento y fomento de la vitalidad de España[11] (Ortega y Gasset 2004g, 716).

En el año 1922 Ortega escribe *España invertebrada*; dicha obra es una «radiografía» de la sociedad española en la cual, según Cristina Barreiro, el maestro español subraya una vez más una escasa actividad intelectual de la sociedad española de la época:

> La *España invertebrada*, donde deja en evidencia cómo la desdicha española era la carencia de «minorías egregias» y llamaba a la «selección» [...]. Pero el nombre de Ortega pertenecía a la nómina de selectos que, como Unamuno, Altamira, Menéndez Pidal o Eugenio d'Ors, tenían autoridad suficiente para orientar a los lectores (Barreiro Gordillo 2015, 146).

La falta de una cultura intelectual hace que Ortega se convierta para algunos en intelectualista y también en liberal (cfr. Cuevas 2006, 61), etiquetas a las que el maestro español no renuncia, las acepta y les da una connotación más social, pero, sobre todo, más humana:

> Por liberalismo no podemos entender otra cosa sino aquella emoción radical, vivaz siempre en la historia, que tiende

---

[11] Es evidente que la filosofía y la política de Ortega no se quedan solo en teorías porque esas para el maestro español son vida y, por tanto, deben siempre realizarse en la realidad vital del ser humano.

a excluir del Estado toda influencia que no sea meramente humana, y espera siempre, y en todo orden, de nuevas formas sociales mayor bien que de las pretéritas y heredadas (Ortega y Gasset 2004g, 740).

En efecto, se podría decir que, para Ortega, el problema llamado «España» es su problema vital y él lo reconoce de dos maneras: primero, es un problema intelectual, la sociedad se encuentra en tinieblas intelectuales, no tiene un faro que pueda arrojar luz sobre sus problemas; segundo, es un problema político-social que coincide con la dictadura. De hecho, para Ortega, el problema cultural es un problema que hay que afrontar y que, sobre todo, hay que solucionar; como indica Pérez Herranz:

> Lo primero que hay que hacer en España es salvarla como una «cultura» […]. España, para Ortega, es un problema educativo. Ortega frente a Nietzsche, tiene un recambio: la filosofía de Cervantes, a la que le falta –¡ay!– la ciencia[12]. Con ciertas matizaciones, podríamos considerar a Ortega el primer filósofo que se enfrenta de manera consciente y radical a lo que he llamado en alguna ocasión «carencia ontológica» del pensamiento español (Herranz 2004, 205).

Herranz está hablando de la España del primer cuarto del siglo XX, que tiene de frente el final de la Gran Guerra, el inicio de la dictadura con Primo de Rivera (cfr. Fonck 2010) y luego la dictadura franquista, que según Barreiro, nace por la incapacidad del pueblo español de una renovación no solo política sino sobre todo social: «La entrada de España en los años 20 supone una transformación de la debilitada coyuntura política en el escenario de la Restauración» (Barreiro Gordillo 2015, 144).

---

[12] Pérez Herranz hace una semejanza entre el gran Cervantes y Ortega, el cual por medio de la ciencia filosófica se «posiciona» respecto a la obra cervantina en el ámbito del problema de la ontología, haciendo de la ontología una metafísica.

Por otra parte, Beatrice Fonk, respecto al controvertido artículo de Ortega *Sobre la vieja política* (1923), afirma, en defensa del maestro español, que la dictadura de la sociedad española «patentiza la caducidad del antiguo régimen ya que a lo largo de "media centuria" este no ha sido capaz de reformar la sociedad española» (Fonck 2010, 11).

En el artículo citado anteriormente, Fonck realiza un análisis de los escritos políticos que produjo Ortega antes de la publicación del artículo de 1923: «Para aclarar esta dicotomía es preciso, primero, retroceder a la posición adoptada por Ortega a partir de 1922, así como evocar la difícil coyuntura atravesada por la *Papelera Española* y *El Sol* en aquella época» (Fonck 2010, 8). La estudiosa orteguiana aclara lo que realmente era el anhelo de Ortega: lo que el maestro quería es generar una nueva conciencia política y social, es decir, crear una nueva cultura.

El deseo de Ortega es que la cultura española pueda estar a la altura de los tiempos en los que se encuentran otros países más «filosóficamente desarrollados» como Francia y especialmente Alemania; esto hace que el filósofo español mire fuera de España, que es su realidad vital, para valorar cómo la cultura en otros países ha dado sus frutos:

> Como el francés del siglo XVIII no fue «progresista», el alemán del XIX ha sido «culturalista». Todo el alto pensamiento germánico, desde Kant hasta 1900, puede reunirse bajo esta rúbrica: filosofía de la cultura. A poco que en él entrásemos, veríamos su semejanza formal con la teología medieval. Ha habido solo una suplantación de entidades, y donde el viejo pensador cristiano decía Dios, el contemporáneo alemán dice «Idea» (Hegel), «Primado de la Razón Práctica» (Kant-Fichte) o «Cultura» (Cohén, Windelband, Rickert). Esta divinización ilusoria de ciertas energías vitales a costa del resto, esa desintegración de lo que solo puede existir junto –ciencia y respiración, moral y sexualidad, justicia y buen régimen endocrino– trae consigo los grandes

fracasos orgánicos, los ingentes derrumbamientos. La vida impone a todas sus actividades un imperativo de integridad, y quien diga «sí» a una de ellas tiene que afirmarlas todas» (Ortega y Gasset 2005a, 600).

Ortega evidencia cómo los grandes países –Francia y Alemania– han elaborado una cultura intelectualmente más desarrollada, pero también reprocha que la cultura se haya desligado de la realidad vital que viven dichas sociedades «Ortega estima sobremanera la cultura, pero reprocha a sus maestros alemanes por haberla endiosado» (Fraile 1972, 254). Para el pensador español la cultura es símbolo de unión y cohesión social, por ello destaca una consecuencia de la desintegración de la cultura (que para él es sinónimo de unión en la sociedad): la división de la sociedad que, para Ortega, es la sustancia de la cultura misma.

En aquellos años convulsos para España, el maestro Ortega encuentra muchos enemigos que muestran su figura de intelectual y escritor de forma contradictoria. Como explica Barreiro: «Ortega tuvo en esta década muchos detractores; firmas y periódicos que lo señalaban como el favorito de los ambientes intelectuales españoles y lo tachaban de frívolo e incoherente» (Barreiro Gordillo 2015, 159). Esto sucedía por la entrevista hecha a Ortega en Lisboa, en la que ya se predecía lo que pasaría en su España.

En unas declaraciones realizadas al *Diario de Lisboa*, Ortega señalaba que el golpe de Estado era consecuencia de la crisis de la civilización europea, que avanzaba hacia formas más «adivinadas que conocidas» […]. Y es que el objetivo del nuevo Directorio militar debía ser acabar con la «vieja política»[13] (Cuevas 2006, 77).

[13]   Este artículo se encuentra en la Hemeroteca Digital de la Biblioteca Nacional de España. http://hemerotecadigital.bne.es/issue.vm?id=0000281797&search=&lang=es (consultado el 12-11-2019).

Al final del artículo publicado en el diario *El Sol* (1923), Ortega afirma que un posible antídoto para curar a España del mal que la asedia –el de la vieja política– es trabajar sobre la sociedad misma, para crear una sociedad tal vez no más intelectual sino más vital gracias a una nueva cultura.

Presentación de la circunstancia orteguiana

Ortega y Gasset presenta su filosofía de manera sistemática en su obra *Meditaciones del Quijote*: «Hay en la obra de Ortega un libro admirable y extraño, que es al tiempo pórtico de entrada a su pensamiento filosófico y a sus meditaciones sobre España» (Carpintero Capell 2006, 8). Para el maestro español la cultura tiene un papel importante, radical para el espíritu español y para la formación de la sociedad española, ya que es la sociedad la que ayuda a formar –a través de la cultura– al verdadero hombre social. Como afirma Carpintero: «El hombre, formado por su sociedad, recibe, junto a una cultura y una historia, un sistema de actitudes y valores que regulan y determinan la vida social y personal» (Carpintero Capell 2006, 14).

España como posibilidad cultural, no solo para otros países sino también para sí misma como nación, queda aniquilada, afirma Ortega, por el tradicionalismo en el cual la sociedad española está sumergida desde hace tres siglos:

> ¡La tradición! La realidad tradicional en España ha consistido precisamente en el aniquilamiento progresivo de la posibilidad España. No, no podemos seguir la tradición. Español significa para mí una altísima promesa que solo en casos de extrema rareza ha sido cumplida[14] (Ortega y Gasset 2004e, 792-793).

---

[14]   Como es evidente, Ortega está condenando un patriotismo estático, que no permite que la sociedad, en este caso el pueblo español, sea una posibilidad intelectual para

El tema de la posibilidad española es el tema de la circunstancia orteguiana, que permite a su vez tener una perspectiva diferente de la realidad. Ahora bien, que exista una posibilidad en la teoría orteguiana de la realidad no implica su actuar en la circunstancia, sino que ella es la condición de posibilidad para poder «crear» una nueva realidad circunstancial en la vida del ser humano. Heliodoro Carpintero afirma que la filosofía de Ortega es una respuesta real y posible para la sociedad española, además afirma que el filósofo español ofrece una respuesta al pensamiento antimetafísico y un nuevo camino –la razón vital– al respecto al problema existencia del ser humano (cfr. Carpintero 2006, 15).

Negarse a la posibilidad de abrirse al pensamiento europeo es para Ortega el mal de la sociedad española, ello no permite que se forme una nueva cultura en ella, ni permite que la cultura –si la hay– afecte positivamente a la sociedad. De hecho, cultura y sociedad en la teoría orteguiana no pueden estar separadas porque juntas son la posibilidad del dinamismo de la sociedad que trasciende el «yo» para llegar al «nosotros».

En la circunstancia orteguiana antes de caer en una autorreferencia del «yo», que es una forma de idealismo cartesiano en cuanto *ego sum*, la realidad –en cuanto dinámica– es la que da sentido a la circunstancia en la cual se encuentra viviendo el «yo».

Frente a Descartes, que afirmaba la realidad del «yo» como certeza del mundo circundante, Ortega propone el hecho radical de que esa certeza la constituye «mi» vida, la cual no necesita del «yo» para ser real, pues es ella misma la condición de posibilidad de la realidad del «yo», que se encuentra circunstancialmente en la realidad: «El nuevo hecho o realidad radical es "nuestra vida", la de cada cual. Intente cualquiera hablar de otra

---

Europa. No está condenando la tradición, sino el tradicionalismo, que cierra a las personas en sí mismas sin dar la oportunidad de observar la realidad que se vive desde otra perspectiva, como hizo el gran Cervantes.

realidad como más indubitable y primaria que esta y verá que es imposible» (Ortega y Gasset 2008a, 361). El hecho del que habla Ortega como fundamento indudable del *ego* es su realidad vital, a la que solo puede referirse como «mi» realidad en cuanto propia, pues es de ella que el «yo» se apropia para fundar su propia realidad vital.

En el reconocimiento de la circunstancia como la realidad en la que se encuentra el «yo», se funda a su vez la realidad de la circunstancia: «Yo soy yo y mi circunstancia, y si no la salvo a ella no me salvo yo» (Ortega y Gasset 2004e, 757). Decir que la realidad del «yo» se funda en la realidad de la circunstancia (mundo), no es disminuir el «yo» sino situarlo en un espacio-tiempo determinado en el cual, el yo[15], se desarrolla como realidad histórica:

> «Yo soy yo y mi circunstancia». Esta expresión, que aparece en mi primer libro y que condensa en último volumen mi pensamiento filosófico, no significa solo la doctrina que mi obra expone y propone, sino que mi obra es un caso ejecutivo de la misma doctrina. Mi obra es, por esencia y presencia, circunstancial […]. El hecho radical, el hecho de todos los hechos –esto es, aquel dentro del cual se dan todos los demás como detalles e ingredientes de él–, es la vida de cada cual. Toda otra realidad que no sea la de mi vida es una realidad secundaria, virtual, interior a mi vida, y que en esta tiene su raíz o su hontanar. Ahora bien: mi vida consiste en que yo me encuentro forzado a existir en una circunstancia determinada (Ortega y Gasset 2006i, 93).

Todo lo que no es la vida del «yo», afirma Ortega, queda como una realidad secundaria, sin embargo, la circunstancia *per*

[15] De Nigris comentando la frase orteguiana sobre la circunstancia afirma: «El primer "yo" de la famosa fórmula orteguiana significa mi persona como sinónimo de "mi vida", a la vez que el segundo "yo" apunta a su carácter proyectivo» (De Nigris 2018, 210).

se no es una realidad secundaria, ya que la vida está en tensión con ella, construyéndose así, según Garagorri, la estructura de la vida misma:

> La vida humana puede expresarse, según Ortega, diciendo que es «Yo y mi circunstancia». La mínima y necesaria estructura de la vida procede, pues, de la tensión entre un yo, el yo de cada cual, y lo otro, es decir, la circunstancia, que me constituye en su entorno y su álveo (Garagorri 1968, 33).

Ortega antepone el adjetivo posesivo «mío» a la realidad en la que se encuentra para fundar la circunstancia como parte de la realidad radical que es su propia vida. Descartes, en cambio, frente a la realidad que es el «yo», posiciona su capacidad de dudar de lo que no es «mi yo». El filósofo francés duda del «yo» al cual pertenece sustancialmente el carácter de realidad, para poder así fundar la afirmación del cogito. El *ego* cartesiano busca una realidad de la cual no poder dudar, dudando de la realidad en la que está viviendo; pero sobre todo busca una realidad diversa de aquella en la que se encuentra pensando.

El acto de buscar la realidad es el propio acto de vivir, que tiene lugar en la realidad como fundamento del «yo» y del «cogitar», y el estar viviendo es el único acto indudable del cual el ser humano no puede excluirse para pensar. Por ello, afirma Ortega: «La duda, la duda metódica, goteando nítricamente ha corroído la solidez, la seguridad del mundo exterior y lo ha volatilizado» (Ortega y Gasset 2008a, 308). Aquello que Descartes hace a la realidad del mundo es ahogarla en la no-realidad: le da un carácter que no le pertenece, un carácter subjetivista e irreal.

Frente al método de la duda, el maestro español propone el método racio-vitalista, en el que la duda pasa a un nivel inferior respecto a la realidad de la vida entendida como realidad vital del ser humano. El método orteguiano se convierte entonces en la realidad de la vida misma, en ella, el «yo» se desarrolla como manifestación vital de una realidad que, en última instancia, será personal:

> La razón vital es la vida misma, una y misma cosa con vivir. [...]. Su sentido se revela si consideramos esta otra frase: vivir no es tener más remedio que razonar ante la inexorable circunstancia. Como la vida no está hecha sino por hacer, y en cada momento tenemos que elegir entre las posibilidades que nuestra situación nos ofrece, necesitamos hacernos cargo de esta en su integridad; y esto es razón (Marías 1969b, 348).

Estando en la propia realidad el ser humano no es una posibilidad de la realidad porque, él mismo, es la manifestación de la realidad en el momento en que está viviendo. La razón en la realidad del ser humano permite vivir la vida como realidad y como presente de dicha realidad en la presencia de la persona humana. Este es el sentido de la razón vital (cfr. Marías 1969b, 355), dar razón histórica de la vida humana en su manifestación personal.

El mundo y el «yo» en Ortega con-viven, ya que no existe la escisión del hombre moderno, la modernidad es superada por una ontología que va más allá del biologicismo hasta llegar a la realidad biográfica del yo, que cuenta su propia historia y se hace historia con dicha realidad en su propia circunstancia: «Se vive aquí y ahora. La vida es, en este sentido, absoluta actualidad [...] es evidente que, aunque creamos lo contrario, todo lo que hacemos lo hacemos en vista de las circunstancias» (Ortega y Gasset 2006i, 93). El «yo» está en el mundo, en su circunstancia y con esa con-vive. Ortega entierra el modernismo de Descartes, de la convivencia entre el hombre y el mundo, en la realidad radical de la vida:

> No es verdad que radicalmente exista solo la conciencia, el pensar, el yo. La verdad es que existo yo con mi mundo y en mi mundo y yo consisto en ocuparme con ese mi mundo [...] estar triste o alegre en él y por él,

moverme en él, transformarlo y sufrirlo (Ortega y Gasset 2008a, 344).

La con-vivencia del «yo» con la humanidad es esa intimidad
relacional contada por Unamuno en la convivencia entre don
Quijote y Sancho, en los cuales el mundo y el «yo» no se contraponen sino que se necesitan para existir:

> Ya está completado don Quijote. Necesitaba a Sancho. Ne-
> cesitábalo para hablar, esto es, para pensar en voz alta sin
> rebozo, para oírse a sí mismo y para oír el rechazo vivo de
> su voz en el mundo. Sancho fue su coro, la Humanidad toda
> para él. Y en cabeza de Sancho ama a la Humanidad toda
> (Unamuno 1988, 194).

Para Ortega y Gasset la vida humana, que ha sido ocultada
por el pensamiento idealista, necesita recuperar su lugar central
y decisivo en la realidad misma: «Frente a la razón pura se in-
corpora hoy, reclamando el imperio, la vida misma –es decir, la
razón vital– porque, como hemos visto, vivir no es tener más
remedio que razonar ante la inexorable circunstancia» (Ortega y
Gasset 2006c, 420).

La vida humana se entiende con la razón y por ello se vive
razonando, la vida no es enemiga de la razón como pretendía
Unamuno. De hecho, la razón vital se justifica a sí misma en su
estar viviendo: «Ahora bien, como vivir es, según Ortega, tratar
con el mundo, la justificación del vivir debe incluir la del mundo en el cual se vive» (Ferrater Mora 1973, 79).

La realidad del hombre, tanto en Ortega como en Unamuno, supera el egocentrismo moderno del «yo», porque lo
pone en relación con su propio mundo al que está ligado como
circunstancia de su realidad: «El hombre no debe concebirse
como una realidad ontológicamente independiente, sino más
bien como un ser estricta e indisolublemente ligado al mundo
que lo rodea» (Pellicani 1971, 21). Esta es la unión radical de

la que forma parte la realidad integral del ser humano, es decir, esta es la religación entre la realidad humana y la realidad «mundana», que se discutirá más adelante en relación con la filosofía zubiriana.

1. La razón vital y el sentido de la vida humana

La razón vital es el nuevo método presentado por Ortega y Gasset para fundar y comprender la vida humana en su radicalidad: «La razón vital es, en suma, el método teórico con que entender la realidad radical y la estructura de su consistencia» (Garagorri 1970, 123). Este método no solo se ocupa de la vida humana en sí misma, sino también de comprender lo que le sucede a la vida en su propia circunstancia, es decir, en su vivir. Esta acción se desarrolla dramáticamente en la vida de la persona humana y se convierte en la situación del hombre; la desorientación que acontece en la vida hace que el ser humano busque su horizonte, y el método adecuado al maestro español es el de la razón vital.

En la teoría orteguiana, el tema de dar un sentido o un horizonte a la vida es tratado de manera diferente respecto a Unamuno: el primero trata de dar un sentido de orientación, un horizonte a la vida de la persona humana; el segundo, en cambio, con su teoría agónica, acoge en sus obras una visión vertical de la vida humana, es decir, una visión divina de la vida humana que, como se ha dicho antes, deja de lado la finitud de lo humano. Efectivamente Unamuno no va en busca de un horizonte para la vida, porque eso sería racionalizar la vida misma, y esto no puede suceder para el literato español, porque, como se ha dicho, la vida no es razón a sí misma sino que es la agonía misma del hombre de carne y hueso. Es precisamente en este punto, donde se produce el punto de ruptura entre el pensamiento agónico y trágico de Unamuno y el pensamiento dramático racio-vitalista de Ortega.

Respecto al pensamiento orteguiano, Fraile destaca que «Razón vital, raciovitalismo, son nuevas expresiones que aparecen en la filosofía orteguiana, que se desarrollarán como la fórmula más acabada de su actitud filosófica» (Fraile 1972, 249). Esto no quiere decir, sin embargo, que se inicie con Ortega una nueva filosofía, pues su especulación parte de la preocupación por la vida del ser humano que don Miguel había traído a España.

La filosofía orteguiana de la razón vital, como toda filosofía de la época, es una filosofía orgánica, que avanza buscando soluciones a problemas anteriores, observándolos desde una perspectiva diversa. Como escribe Herranz: «Ortega encuentra un dato radical del universo, dado como realidad primordial, algo completamente nuevo, distinto del ser cósmico de los antiguos, y del ser subjetivo o pensamiento de los modernos. El dato radical es: "Vivir"» (Herranz 2004, 241). Este dato radical del ser humano, que es su vida, es también su problema, porque debe buscarle un horizonte en el cual él y su vida se realizan en la radical convivencia de la circunstancia.

Herranz, de hecho, analiza el problema orteguiano poniéndolo frente a las dos corrientes de pensamiento que entonces dominaban el ambiente intelectual europeo: la teoría del problema del ser –la ontología–, y la teoría de la vida del hombre, haciendo de esta manera de la ontología una gnoseología y no una teoría metafísica, como Ortega lo hace con su razón vital:

> Si el pensar (P) es el resultado del ser (S), se cae en el realismo (P Œ S).
> Si el ser (S) es el resultado de pensar (P), se caen el idealismo (S Œ P).
> (Herranz 2004, 230).

Como se decía antes, para abordar este problema Ortega piensa en el raciovitalismo, no como un huir del problema sino como una solución intrínseca a la realidad del ser humano. En Ortega no es posible pensar una teoría de la vida humana separada de su circunstancia radical, ya que es en ella que la persona humana se vive a sí misma radicalmente como proceso íntimo y esencial.

> Pero la vida no es un proceso extrínseco donde simplemente se adicionan contingencias. La vida es una serie de hechos regida por una ley [...]. La vida humana es un proceso interno en que los hechos esenciales no caen desde fuera sobre el sujeto –individuo o pueblo–, sino que salen de este, como de la semilla fruto y flor (Ortega y Gasset 2005a, 568),.

La esencialidad de la vida humana en la filosofía orteguiana se aprecia más plenamente en la relación que se manifiesta entre el hombre y su circunstancia, entendida dicha relación como el espacio cada vez más próximo en el que el ser humano no solo realiza su propia vida, sino que se realiza con la propia vida, que según Eduardo Nicol es el centro de la reflexión orteguiana:

> La prolongada secuencia de ideas que va presentando sobre la vida, que es su tema central, no expresa tan solo el intento de constituir con ellas una teoría, sino además el de atender a la vida del contorno en sus modalidades más concretas; la de vigilarla y enmendarla; en suma, la de influir en su marcha. Su filosofía es una dialéctica vital (Nicol 1961, 127-128).

No es por las muchas ideas sobre la vida que Ortega se convierte en el gran intelectual de España; sino que precisamente son sus teorías sobre cómo justificar la vida desde la vida misma, que la ideas del maestro son apreciadas por gran parte del entorno intelectual: «La razón vital es, en suma, el método teórico con que entienda la realidad radical y la estructura de su consistencia» (Garagorri 1958, 123). La realidad radical –para

Ortega– es la vida humana, y la razón vital es la vida misma que
se explica y comprende solo mientras se está viviendo.

Por otra parte, la circunstancia hace que el ser humano
comprenda quién es y cómo es él; es precisamente a partir de
la circunstancia y desde la circunstancia misma que se puede
comprender quién es el ser humano en su totalidad: «Ortega habla en efecto de cómo la circunstancia marca la vida
del hombre y, desde ella, me entiendo cómo soy» (Sánchez
2016, 161). Es cierto, como afirma Sánchez, que es desde la
vida donde se puede entender al ser humano, pero es desde
el ser humano mismo donde la vida, que es su circunstancia,
toma su sentido vital. Este es precisamente el raciovitalismo
orteguiano (que se aleja de la visión agónica de Unamuno):
dar sentido a la circunstancia vital con la vida que se está
viviendo.

La respuesta que Fraile ofrece a la pregunta sobre la sistematicidad de Ortega es, pues, válida: el estudioso examina la
filosofía de Ortega en su conjunto y afirma que respecto de su
problema central, la vida humana, se puede decir que en Ortega
hay un sistema real: «¿Tiene sistema Ortega? Si por sistema se
entiende una visión peculiar de la realidad total, centrada en torno a un principio fundamental que la cohesión y sentido a todas
sus derivaciones, ciertamente que Ortega tiene sistema» (Fraile
1972, 238). No es que Ortega no tenga un sistema real, pero es a
partir de su tema central, la vida humana, que la obra de Ortega
adquiere sentido de sistema.

2. La influencia del existencialismo heideggeriano

Anteriormente se ha evidenciado como el pensamiento unamuniano ha sido fuertemente influenciado por la figura de Kierkegaard y por la investigación existencial sobre la vida en sentido
teológico-protestante y trágico. Respecto a Ortega y Gasset y a
los autores contemporáneos a él, se debe decir que la filosofía

ontológico-existencial de Martín Heidegger tuvo un fuerte impacto en el pensamiento filosófico europeo y español.

Heidegger lleva adelante su propia investigación interrogándose –de manera ingeniosa– sobre el sentido del ser (cfr. Marías 1967, 415) y esto le hace desarrollar una ontología existencial (cfr. Ferrater Mora 1964, 821). Para el filósofo alemán no se trata de volver a la búsqueda del ente en cuanto ente, sino –afirma Marías– que la investigación de Heidegger se centra en el sentido y fundamento del ser en la realidad: «No se trata de los entes, hasta el ser [...] Heidegger insiste de manera especial [...] en la cuestión fundamental es el sentido del ser. Lo demás es anterior y sirve para llegar a esa cuestión» (Marías 1967, 415).

De hecho, en el pensamiento de Heidegger –afirma Francesco De Nigris–, la pregunta por el ser se mueve directamente desde la existencia, y esto genera la analítica existencial en el filósofo alemán:

> Da por hecho Heidegger que la pregunta por el ser es algo que le va intrínsecamente al existir, con lo cual, para alcanzar el sentido general del ser y una ontología fundamental, hay que aclarar previamente el ser mismo del existir; de ahí la analítica existencial que impulsa su pensamiento (De Nigris 2012, 125).

Lo que realmente le interesa a Heidegger es el ser. El modo en que lo afronta en *Ser y tiempo* (1927), es la investigación sobre el «*Dasein*», como *ser-en-el-mundo*, que a su vez es absorbido por el propio mundo y por sí mismo, colocándose a sí mismo como fundamento de su realidad mundanal: «Ser allí –afirma Heidegger– es absorbido por su mundo. Esta identificación con el mundo y el en-ser en el que se funda determinan la esencia del fenómeno relativo a la pregunta "¿quién es el que está en la vida cotidiana del Ser?"» (Heidegger 1976, 148). Adriano Fabris observa cómo el ser –que es el «yo»– del que habla Heidegger es absorbido por el mundo como parte y fundamento de ello: «este ente se ha venido configurando como el ente que, de vez en cuando, yo soy. Sin embargo, es […] un yo que está constantemente inmerso en su propio mundo, casi "absorbido" (*benommen*) por el mismo mundo»[16] (Fabris 2000, 103-104).

Surge una primera diferencia entre los dos pensadores: para el filósofo alemán, el ser se manifiesta en el mundo, es decir, el mundo es el fundamento del ser en el mundo (cfr. Heidegger 1976, 148); para el pensador español, por el contrario, el ser no se funda a sí mismo «La reabsorción de la circunstancia es el destino concreto del hombre» (Ortega y Gasset 2004e, 756). En Ortega no es el «yo» el que funda su ser en el mundo, sino que es el mundo –en este caso la circunstancia– el verdadero fundamento del *ser-en-el-mundo* del ser humano, y *del-estar-instalado-en-el-mundo*, y esta es la verdadera tarea del «yo»: asumir y absorber el mundo como el propio destino. En Ortega, el «yo» se convierte en alguien concreto que vive una circunstancia concreta con la que se identifica y a la cual llena de sentido cuando la vive.

Siguiendo a la teoría de Heidegger, Fabris afirma que el «yo» es una indicación formal de relación, es una apertura dinámica hacia lo real:

> […] más que un concepto, el término «yo» debe ser entendido–afirma Heidegger– como una indicación formal. Este término, de hecho, no sirve a determinar un ente (ni siquiera aquel ente que presume de determinar así mismo), sino que simplemente muestra, o sea, abre la dirección de una posible relación sin anticipar algún contenido[17] (Fabris 2000, 105).

Respecto a la afirmación precedente, se puede afirmar que lo que hace el «yo» es abrirse de manera constitutiva a una posibilidad relacional.

---

[16]   Traducción propia.

[17]   Traducción propia.

En Ortega, en cambio, el tema del ser posibilidad se presenta de manera particular: la persona humana, se abre a la posibilidad circunstancial que aparece como horizonte real gracias a su propia imaginación o fantasía, y esta posibilidad de orientarse, dice Jesús Conill, no se refiere al ser sino a la vida:

> Porque ahora la cuestión primordial no es la del ser, sino la vida; se parte de la peculiar animalidad del hombre; se destaca la fantasía como la facultad primordial y la iniciativa en la elección dentro de las circunstancias y posibilidades; y se abre a un horizonte de esperanza activa (Conill-Sancho 2012, 171).

El *Dasein* heideggeriano, afirma Fabris, se manifiesta como interpretación de una realidad ante todo presente: «Por su parte Heidegger, entiende el termino *Dasein* en un sentido literal: para él ello indica propiamente el *Da* del *Sein*, el estar –el lugar de la apertura y del determinarse a través de una compresión– del "ser"»[18] (Fabris 2000, 52). En Ortega, por el contrario, esta realidad, es la realidad radical del ser humano, es la propia vida, no es el ente ni el presente. Esta realidad vital es histórica, pero también es futuriza por la posibilidad que tiene el ser humano de proyectarse hacia lo que podría ser.

En Heidegger, el ser del *Dasein* es una relación con los otros (cfr. Ferrater Mora 1964, 822). También en Ortega el «yo» se entiende en relación con el propio mundo (circunstancia), pero sobre todo como relación con el otro, como una realidad que es siempre nueva y abierta a la posibilidad de proyectarse para la alteridad. La realidad vital del «yo» no está encerrada en sí misma, y por tanto no es la vida la que da sentido a sí misma; la realidad vital se llena de sentido gracias a la apertura relacional que acaece cuando se vive

---

[18]   Traducción propia.

la propia realidad circunstancial con el otro. Como afirma Ortega: «La relación interindividual solo es posible con el individuo a quien individualmente conocemos, esto es, con el prójimo (= próximo)» (Ortega y Gasset 2006a, 650). La razón vital radica en justificar esta posibilidad circunstancial que es la apertura del «yo» hacia la alteridad, que a la cual se trata de conocer y aprender como una realidad.

Con estos dos autores se critica radicalmente el enfoque racionalista y positivista, ya que dichas teorías no afrontaron en profundidad los problemas filosóficos más relevantes de la época: el problema del ser y la cuestión de la existencia. El descuido de estos problemas ha creado la crisis racionalista que, como afirma Antonio Gutiérrez, da paso al existencialismo: «La crisis de la razón racionalista y positivista que cultivó la ilustración estaba ya escrita en su propia constitución racionalista. La razón ilustrada dejó sin atención la existencia, debido a que no pudo conocer su hondura, sentido y complejidad» (Gutiérrez Pozo 2012, 235).

3. Vitalismo y existencia humana

En la filosofía de Ortega respecto a la investigación heideggeriana del ser, se debe dar un paso atrás, porque para el maestro español la existencia no acaece en el ser sino en la vida que, en Ortega, como se ha dicho, es la realidad radical donde radican todas las demás realidades: «La "vida" de Ortega no se identifica con el *Dasein* heideggeriano. Ortega, como Heidegger, entiende que el concepto tradicional de existencia como *sistire extra causas*, es inadecuado para describir la realidad radical» (González 1997, 376). El existir es el elemento connatural y constitutivo de la vida humana misma, por lo tanto del existir, vida humana es la realidad fundante y gracias a esa el ser humano se encuentra viviendo «ejecutivamente»:

Ahora bien, si la vida no es coexistencia, sí puede sin embargo, ser entendida, en sentido estricto, como existencia, pues la vida es en realidad la realidad fundante, autosuficiente, independiente, aunque lo es incluyendo en sí misma la vinculación constitutiva entre yo y circunstancia. En este caso, la vida sí es exsistencia, pero lo es en el sentido más clásico del término, y no en el sentido «abstruso e incontrolable» de la filosofía existencial. La existencia no es el «ahí del ser», su desvelación originaria, sino pura ejecutividad (González 1997, 377).

Ortega, con su teoría de la razón vital, intenta ir más allá de la investigación ontológico-existencial de Heidegger, proponiendo la vida misma como el fundamento del *Dasein*. La vida en el filósofo español es la realidad del ser humano que con su razón vital salva su circunstancia, es decir, el mundo:

La vida es cambio; se está en cada nuevo instante siendo algo distinto del que se era, por tanto, sin ser nunca definitivamente sí mismo. Solo la muerte, al impedir un nuevo cambio, cambia al hombre en el definitivo e inmutable sí mismo, hace de él para siempre una figura inmóvil; es decir, lo liberta del cambio y lo eterniza (Ortega y Gasset 2010, 246).

El método raciovitalista orteguiano es la clausura tanto del realismo como del idealismo moderno porque, según Sabino Fueyo, es la respuesta a la oposición moderna:

Solución integral que nos presenta Ortega frente a la oposición realismo-idealismo. Lo que en otros términos, quiere decir: no podemos prescindir de la razón, de esa «acción intelectual que nos pone en contacto con la realidad»; pero ha de estar condicionada por la vida (Fueyo 1949, 4).

Con el raciovitalismo, en definitiva, el maestro Ortega intenta leer el ser con la razón que condicionada, o mejor, potenciada por la vida misma, ofrece un sentido y un horizonte vital a la existencia del ser mismo, que ya no es un *Dasein* entendido como algo externo al ser, sino el ser mismo.

La dicotomía y la discusión entre razón y vida (cfr. Fueyo 1949, 4) se convierte con Ortega en el punto central del raciovitalismo. En eso Ortega ve la existencia humana como dramática más que trágica (cfr. Malishev & Herrera 2010, 234), ya que el drama en el ser humano acaece concretamente cuando el ser humano mismo tiene que ver con su propia vida. Este drama acaece porque el vivir en el ser humano no solo sucede en el presente, el drama acontece cuando el ser humano, viviendo aquí y ahora, ve la posibilidad de proyectarse hacia el futuro:

> El vivir es siempre un vivir aquí y ahora, y este aquí y ahora es incanjeable, y, a la vez, amplio, porque la vida es solo la necesidad, pero también libertad: una necesidad que nos ofrece un repertorio de posibilidades, y nosotros al aceptar esta fatalidad nos decidimos por un destino. Por eso la vida es futurición: se ejecuta hacia delante y el pasado y el presente se descubren en relación con el futuro. Se puede decir que la vida comienza por ser lo que aún no es, es preocupación y cuidado, un ocuparse por anticipado (Malishev & Herrera 2010, 234-235)

La razón vital orteguiana presenta tres momentos: el primero, vivir aquí y ahora, el segundo que justifica el momento precedente con la razón, y el tercero, es el momento del proyectar la propia vida con la imaginación y la fantasía, dando espacio al drama del ser humano:

> El futuro es el horizonte del presente en que todo es problemático, incierto y preñado de presentimientos indefinidos; mientras que el pasado es una base sólida, un camino seguro y cotejando con él su ruta, el hombre se mueve hacia adelante. (Malishev y Herrera 2010, 232)

El ser humano proyecta su vida hacia adelante, y es en esta superación temporal que puede crear proyectos gracias a la imaginación y la fantasía. El querer ser, que en Ortega es un tender hacia el futuro, es creado por la imaginación del ser humano como parte de la ejecución de la vida humana, que no se detiene en el momento presente. Este es el método de la razón vital: dar por medio de la razón una justificación, con una mirada abierta al futuro, de lo que se vive en el presente: «Y lo que llamamos razón "no es sino fantasía puesta en forma" […] la fantasía crea proyectos, a los que llamamos "ideales", es decir, lo que el hombre quiere llegar a ser» (Gutiérrez Pozo 2012, 170). La razón no bloquea el fluir vital en el ser humano porque este, gracias a su propia realidad vital, fluye con la vida misma (cfr. Villacorta 2000, 88). La razón justifica las diferentes elecciones que el ser humano hace en su vida, y esta es precisamente la razón vital: hacerse a sí mismo con la propia vida.

Ortega afirma varias veces que la vida al ser humano le fue dada pero no hecha, reitera que el ser humano debe hacer la propia vida y llenarla de sentido por medio de experiencias vitales, que son las posibilidades que tiene la persona en vivir su propia circunstancia:

> Porque lo más extraño y azorante de esa circunstancia o mundo en que tenemos que vivir consiste en que nos presenta siempre, dentro de su círculo y horizonte inexorable, una variedad de posibilidades para nuestra acción, variedad ante la cual no tenemos más remedio que elegir y, por tanto, ejercitar nuestra libertad. La circunstancia –repito–, el aquí y ahora dentro de los cuales estamos inexorablemente inscritos y prisioneros, no nos impone en cada instante una única acción o hacer, sino varios posibles y nos deja cruelmente entregados a nuestra iniciativa e inspiración; por tanto, a nuestra responsabilidad (Ortega y Gasset 2010, 161).

La circunstancia vital es la posibilidad que tiene el ser humano de vivir: debe hacer (e inventar) su propia vida; esta posibilidad creadora de futuro existe gracias a la razón, que no se puede desligar de la vida porque es en la vida misma que a razón se convierte en momento vital. Como afirma Fraile:

> El hombre no debe olvidar que su razón es producto vital, un instrumento de que le ha dotado la vida en su desarrollo creador. […] Por esto la razón debe emplearse vitalmente, en estrecho contacto con la vida, y no como instrumento puro desligado de su propia e intrínseca naturaleza. La razón pura debe ceder su puesto a la razón vital. La razón pura, desligada de la vida, es una aberración. La razón vital y, por lo tanto, su uso debe también ser vital (raciovitalismo) (Fraile 1972, 249-250).

La posibilidad de la experiencia se presenta en la obra orteguiana como el destino que debe asumir el ser humano. El destino es necesariamente dramático, pues representa la posibilidad en este momento, aquí y ahora, a la cual el ser humano no puede renunciar. Es en esta elección de las diferentes posibilidades que en el ser humano nace y desarrolla la dramaticidad, que para Ortega es la raíz existencial de la vida:

> Vida, en el sentido de vida humana, por tanto, en sentido biográfico y no biológico –si por biología se entiende la psico-somática–, vida es encontrarse alguien que llamamos hombre […] teniendo que ser en la circunstancia o mundo. Pero nuestro ser en cuanto «ser en la circunstancia» no es quieto y meramente pasivo. Para ser, esto es, para seguir siendo tiene que estar siempre haciendo algo, pero eso que ha de hacer no le es impuesto ni prefijado, sino que ha de ele-

girlo y decidirlo él, intransferiblemente, por sí y ante sí, bajo su exclusiva responsabilidad[19] (Ortega y Gasset 2010, 162).

La vida del maestro español no es una vida del ser en la circunstancia, sino de estar instalado en la circunstancia: el estar hace del ser que está viviendo en el mundo una realidad vital que está haciendo y proyectando con el mundo. Ambos polos relacionales «yo-mundo» no pueden entenderse el uno sin el otro; el mundo, la circunstancia, la vida, para ser tales, deben estar referidos no a alguien en abstracto, sino a «mí», porque «yo soy yo» con la circunstancia y es en ella que «me» narro en manera biográfica.

La influencia de Heidegger conduce a Ortega hacia un existencialismo vital, en el que, el *Dasein* ya no es visto como *Dasein* –lo que está antes de ser y es la razón de sí mismo– sino como vida (cfr. Fabris 2000, 77-78); esto es, como lo que es anterior al ser, que es dotado de sentido no por sí mismo sino por la persona que está viviendo; es en este punto donde radica el verdadero distanciamiento entre el filósofo de El Escorial y el filósofo de la Selva Negra, como muestra Conill:

> Ortega tampoco se dejó seducir por la omnímoda ontologización heideggeriana, sino que imprimió una potente vitalización, en la que la perspectiva dominante y el centro de gravedad lo constituía el quehacer vital (la vida fáctica y la experiencia de la vida). Lo que aquí está en juego primordialmente no es el ser, sino la «viviente utopía» de

---

[19] Este texto puede ser fundamental en la explicación existencial orteguiana. Él no entiende el ser como aquello que funda la circunstancia, ni siquiera lo entiende como un ser pasivo en la circunstancia o en el mundo, dejándose «mundanizar» por el mundo mismo. Ortega entiende el ser como alguien que está viviendo en el mundo, y está siendo en el mundo. En este punto, acontece el cambio fundamental respecto a Heidegger porque: no es el ser a ser «mundanizado», sino que es el mundo el que se convierte en una realidad vital para el ser. En esta perspectiva podemos hablar de raciovitalismo en lugar de existencialismo.

cada cual, el hombre como ser utópico y su desarrollo de
la razón histórica en forma de razón narrativa, cuya raíz se
encuentra en la capacidad poetizadora de la fantasía (Conill-Sancho 2012, 172).

Como se ha visto, en este capítulo lo que realmente se ha
intentado mostrar es la organicidad de la filosofía no solo en
España, sino de la filosofía en general: se pasa de la realidad
existencial a la realidad vital, porque superando el modernismo
«Se inicia la filosofía con una nueva idea de Ser, una nueva ontología, la ontología del vivir» (Herranz 2004, 242). Se pasa de
un carácter estático del ser al carácter «operativo» y performati-
vo de la propia vida humana.

Heidegger representa el paso del ente al ser y con Ortega
pasamos del ser del *Dasein* a la realidad radical y primaria del
ser a través de la razón vital, que es la vida humana. Como
afirma Conill, «Para ello no es precisamente ontologizar, sino
vitalizar e historizar en una especie de raciovitalismo histórico
[...]. Esto implica una recuperación de la misma razón, pero
no de la razón pura, sino de la impura por ser "experiencial"»
(Conill-Sancho 2012, 171). Ortega abre en España el pensar
la vida humana como una realidad primaria con la cual el ser
humano debe enfrentarse. La vida al ser humano se da pero
no hecha; él, en cuanto animal fantástico (cfr. Ortega y Gasset
2009, 1367), debe hacer realidad su vida proyectándose con
ella misma.

La cuestión de la realidad primaria se convertirá en un problema fundamental en Zubiri –sea en diálogo con Heidegger
como con Ortega–, ya que afirma que la realidad está antes
«*prius*» del ser y de la vida: «El hombre no nace solo a la vida
sino que nace a la realidad como realidad» (Zubiri 2006, 40). En
definitiva, no se pone en duda el problema de la vida humana
como realidad, sino que Zubiri intentará elaborar una metafísica
de la realidad a partir de la realidad en cuanto fundamento del
ser y de la vida.

3.1. El carácter ejecutivo de la vida humana

Para Ortega y Gasset la vida humana es la realidad primaria y principal en la que se encuentra el ser humano y, por tanto, la vida humana es definida como realidad radical con la que debe realizarse mientras vive:

> [...] la vida no es sino quehacer. No nos hemos dado la vida, sino que esta nos es dada; nos encontramos en ella sin saber cómo ni por qué; pero eso que nos es dado –la vida–, resulta que tenemos que hacérnoslo nosotros mismos, cada cual la suya. O lo que viene a ser lo mismo: para vivir tenemos que estar siempre haciendo algo, so pena de sucumbir. Sí, la vida es quehacer. Sí, la vida da mucho quehacer, y el mayor de todos, acertar a hacer lo que hay que hacer (Ortega y Gasset 2006g, 351).

Es interesante observar cómo en el filósofo español el término «vivir» es vinculado al verbo «hacer»; de hecho, para el filósofo vivir significa hacer algo con la vida misma. El ser humano se encuentra en la vida, pero esta, la vida, no está hecha y por ello no es una realidad finita, porque esta es la realidad que el ser humano debe hacer. En este sentido, se debe afirmar que la realidad vital del hombre debe por tanto hacerse, como tarea principal de su propia existencia:

> A diferencia, pues, de todo lo demás, el hombre, al existir, tiene que hacerse su existencia, tiene que resolver el problema práctico de realizar el programa en que, por lo pronto, consiste. De ahí que nuestra vida sea pura tarea e inexorable quehacer. La vida de cada uno de nosotros es algo que no nos es dado hecho, regalado, sino algo que hay que hacer. La vida da mucho quehacer; pero además no es sino ese quehacer que da a cada cual, y un quehacer, repito, no es una cosa, sino algo activo, en un sentido que trasciende to-

dos los demás. Porque en el caso de los demás seres se supone que alguien o algo que ya es, actúa; pero aquí se trata
de que precisamente para ser hay que actuar, que no se es
sino esa actuación. El hombre, quiera o no, tiene que hacerse a sí mismo, autofabricarse. Esta última expresión no es
del todo inoportuna (Ortega y Gasset 2006d, 573),

Ortega reconoce el carácter existencial del ser humano, que,
sin embargo, no es solo existir y permanecer ahí –como acontece con el *Dasein* de Heidegger–. De hecho, el ser humano existe porque vive fuera de sí mismo («ex-siste»)[20] y no dentro de
sí mismo como si fuera solo un ser espiritual. Vivir, por tanto,
significa para el filósofo español inventarse la propia existencia
con la vida misma, salir de sí mimo; es por ello que la vida debe
hacerse e inventarse con la vida misma:

> La vida es quehacer y la verdad de la vida, es decir, la vida au-
> téntica de cada cual consistirá en hacer lo que hay que hacer y
> evitar el hacer cualquier cosa. [...] La vida verdadera es inexo-
> rablemente invención. Tenemos que inventarnos nuestra pro-
> pia existencia y, a la vez, este invento no puede ser caprichoso.
> El vocablo inventar recobra aquí su intención etimológica de
> «hallar». Tenemos que hallar, que descubrir la trayectoria ne-
> cesaria de nuestra vida (Ortega y Gasset 2006d, 86).

[20]   El filósofo español con el término «ex-sistir» hace la diferencia entre la vida humana y la vida de Dios que es –según el filósofo– una vida interna: «La vida es precisamente un inexorable ¡afuera!, un incesante salir de sí al universo. Si yo pudiese
vivir dentro de mí, faltaría a lo que llamamos vida su atributo esencial: tener que
sostenerse en un elemento antagónico, en el contorno, en las circunstancias. Esta es
la diferencia entre Dios y nosotros. Él está dentro de sí, flota en sí mismo; lo que le
rodea no es diferente de lo que él es. Esto no es vida –es beatitud, felicidad. Dios
se da el gusto de ser sí mismo. Pero la vida humana es precisamente la lucha, el
esfuerzo, siempre más o menos fallido, de ser sí mismo. En rigor, para Dios no hay
un dentro ni un fuera porque no vive. La contraposición surge en el caso del hombre: es él un dentro que tiene que convertirse en un fuera. En este sentido, la vida
es constitutivamente acción y quehacer. El dentro, el «sí mismo» no es una cosa
espiritual frente a las cosas» (Ortega y Gasset 2006, 147-148).

El ser humano debe descubrir la «trayectoria» de su propia vida mientras está viviendo, pero ella, la vida, es dramática porque de ella no se sabe qué esperar. Es por ello que para el ser humano la vida es «quehacer», porque es impredecible –la vida se puede planificar, incluso proyectar pero no preverla–; este es el *quid* de la dramaticidad de la vida, su impredecibilidad.

El ser humano hace su vida mientras vive, y esto sucede en el presente, según De Nigris, esto hace de la vida una realidad biográfica, una realidad que no solo es vital, no solo humana, no solo una realidad, sino «mí» realidad: «La razón de la ejecutividad de la vida es teoría de lo imprevisible, no vivida, de ahí que "vida" significa algo no hecho, un quehacer que se está haciendo en un irrepetible biográfico» (de Nigris 2020, 1079). La vida humana como realidad dada pero no hecha significa para el ser humano un hacer, y es aquí donde se encuentra el carácter «ejecutivo», realizador del ser humano y, por tanto, biográfico. El «yo» de la circunstancia orteguiana no es una realidad aislada de las demás porque se va haciendo con la realidad que experimenta, con la realidad que inventa.

El «yo» que está viviendo en el presente debe hacerse con la circunstancia. Se acaba de decir que el hombre en cuanto existente debe inventarse a sí mismo con su realidad. Es por ello que Ortega habla de convivencia entre el «yo» y la circunstancia y no simplemente de existir o estar ahí. Esta situación de convivencia es para el filósofo una realidad dinámica, porque es un «estar-siendo-con» la propia realidad, que es la propia vida:

> Porque coexistencia no significa más que estar una cosa junto a la otra, que ser la una y la otra. El carácter estático, yacente, del existir y del ser, de estos dos viejos conceptos, falsifica lo que queremos expresar. Porque no es el mundo por sí junto a mí y yo por mi lado aquí, junto a él, sino que el mundo es lo que está siendo para mí, en dinámico ser frente y contra mí, y yo soy el que actúo sobre él,

el que lo mira y lo sueña y lo sufre y lo ama o lo detesta. El ser estático queda declarado cesante –ya veremos cuál es su subalterno papel– y ha de ser sustituido por un ser actuante. El ser del mundo ante mí es –diríamos– un funcionar sobre mí, y, parejamente, el mío sobre él. Pero esto –una realidad que consiste en que un yo vea un mundo, lo piense, lo toque, lo ame o deteste, le entusiasme o le acongoje, lo transforme y aguante y sufra– es lo que desde siempre se llama «vivir», «mi vida», «nuestra vida», la de cada cual (Ortega y Gasset 2008, 350).

Estar en el mundo es el estar viviendo del «yo» con el mundo. Esto sucede en la realidad de la vida, que manifiesta así su carácter operativo. «La vida es quehacer. No se trata de que la vida se encuentre con quehaceres, hasta que no consiste en otra cosa que en quehacer. La vida es lo que hay que hacer». (Ortega y Gasset 2006e, 143). La vida es coexistencia con el mundo, y es en esta coexistencia que se realiza el acto relacional del «yo» con el mundo. De hecho, la relación del «yo» con el mundo muestra el ser operativo del ser humano (cfr. González 1997, 337), es por ello que la relación en el ser humano es en definitiva «estar viviendo».

Ortega y la intimidad del ser humano

La realidad del ser humano en la teoría orteguiana de la circunstancia no escapa a la realidad mundana, ya que es parte integrante del ser humano (cfr. Guy 1983, 289). La integralidad de la persona humana es vista por Ortega como una estructura que se manifiesta en la intimidad humana, y es esto –la mundanidad y la intimidad humana– lo que el filósofo español quiere investigar a fondo, no como dos cosas separadas sino como momentos relacionados entre sí. «La antropología filosófica, o, como yo prefiero decir, el conocimiento del hombre, tiene ante sí un tema, todavía no tocado por nadie y que fuera incitando acometer: la tectónica de la persona, la estructura de la intimidad humana» (Ortega y Gasset 2004b, 569-570).

La investigación antropológica orteguiana no quiere quedarse en lo superfluo, sino que quiere ir más allá de la intimidad de la persona humana, para conocer no solo su circunstancia sino también su proyecto de futuro y, sobre todo, el yo que vive esa circunstancia. Para ello, el filósofo español utiliza la metáfora de un terreno para intentar explicar las diferentes etapas en la persona humana. Ortega quiere adentrarse en lo más profundo de la persona recorriendo los tres tipos de terreno que se encuentran en la persona misma: «vitalidad, alma, espíritu», creando así una especie de división tripartita de la realidad vital en la persona humana.

Ortega llama «alma carnal» –la psique que se une al cuerpo– aquella vitalidad que, a su vez, es el fundamento de la persona:

> A esta alma carnal, a este cimiento y raíz de nuestra persona debemos llamar «vitalidad», porque en ella se funden radicalmente lo somático y lo psíquico, lo corporal y lo espiritual, y no solo se funden, sino que de ella emanan y de ella se nutren (Ortega y Gasset 2004b, 570).

Jesús Conill, haciendo referencia a la división orteguiana de la realidad vital, afirma que esta realidad no es una teoría, sino un fenómeno, que se manifiesta en la peculiaridad del ser humano:

> Esta vitalidad o fuerza vital, en la que se funden lo somático y lo psíquico, lo corporal y lo espiritual, según Ortega, constituye un «fenómeno» y un «hecho» (no una hipótesis o una teoría), el hecho de la vitalidad y el cuerpo humano (Conill Sancho 2015, 498).

De hecho, el filósofo español trata de observar la realidad del ser humano de forma holística, refiriéndose a tres «yo» diferentes que, sin embargo, se integran en la persona: «un «yo» de la esfera psicocorporal, un «yo» del alma, un «yo» espiritual o mental» (Ortega y Gasset 2004b, 579). Esas realidades en el ser humano, como afirma Conill, se articulan en el interior de la propia persona (cfr. Conill Sancho 2015, 500).

La tectónica de la intimidad personal analizada por Ortega como estructura integral en el ser humano es vista por Savignano como una investigación integral que realiza el pensador español sobre el ser humano:

> La antropología orteguiana […] huye sea de los reduccionismos biológico-naturalistas –porque el hombre no es solo naturaleza, sino que tiene naturaleza– sea de las tendencias espiritualistas y sustancialístico-hilemórficas desde el momento que el hombre no es su alma […] sino que consiste en su vida personal e intransferible, en perenne confronto

con la circunstancia en la búsqueda de la propia vocación[21]
(Savignano 1996, 45).

En lo que se refiere, por ejemplo, al reduccionismo biológico de su maestro Uexküll, Ortega lo supera buscando en la
antropología de la persona humana no la intimidad de su propia naturaleza, sino la intimidad de su propia personalidad,
que se manifiesta en la presencia que es corpórea. Ortega ya
no busca un «que» como si fuese solo un fenómeno, sino el
«quién», que es personal e histórico como la manifestación
de la realidad radical que es la vida. De esta vitalidad que
se encarna en la intimidad de la persona humana, se nutre su
integralidad, es decir, su realidad radical en su ser viviendo
su propia circunstancia.

En la antropología del maestro no hay lugar para la división
alma-cuerpo, porque ellos se funden en la corporeidad de la persona humana y en el acto de vivir la propia circunstancia como
una realidad radical en la que la persona se manifiesta como intimidad humana. A Ortega le interesa la investigación integral
del ser humano y es por ello que él analiza al ser humano por
áreas (cfr. Ortega y Gasset 2004b, 570), no dividiéndolo sino
pensándolo en su totalidad. La teoría orteguiana no trata de
dividir al ser humano en diferentes partes, sino de recorrer las
diferentes etapas –como se mencionó anteriormente– que se encuentran en él, hasta llegar al alma corporal como subsuelo de
la intimidad.

Podemos decir que este es el camino del «intracuerpo» que
el maestro español desarrolla para alcanzar el sublime principio
del espíritu como intimidad y vitalidad del ser humano: «Lla-
mo espíritu al conjunto de los actos íntimos de que cada cual se
siente verdadero autor y protagonista. El ejemplo más claro es
la voluntad» (Ortega y Gasset 2004b, 575).

---

[21]   Traducción propia.

Las tres etapas –mencionadas anteriormente– no pueden ser consideradas por separado, ya que forman una sola realidad, y es la realidad vital de la persona como ha afirmado Conill. La «topografía» que hace Ortega del ser humano no tiene como finalidad dividirlo y comprender su vida sin su alma, o su espíritu sin sus actos: esos –vida, alma y espíritu– están íntimamente relacionados entre sí, y tienen un hilo conductor que los une a la realidad radical que se manifiesta como intimidad en la vida de la persona humana.

1. La metafísica orteguiana y el problema del vivir

En la búsqueda del horizonte, el ser humano hace metafísica de su propia vida, porque es en el ser futurizo donde la persona humana busca su propio horizonte, ya que el hombre por su condición natural está desorientado. El mismo Ortega aclara la situación radical de desorientación del ser humano afirmando: «La metafísica [...] consiste en que el hombre busca una orientación radical en su situación. Esto parece implicar que la situación del hombre consiste en una desorientación radical» (Ortega y Gasset 2008b, 564).

El ser humano se orientarse en la propia vida cuando se proyecta hacia el futuro, cuando se propone objetivos a cumplir. Dichos objetivos no se realizan en el presente, sino en el presente del futuro que aún no existe, es decir, en la imaginación. La vida del ser humano en Ortega es metafísica porque va siempre hacia delante, no se puede vivir yendo hacia el pasado. El proyecto vital del ser humano para el maestro español es metafísico porque es la vida misma: «vivir es sentirse disparado hacia el futuro rebotamos en él [...] y vamos a caer en el pasado, al cual nos agarramos hincando en él los talones para volver con él, desde él, al futuro y realizarlo» (Ortega y Gasset 2006c, 444). No es que la realización del futuro sea el pasado, sino que es a partir del pasado en la imaginación de la persona humana que el futuro comienza a formarse.

Desde el pasado que ahora es presente, a la persona humana se le presenta una tarea importantísima, la de decidir quién quiere ser. Este es precisamente el carácter de la «futurición» de la vida humana: proyectar en la vida lo que quiere ser o, mejor aún, quién quiere ser en el momento futuro:

> Si nuestra vida consiste en decidir lo que vamos a ser, quiere decirse que en la raíz misma de nuestra vida hay un atributo temporal: decidir lo que vamos a ser –por tanto, el futuro […] nuestra vida es ante todo toparse con el futuro. No es el presente o el pasado lo primero que vivimos, no–; la vida es una actividad que [se] ejecuta hacia adelante, y el presente o el pasado se descubre después, en relación con ese futuro (Ortega y Gasset 2008a, 358).

Para Ferrater Mora, el texto anterior muestra cómo el futuro tiene, en la obra orteguiana, un predominio sobre el presente que vive la persona humana (cfr. Ferrater Mora 1973, 105). Sin embargo: «no es que al ser humano no le interese la vida presente, porque es a partir de ella –desde el momento presente que el ser humano está viviendo– que el pasado toma sentido y el futuro comienza a formarse» (Ortega y Gasset 2008b, 607-608). En la filosofía orteguiana, el vivir en sí mismo es una realidad en sí misma, donde su fin último no es conocer sino experimentar la vida como manifestación del vivir:

> Vivir es esa extraña realidad, única que tiene el privilegio de existir para sí misma. Todo vivir es difícil, sentirse vivir, saberse existiendo; donde saber no implica conocimiento intelectual ni sabiduría especial ninguna, sino que es esa sorprendente presencia que su vida tiene para cada cual (Ortega y Gasset 2008b, 571).

Del texto anterior se pueden deducir dos cosas importantes que manifiestan claramente el carácter de la metafísica orteguiana: que vivir es *sentirse* y a su vez *conocerse*, ya que son dos aspectos de un mismo momento. Sentir es vivir en Ortega y conocerse no significa saber, sino experiencia. En esta afirmación, el filósofo español hace referencia directa a la metafísica de Aristóteles «Πάντες ἄνθρωποι τοῦ εἰδέναι ὀρέγονται φύσει» (Aristóteles, *Metafísica* A1, 980a), en la que el conocimiento es presentado como el deseo último del hombre. En cambio, para el maestro español, el conocimiento ya no será el deseo último del hombre, sino el vivir que se manifiesta en la presencia de la persona.

Parte III

Zubiri y la realidad del ser humano

Hasta ahora se ha hecho un estudio sobre la Escuela de Madrid y la influencia que tuvo en este proyecto la filosofía de la razón trágica de Miguel de Unamuno. Posteriormente se ha examinado la filosofía orteguiana como raíz del pensamiento de esta escuela. Es bueno aclarar que esas eran solo las raíces de un «árbol filosófico» cuyas ramas, como veremos ahora con Zubiri, apuntan en distintas direcciones; pero los frutos pueden clasificarse como frutos del mismo árbol que floreció en la filosofía española del siglo XX, con sus raíces en la Escuela de Madrid.

La obra de Xavier Zubiri es muy amplia, abarca desde la filosofía hasta la teología, desde la física hasta la biología. Esta amplitud temática en las obras zubirianas son fruto de una época muy fructífera no solo para el pensamiento filosófico sino también para el pensamiento científico europeo y es por ello que el joven filósofo español busca una forma de comprender, a través de su propio estudio, lo que ocurre en el ámbito intelectual de su tiempo. Como dice Ignacio Ellacuría: «No buscó Zubiri ser un especialista en todos estos campos, pero sí el poder comprender lo que los especialistas de primera línea iban produciendo» (Ellacuría 1976, 70).

Dada la variedad de temas y la profundidad con la que Zubiri trata cada uno de ellos, creo que no es muy serio intentar profundizar en toda la obra filosófica de Zubiri en estas páginas; por tanto, se propone examinar de manera especial aquella área de la filosofía zubiriana que más se ajusta al objetivo de nuestro

estudio, el área metafísico-antropológica, sin por ello erradicar-
la del núcleo principal de su estudio de la «filosofía de la realidad» (cfr. Pintor-Ramos 1994, 57).

1. Raíces existenciales y vitales

La filosofía es un saber cuya organicidad, en la España de la
época de Unamuno y Ortega, es evidente, gracias a la continuidad y al desarrollo de sus reflexiones por parte de sus alumnos,
como sucedió por ejemplo en el caso de Ortega y Gasset, que
le dio a la modernidad un nuevo horizonte filosófico, una oportunidad de mirar de manera diferente no solo la filosofía sino
también la historia:

> La ejecutividad permite a Ortega poner un pie fuera de la fe-
> nomenología y del ámbito del sentido donde aún se mueve
> Heidegger; es lo que le permite, definitivamente, terminar de
> salir del horizonte moderno. Horizonte filosófico en la que se
> inscribe la filosofía primera de Zubiri (Villacorta 2000, 89).

Abrirse a un nuevo horizonte y tratar de ir más allá de la
concepción heideggeriana del ser es una experiencia filosófica radical en la filosofía española: «que en Ortega y algunos de sus discípulos (Xavier Zubiri, Julián Marías, Pedro
Laín) se convertirá en la exigencia todavía más profunda de
plantear la cuestión de la estructura de la realidad, como la
decisiva innovación metafísica» (Conill-Sancho 2012, 174).
Esta exigencia filosófica y metafísica se podría decir que se
cumple especialmente en la investigación de aquello que está
anterior al ser, es decir, la realidad vital de Ortega y Gasset,
de sus alumnos y colegas de la Escuela de Madrid que, siguiendo al maestro, superan el naturalismo (cfr. Bueno 1962,
321). Zubiri en particular va más allá de Ortega con la investigación de la realidad que para él es el fundamento no solo

del ser sino también de la propia vida humana y por tanto, de la realidad vital.

En la filosofía española las distintas generaciones tienen su propio filósofo de referencia. Para la generación del 98 fue don Miguel, conocido como el último moderno; para la del 14 fue, sin duda, Ortega y Gasset, filósofo de referencia no solo para su generación sino para todas las generaciones posteriores, considerado como el que inició la filosofía contemporánea en España al traer el método y el rigor de la filosofía alemana; para la generación del 27 fue Zubiri, que con sus investigación filosófica España alcanza su madurez filosófica (cfr. Gracia 2017, 32). Esto no quiere decir que en estas generaciones la investigación filosófica en España se detenga, sino que es gracias a esta continuidad y filosófica que la filosofía española alcanza con Zubiri ese nivel europeo por el que había luchado Ortega.

Ferrater Mora en su *Diccionario de filosofía* de 1941, da una breve pero incisiva explicación de la profundidad filosófica del entonces desconocido joven filósofo Zubiri:

> Indicaremos aquí únicamente que Zubiri lleva a cabo un esfuerzo con el fin de dilucidar y aprehender lo que constituye formalmente la realidad, tanto en su ser real en cuanto real como en su ser «tal». Para Zubiri la realidad es previa al ser; lejos de ser la realidad un tipo de ser, por fundamental que se suponga, el ser se funda en la realidad. Lo que se llama «ser» es más bien «el momento de actualidad de lo real en esa respectividad que constituye trascendental el mundo»; el ser, en suma, está dado «como actualidad respectiva» (Ferrater Mora 1965, 961).

El metafísico Zubiri tiene como objetivo la búsqueda de la realidad en sí que, según él, es el fundamento de otras realidades. Frente a esta investigación él tendrá dos caminos filosóficos de referencia: el camino orteguiano de la razón vital como realidad radical y el camino heideggeriano del «*Dasein*» como fundamento del ser-en-el-mundo.

Para alcanzar su objetivo, el filósofo vasco elige trazar su propio camino, convirtiéndolo en un nuevo horizonte filosófico. Como afirma Savignano: «Para describir la experiencia originaria no es necesario recurrir a la teoría de la conciencia intencional o de la vida circunstancial (Ortega) o del *Dasein*, sino que es imprescindible partir del sentir como vía primaria de acceso a la realidad»[22] (Savignano 2016, 224).

2. La figura de Ortega y el comienzo de la filosofía zubiriana

Es oportuno tener presente el deseo intelectual de Ortega: poner el pensamiento español a la altura del pensamiento que se estaba gestando en Europa. Esta difícil tarea, de despertar a España de su sueño intelectual que creaba monstruos para Zubiri, la llevó a cabo Ortega. Como muestra Pintor-Ramos: «Zubiri da por hecho que Ortega llevó el nivel de la filosofía en España a una altura homologable con el de cualquier otro país y se embarca en una empresa filosófica de gran alcance» (Pintor-Ramos 2002, 370).

La relación entre Zubiri y Ortega fue una breve pero fructífera experiencia intelectual (cfr. Pintor Ramos 1983, 124) que no permaneció en una simple relación profesor-alumno, sino que se constituyó en la relación que ayudó a la primera formación filosófica de Zubiri. Como observa Marías en su *Historia de la filosofía* de 1941:

> Ortega fue decisivo para su maduración y orientación: «Fuimos –escribió Zubiri–, más que discípulos, hechura suya, en el sentido de que él nos hizo pensar o, por lo menos, nos hizo pensar en cosas y en formas en que hasta entonces

[22]   Traducción propia.

no habíamos pensado... Y fuimos hechura suỹa, nosotros que nos preparamos a ser mientras él se estaba haciendo. Recibimos entonces de él lo que ya nadie podrá recibir: la irradiación intelectual de un pensador en formación» (Marías 1967, 451).

En efecto, Zubiri se refiere a Ortega como un verdadero maestro de toda la generación del 27. La influencia de la figura de Ortega fue determinante en el desarrollo de la filosofía zubiriana. De hecho, Garagorri afirma que si se quiere conocer la filosofía zubiriana hay que tener presente la filosofía de Ortega: «No hay mejor introducción al pensamiento de Zubiri que el reconocimiento de la filosofía de Ortega» (Garagorri 1985, 180). Las raíces filosóficas de Zubiri se inician desde la profundidad y sistematicidad del pensamiento de Ortega, es a partir de él que Zubiri comienza a construir su filosofía: «Xavier Zubiri fue discípulo de Ortega, y sin la influencia inicial de este maestro es inexplicable su obra filosófica posterior» (Abellán 1991, 283). Y esto se puede ver en el artículo dedicado a Ortega por Zubiri en 1936[23].

Alrededor del año 1918, Zubiri conoció a Ortega siendo profesor de la cátedra de metafísica de Madrid y a partir de ese momento será uno de sus alumnos más brillantes. De hecho, Diego Gracia afirma que en aquellas lecciones Zubiri conoció la fenomenología de Husserl gracias a Ortega, compartiendo con el maestro español el hecho de que la realidad es algo que está antes de la verdad, ya que esa debe ser real antes de ser verdad: «Es más, cabe preguntarse si hubiera verdad sin realidad. Y la respuesta de ambos, Ortega y Zubi-

---

[23] En la página 6 del periódico *El Sol* del 8 marzo de 1936. En aquella ocasión diversos filósofos (Zubiri, García Morente, Gregorio Marañón) dedicaron escritos a Ortega con motivo de sus 25 años de profesorado a Madrid.
http://hemerotecadigital.bne.es/issue.vm?id=0000573005&page=6&search=Ortega%2C+maestro+de+filosof%C3%ADa&lang=es (consultado el día 13-03-19).

ri, es que no. Hay una prioridad de la realidad sobre la verdad, y no al revés» (Gracia 2017, 78). Esto es diferente a lo que se afirma con la fenomenología husserliana, según el cual la realidad se ajusta a la verdad dando así una supremacía a la verdad sobre la realidad.

En la década de 1920, la relación entre Ortega y Zubiri era intelectualmente muy fuerte, tanto que se puede decir que en Zubiri existe una idea de vida entendida como una realidad radical (cfr. Gracia 2017, 79). Esta línea de pensamiento orteguiana es seguida por Zubiri desde el principio; él asiste a los cursos de metafísica en los que el maestro presenta la vida humana como el fundamento radical de todas las realidades. Esta «filiación intelectual», dice Pintor-Ramos, conduce a la construcción de una línea coherente de investigación que ayuda a la formación de la Escuela de Madrid:

> Han sido fundamentalmente los continuadores de Ortega los que se han acercado al pensamiento zubiriano viendo en él la prosecución y el desarrollo de algunos temas del maestro. Esto tiene un fundamento indiscutible en el magisterio que Ortega ejerció sobre Zubiri y, al mismo tiempo, ofrece la posibilidad de construir una línea coherente de conti– nuadores del pensamiento orteguiano como prueba de la eficacia histórica de este. Es lo que J. Marías, presentándose como principal heredero de Ortega, denominó «Escuela de Madrid» (Pintor-Ramos 1983, 55).

La idea fundamental que Zubiri mantiene en los primeros años de estudio con Ortega es que el hombre es una realidad radical de la que dependen todas las demás realidades (cfr. Malishev y Herrera 2010, 219). Esta será la posición filosófica de Zubiri antes de asistir a las conferencias de Husserl y Heidegger a fines de la década de los años 20.

Cabe señalar, sin embargo, que esta línea de estudio es mantenida por los estudiosos orteguianos, como afirma Pintor-Ramos. Esto no quiere decir que esta afirmación sea falsa, pero existe un profundo desacuerdo por parte de los estudiosos zubirianos con respecto a esta filiación. De hecho, Pintor-Ramos muestra cómo en su desarrollo filosófico el mismo Zubiri en sus obras filosóficas, por ejemplo en *Sobre la esencia* 1962, hace muy pocas referencias a Ortega (cfr. Pintor-Ramos 1983, 56), a diferencia como sucede con Husserl y Heidegger.

En el artículo dedicado a Ortega, Zubiri afirma que el maestro español generó en sus discípulos una particular sensibilidad hacia la investigación filosófica, gracias a la cual hizo pensar a sus alumnos de forma diferente a como lo habían hecho hasta ese momento. De hecho, gracias a la pedagogía y profundidad filosófica de Ortega, Zubiri tuvo la capacidad de repensar las circunstancias del maestro de otra manera: para Ortega la circunstancia es el mundo, esa es la realidad radical que el ser humano está viviendo dramáticamente, para Zubiri en cambio la realidad no es la vida, sino el fundamento de la vida.

De hecho, Zubiri comienza a enfrentarse con «una teoría de la vida humana» –si queremos expresarnos en términos orteguianos– a partir del análisis no de la vida misma sino de la realidad, porque es desde la realidad de la existencia, en su totalidad, que da comienzo a la metafísica del ser humano. Según afirma Juan Manuel Tejero:

> El análisis de la existencia que propone Zubiri apunta hacia un posible Ser que hace que haya ser personal, al que podemos llamar «fundamentalidad de la existencia humana»; esta es la tesis a que se acoge Marías desde sus inicios [...] un sereno análisis de las condiciones y posibilidades reales –empíricas y espirituales– de la vida personal (Tejero 2014, 14).

La preocupación por el fundamento de la vida del ser humano también es compartida por Julián Marías en el contexto de la antropología personal de la existencia del ser humano, concebida como la realidad radical del ser humano; para Zubiri, en cambio, la vida «se monta» en la realidad en la que se está viviendo; es decir, antes de la realidad vital de la persona humana está la realidad en cuanto tal (cfr. Zubiri 2006, 117).

Uno de los primeros cambios, a primera vista, de la teoría zubiriana frente a la teoría orteguiana y heideggeriana, es la consideración del ser de la persona humana no como posibilidad de fundamento de la realidad, sino como posibilidad de realidad personal fundada en la realidad como realidad «[…] El ser del hombre. No es la realidad del hombre –el Yo no es la realidad del hombre–. El hombre es mucho antes de ser Yo» (Zubiri 2006, 32). Zubiri muestra que antes del hecho de ser «yo» o el hecho de que ello exista, está la realidad en la que encuentra fundamento.

En esta realidad que es posibilidad personal en el ser humano, se funda su temporalidad y también su posibilidad de trascendencia. En Ortega ya se mostraba esta posibilidad en la convivencia del yo con el mundo: «Yo soy yo y mi circunstancia». En Zubiri, sin embargo, esto no es un hecho sino una condición de posibilidad con la que el ser humano hace su propia vida. Es en este punto que la visión zubiriana de mundo cambia, así como también cambia su mirada respecto a la realidad porque esa no estará fuera del ser humano, sino que estará en el ser humano en cuanto «animal de la realidad».

Esta permanencia en la realidad se produce cuando el ser humano aprehende la realidad en sí, o, dicho en palabras orteguianas, cuando el ser humano hace de su destino su propia realidad. En Zubiri, cuando se habla de aprehender la realidad, se está haciendo referimiento al momento en que el «yo» en cuanto real está viviendo en la realidad, en tanto que esa es la realidad de la posibilidad de la actualidad del ser (cfr. Zubiri 1986, 25); o, como veremos más adelante, la realidad es la actualidad de la «*personeidad*» del ser humano.

Antropología y realidad metafísica

Para comprender mejor la realidad del ser humano desde la filosofía antropológica de Xavier Zubiri, se debe profundizar en lo que el filósofo vasco entiende por «realidad», «mundo» y «trascendencia» para luego analizar cómo en dichas realidades acontece la instalación del ser humano en cuanto que realidad personal.

En su investigación filosófico-metafísica, Zubiri se confronta con lo que cree más universal para todos los hombres, *la realidad*, la cual es entendida por el filósofo como el fundamento de todas las demás realidades incluso la realidad «*super-stante*» del animal humano.

Para el filósofo vasco, la trascendencia del ser humano acontece en la realidad que está viviendo; el ser humano realiza su vida en un momento de la realidad que no se puede experimentar ni vivir fuera de la realidad misma y por tanto, no se puede trascender si no se permanece en ella. Por ello, para Zubiri la vida es aquel momento en que el ser humano se realiza en la realidad y es a través de esta que su ser se convierte en una interpretación de la realidad.

La investigación filosófica zubiriana, afirma Diego Gracia, busca fundar una metafísica de la realidad que se pueda identificar como momento primario y fundante de la realidad misma: «Es obvio que su objetivo es el análisis y la descripción de la realidad en tanto que aprehendida. Su intuición no es, ni mucho menos, antropológica, sino decididamente metafísica» (Gracia 2017, 426). Con Zubiri, por tanto, lo que se va a realizar es una metafísica antropológica, partiendo desde la raíz misma que no es el ser, sino la realidad en la que está instalado el ser.

1. La metafísica en la antropología zubiriana

Como se mencionó anteriormente, la obra zubiriana es muy extensa, por tal motivo en este trabajo lo que interesa investigar es la realidad de la persona humana. Por lo tanto, se ha elegido privilegiar sus textos antropológicos sin olvidar la trilogía sobre la inteligencia[24], considerada por muchos como la cima de su filosofía[25]. De la trilogía sobre la inteligencia se profundizará los términos y conceptos utilizados por Zubiri concernientes a la realidad en cuanto realidad, pero, sobre todo, en aquellos que ayuden a la construcción de la realidad de la persona humana.

Respecto al tema de la realidad de la persona humana y siguiendo la teoría filosofía zubiriana, conviene definir en primer lugar el concepto de «realidad». En efecto, Zubiri define la realidad no respecto a una cosa o a la cosa en sí, sino respecto al «*quedar*» de la cosa, o mejor aún a su «*estar*» en realidad; porque es en el *quedar* de la cosa que se actualiza la realidad con la cual se enfrenta el ser humano: «Realidad no designa un objeto, ni siquiera la manera como el objeto «queda» en el enfrentamiento humano. Realidad es, por lo pronto, una manera de

---

[24] La trilogía está constituida por tres obras que nacen de los seminarios que Zubiri impartía:
Inteligencia sentiente: inteligencia y realidad (1980), *Inteligencia sentiente: inteligencia y logos* (1982), *Inteligencia sentiente: inteligencia y razón* (1983)

[25] Para profundizar con mayor detenimiento el tema de la realidad en Zubiri se pueden consultar:
Espinoza Lolas, R. (2006). *Realidad y tiempo en Zubiri*. Granada: Comares, Espinoza Lolas, R. (2013). *Realidad y ser en Zubiri*. Granada: Comares, Ferraz, A. (1987). *El realismo radical*. Madrid: Cincel.
Gracia, D. (1986). *Voluntad de verdad: para leer a Zubiri*. Barcelona: Labor, Pintor-Ramos, A. (1993). *Realidad y sentido. Desde una inspiración zubiriana*, Salamanca: Universidad Pontificia, Pintor-Ramos, A. (1994). *Realidad y verdad. Las bases de la filosofía de Zubiri*. Salamanca: Universidad Pontificia.

«quedar», esto es, es mera actualidad» (Zubiri 1986, 22). Para Zubiri la realidad se define a partir del permanecer y la actualidad de la realidad de la cosa que se manifiesta en el *«estar»* como el momento propio de la cosa misma en la realidad (cfr. Zubiri 1980, 136).

En el permanecer de la cosa como real en la realidad, significa que la realidad se está manifestando en la actualidad de la cosa, es decir, que la cosa es actual mientras se instala formalmente en el «momento» que precede el momento de ser real. Efectivamente para Pintor-Ramos la cosa es real –en este momento– porque está instalada en la realidad: «Originalmente realidad significa una formalidad, la forma en que queda todo contenido concreto –sea existente, ideal o fantástico– en su actualización, en el hecho de tornarse actual» (Pintor-Ramos 1993, 36). Según el estudioso zubiriano el permanecer la cosa actualiza la realidad y la hace presente como su fundamento. En cuanto a la actualización de la cosa en la realidad, que es el problema del cómo se manifiesta la realidad en sí en la realidad «cosa», Zubiri propone un ejemplo que podría aclarar cómo la realidad es actualidad en la cosa que «está siendo»:

> ¿Qué es, en efecto, realidad? Si estamos haciendo algo, por ejemplo, una silla, esta será real cuando esté terminada [...]. La madera con que elaboro la silla no es silla más que cuando sirve plenamente para su cometido, por ejemplo, para sentarse. Realidad es, en este sentido, estar actuando como tal, actualidad (Zubiri 1963b, 213).

Siguiendo el ejemplo zubiriano, la forma en que la silla *queda* en la realidad es la madera, y en esta madera la silla se actualiza en la realidad –en cuanto sirve para sentarse–. Frente a la actualidad de la realidad, Zubiri da un paso más adelante al observar que lo que comúnmente se llama actualidad debe llamarse *«actuidad»*, ya que ese es el carácter del acto de una cosa real, es decir, de una cosa que se está actualizando en la realidad:

A todo lo real, por tener plenitud de aquello en que en realidad consiste, y, por consiguiente, por poder actuar, es a lo que se llamó ser real en acto. A este carácter de lo real es lo que se llamó actualidad, pero esto es ante todo una denominación impropia. A este carácter debe llamarse más bien actuidad. Actuidad es el carácter de acto de una cosa real. […] Actualidad no es el carácter de acto, sino el carácter de actual […]. La filosofía clásica no ha distinguido ambos caracteres, no ha distinguido actuidad y actualidad (Zubiri 1980, 137).

Esta concepción de la realidad está en acto por medio de su «*actuidad*», que en cuanto real se manifiesta en la «*actualidad*» de la cosa. La actualidad entonces es el acto por medio del cual la cosa manifiesta su ser, y ello, por lo tanto, no es la realidad sino la manifestación de la realidad en que la cosa está. Como afirma José Villa Sánchez: «La realidad está en lo que es un momento formalmente anterior a ser, a diferencia de lo que ha pensado la tradición ya desde Aristóteles» (Villa Sánchez 2008, 67). Villa Sánchez destaca el problema principal de la investigación de Zubiri para el cual la realidad no se identifica inmediatamente con el ser, sino con la actualidad del ser, que en cuanto *está* instalado en la realidad de la cosa, por lo tanto, el ser es un acto más de la realidad:

Actualidad es el «estar presente» de lo real desde sí mismo […] en este «estar presente» lo que confiere su radical carácter a la actualidad no es su presentidad, no es el estar «presente», sino el «estar» de lo presente en cuanto está presente. (Zubiri 1980, 139)

En la teoría de zubiriana la realidad es un momento y un modo antecedente al ser, porque la realidad se manifiesta en la actualidad de la cosa en dos modos diferentes: primero, en virtud de su realidad que es «de suyo»; en segundo lugar, como una realidad que se «manifiesta» en la actualidad del ser (cfr. Zubiri 1995, 25-26); y es siendo presente que se muestra real: «[…] lo real tiene plenitud constitucional, es decir, carácter de *actualidad*, puede entonces tener carácter de actualidad. La actualidad de lo real supone necesariamente la *actuidad* de lo real» (Villa Sánchez 2008, 70). La «*actuidad*» en cuanto realidad constitutiva del ser hace posible su actualidad en la realidad que se manifiesta[26].

La metafísica que intenta construir Zubiri no es una metafísica del ser sino de la realidad, a diferencia de Aristóteles que define la metafísica como la ciencia que estudia el ser en cuanto ser (cfr. Aristóteles, *Metafísica* Γ1 1003a. 20-25). Para el filósofo vasco, por el contrario, la realidad se actualiza en el ser en cuanto es «*actuidad*» del acto de la actualidad, porque la realidad «está siendo» en la «*actualidad*» del acto que el ser está manifestando.

Decir en lenguaje convencional que la realidad «no es» podría significar lo mismo que decir que no existe[27], pero en Zubiri esto no sucede. Tomando el ejemplo zubiriano de la silla, la realidad del ser de la silla no es ella misma, sino que la silla es la «*actuidad*» del acto de realidad que es la silla, o sea, la realidad permite que la silla pueda tener el «ser» en cuanto actualidad de la realidad misma.

La realidad entonces no se identifica con los entes, porque esa es su fundamento en la manifestación estos en cuanto entes. Zubiri tiene presente a Aristoteles cuando afirma que el ser se puede decir o predicar en diversas maneras «τὸ δὲ ὄν[28] λέγεται

---

[26] En Zubiri no se puede decir que la realidad en cuanto «super-stantia» sea el compuesto de dos actos, «actuidad» y «actualidad», ya que en no son esencias diferentes, son dos actos de un mismo momento, el momento de la realidad. Además, no puede ser la sustancia de la que habla Santo Tomás (D'Aquino 2017, 129) ya que no está «debajo» de algo como cualidad, sino como fundamento como realidad.

[27] Enrico Berti afirma que para Aristóteles el ser es todo aquello que se puede decir que es y, que por tanto, existe (Berti 2017, 54).

[28] Aristóteles en este pasaje usa «ὄν» «entidad», Reale en cambio en su traducción usa el término «ser». Aquí se podría plantear el problema del ser como modo del

μὲν πολλαχῶς, ἀλλὰ πρὸσ ἕν χαὶ μὶαν ινὰ φύσωμα»[29] (Aristóteles, *Metafísica* Γ2 1003a. 33-34). Para Zubiri, en cambio, la
realidad no se puede manifestar de otra manera que no sea en la
realidad misma; ella no es un árbol, ni un caballo, ni una silla:
se puede hablar de la realidad solo como realidad, y aquello en
lo que se manifiesta es su «*actuidad*» en el ser actualidad.

2. La realidad como fundamento del ser humano

La realidad de la que habla Zubiri no se fundamenta en una realidad en sí, ni en una realidad en «mí», sino en una realidad que
es «de suyo» (cfr. Gracia 2017, 439), que tiene como fin el «*estar*» en la actualización de los contenidos de la aprehensión que
el ser humano implementa sobre la «*actuidad*» de la realidad
aprendida. Como indica Vargas:

> Para Zubiri, realidad «es el carácter formal –la formalidad–
> según el cual lo aprehendido es algo "en propio", algo "de
> suyo"», es decir, es la manera «en propio» en que se nos
> actualizan los «contenidos» aprehendidos (blanco, dulce,
> etc.). Así, por ejemplo, cuando vemos un color blanco, sen-
> timos que tal color se presenta «desde sí mismo», es decir,
> que los contenidos aprehendidos son suyos o propios (Var-
> gas Abarzúa 2018, 184).

La realidad aprehendida por la persona humana es vivida
como su radical momento que está viviendo aquí y ahora. De

---

ente, sin embargo, en este estudio no se puede profundizar este tema, por lo que nos
remitimos al estudio de Berti *Struttura e significato della metafisica di Aristotele.
10 lezioni.* (Berti 2006, 55-56)

[29]   La traducción de la *Metafísica* que se utilizará en este estudio es la de G. Reale.
«El ser tiene múltiples significados, pero siempre en referimiento a una unidad y
una realidad determinada. El ser, entonces, no se dice por mera homonimia» (Reale
2004, 132). Traducción propia.

hecho, es por medio del acto de aprehensión de la realidad que el ser humano está instalado en ella en manera activa, y esto significa que él aprehende constantemente la realidad en cuanto horizonte y mundo por medio de los sentidos:

> El hombre no solo está en la realidad, sino que además está en intelegir, y este estar es físico. Cuanto puede haber en el intelegir de intencional y noético, está montado sobre este primer acto intelectivo de carácter físico, no noético, sino noérgico de estar en intelegir (Zubiri 1986, 292).

La persona humana, cuando «*intelige*» la realidad, está presente en su actualización: «La intelección no es una intelección "de la cosa", sino un "estar" "con" la cosa y "en" la cosa". "Estar" presente por sí mismo por ser real constituye actualidad. A su vez, la intelección es la actualidad, la actualización de la realidad» (Savignano 2016, 228). El ser «de suyo» de la realidad hace que el ser humano pueda aprehender la realidad en cuanto realidad (cfr. Zubiri 1995, 58), y este aprehender acaece cuando el ser humano está instalado en esa: «Estamos instalados en la realidad por el sentir, y por esto sentir lo real es estar ya inteligiendo» (Zubiri 1980, 252).

El filósofo vasco afirma que para que algo sea real, la cosa debe estar instalada en la realidad y debe ser aprehendida por el ser humano como cosa real «de suyo» de la cosa misma, y esto podría llamarse como el acto primordial de la «*actuidad*» de la cosa que es la manifestación de la realidad:

> Para que pueda hablarse de lo que algo es «en realidad», la cosa tiene que estar ya aprehendida «como real» en y por sí misma. Lo cual significa que esta aprehensión de la cosa real como algo, previo a su modalización ulterior, constituye a su vez un modo propio y primario de intelección. Es justo lo que llamo aprehensión primordial de realidad.

La intelección de que es algo «en realidad» es, pues, una modalización de la intelección de lo que ese algo es «como realidad» (Zubiri 1980, 255-256).

La realidad en sí –por su carácter «de suyo»– es donde se funda la realidad que por medio de la aprehensión *«está siendo»*, es decir, que por medio de la aprehensión hace suya la propia actualidad de realidad. Pintor-Ramos interpreta el acto intelectivo en la obra de Zubiri como aquel acto que permite al ser humano permanecer en la realidad como intérprete de su ser: «La intelección es una actualización de realidad. La función que ejerce sobre la realidad la intelección, si se me permite aquí una expresión no del todo exacta, es lo que Zubiri llama sobre "mera actualización"» (Pintor Ramos 1982, 18). Por tanto, la actualización se produce a través de esta acción primordial del ser, en la cual aprehende la realidad en cuanto realidad de algo que «está siendo».

En la teoría zubiriana, la realidad no necesita de un juicio para justificarse frente a la inteligencia (cfr. Zubiri 1980, 252), porque en cuanto anterior al estar de la inteligencia, la realidad ya está constitutivamente aprehendida por la inteligencia como «aprehensión primordial» del ser humano. Respecto a ello, Gracia define el acto de aprehensión como la actualidad de la realidad tal como ella –la realidad– es:

> *Ousía*[30] es realidad. La realidad está dada en la impresión, y no es primariamente el resultado de ningún juicio ni el término de una afirmación. Donde antes decía «haber», ahora pone «realidad», es decir, «sustantividad». Este haber consiste en

[30]   Zubri en *Naturaleza, historia, Dios*, afirma: «La esencia es *ousía*. Gracias a la *ousía*, las manifestaciones «de momento» de las cosas son movimientos en lo no esencial, siempre los mismos, que emergen de lo que la cosa es y no de lo que fue en el momento anterior. La *ousía* es así naturaleza de las cosas. La naturaleza supone *ousía* y esta el «ser siempre». Esta conexión es fundamental» (Zubiri 1963, 54).
En esta obra se comienza a observar el tema de la *ousía*, que se analizará en la siguiente obra zubiriana *Sobre la esencia*, haciendo una constante referencia a Aristóteles en un intento de actualizar su teoría sobre la sustancia.

actualidad. […] Pues bien, a esa actualidad es a lo que Zubiri denomina «estar». De ahí que la teoría de la aprehensión pueda resumirse en esos dos términos, «haber» y «estar», o como Zubiri dirá más tarde, «sustantividad» y «actualidad». La *aísthesis* es un «haber estando» o un «estar habiendo». También cabría decir un «estar siendo». En eso es lo que se convierte en Zubiri el Dasein de Heidegger (Gracia 2017, 279).

El ser humano aprehende la realidad «en sí», como algo que anticipa el en sí y en «mí» (cfr. Savignano 2016, 232) como lo que es «talitativamente», o como aquel contenido que es propio a la cosa: «Talidad es el contenido de una cosa "real" […]. La talidad no puede darse más que en aprehensión de la realidad» (Zubiri 2016, 164). Para Zubiri la «talidad» es el contenido de la cosa, y en cuanto el contenido de esa es real, la cosa puede ser aprehendida en su realidad. Por ello la «talidad», aquello por lo que la cosa es tal, no puede darse fuera de la realidad, sino en la realidad a la cual pertenece: «La realidad no «pone» fuera de sí la talidad, porque la talidad es la determinación del contenido por el momento de realidad» (Zubiri 2016, 190). La «talidad», por tanto, determina el contenido como aquello que lo constituye como «de suyo» en el momento de realidad en el cual se manifiesta.

En la obra *Estructura de la metafísica* (1969), Zubiri define «talidad» como el contenido y aquello que determina la cosa como realidad. Sin embargo, para llegar a ese contenido que hace que la cosa sea tal, se debe aprehender la talidad como real, como argumenta Zubiri en su seminario de 1976, afirmando que para llegar a la «talidad» primero debe haber un momento de aprehensión:

> El contenido en cuanto aprehendido como real, esto es, como algo «de suyo», no es mero contenido, sino que es talidad. Talidad es siempre y solo «tal realidad». Talidad no es simplemente contenido, sino contenido como momento aprehendido de algo real (Zubiri 1979, 26).

Llegados a este punto, no se debe confundir «talidad» con «esencia», ya que la esencia es algo más que la «talidad», es más, la esencia hace que la «talidad» exista (cfr. Zubiri 1985, 372). La realidad es «de suyo», el momento de «talidad» por el contrario, es tal porque existe el momento de aprehensión, ya que es gracias a ello que se puede hablar de aprehensión de la realidad como tal. Ahora se debe dar un paso más y responder a la pregunta: ¿cómo sucede en el ser humano el momento de aprehensión de la realidad?

El ser humano y la realidad

El tema del ser humano es uno de los temas principales de Zubiri y esto se puede comprobar en las primeras páginas de la obra *Sobre el hombre* de (1986)[31]. De hecho, al inicio de la obra Zubiri afirma que el ser humano se encuentra instalado entre las cosas, en un «locus» que le permite constituirse frente a las cosas[32]. Se evidencia de inmediato la distinción entre las cosas y el ser humano al cual Zubiri define como «el viviente es una actividad constitutiva» (cfr. Zubiri 1986, 11). En cuanto viviente, el ser humano, en la teoría zubiriana es una realidad instalada entre las cosas, que debe hacerse con las cosas en la realidad que está viviendo.

A través de esta instalación, el ser humano se encuentra en un determinado estado de «equilibrio dinámico» que, para Zubiri, significa «una especie de movimiento estacionario que llamaré quiescencia» (Zubiri 1986, 12). El concepto de instalación utilizado por Zubiri es muy similar al expuesto por Julián Marías, por ahora, basta con pensar en la instalación como dinamismo y no como «*estaticidad*».

[31] En la presentación de la obra que hace Ignacio Ellacuría, se puede constatar cómo el tema del ser humano no aparece solo en esta obra (cfr. Zubiri 1986, IX-X). Ellacuría evidencia cómo este tema tiene un tratamiento preferencial en toda la obra zubiriana.

[32] Para Julián Marías, en cambio, el ser humano es una realidad que está radicada en el mundo y el mundo, radica en la vida del «yo», porque la vida humana y, por tanto, la persona no se reducen a una sola realidad natural o biológica (cfr. Marías 1970c, 340). El texto al cual se hace referencia es un capítulo de la obra más conocida de Marías *Antropología metafísica* (1970).

En la teoría antropológica zubiriana, el ser humano en cuanto ser vivo, se encuentra siempre en una situación de transición, discurriendo continuamente entre estados, porque el hombre siempre está yendo, y en este «yendo» posee desde el presente que está viviendo el estado pasado y el futuro, por ello su vida consiste en esto: auto-poseer la actualidad de la realidad (cf. Zubiri 1986, 13). En este sentido, el filósofo vasco parece dar su propia definición de la vida, que se puede entender como una instalación dinámica en el estado que el ser humano está viviendo y que lo lleva hacia «el estado sucesivo», hacia aquel futuro que se convierte en el ahora del presente.

En esta situación de "auto-posesión", Zubiri subraya una diferencia fundamental entre el animal y el ser humano, en la que el objeto principal de la discusión es la realidad formalizada (la realidad que el ser humano hace propia por medio de su experiencia sentiente) y la «estimulidad» es el carácter de sentir los estímulos. De hecho, para el filósofo español «El viviente animal aprehende estímulos. Ciertamente todo viviente está estimulado, pero el animal es el tipo de viviente en el que la estimulación constituye una función propia» (Zubiri 1986, 13). El animal no puede no responder al estímulo porque le es constitutivo, pertenece a su naturaleza y a su «medio», como afirma Ricardo Espinoza: «Lo propio del animal es aprender las cosas en cuanto estímulo, el animal siente estímulos en ese "circun-mundo" (*Um-Welt*) que lo constituye» (Espinoza Lolas, Soto García, y Durán Allimant 2017, 246). El «circun-mundo» en el cual el animal se mueve en términos de estímulo y respuesta es su formalidad, o más bien es su realidad a la que responde por medio de su «estimulidad».

En el ser humano el proceso acaece en manera diversa, porque en él –afirma Gracia– las cosas no son signos de una respuesta «estimúlica» sino de la realidad aprehendida como «de suyo» o como propia: «El ser humano es una especie animal más, pero que tiene la peculiaridad de aprehender las cosas de forma nueva, no como meros signos sino como realidades» (Gracia 2013, 631-632). El ser humano en la larga serie zoológica se encuentra al final de la misma, como un animal humano pero con una característica peculiar, como un ser «hiperformalizado»:

> El animal va sintiendo sus estímulos como «nota-signo» cada vez más independientes del animal mismo; esto es, siente el estímulo como algo que va estando cada vez más despegado del aprehensor. [...] El estímulo se ha ido presentando finalmente como algo tan independiente del animal, tan alejado de él, que acaba por «quedar» totalmente despegado de él: la formalización se ha trocado en hiper-formalización [...] «Hiper» tiene aquí un sentido muy preciso: significa, como acabo de decir, que la independencia ha llegado a presentar el estímulo como algo totalmente despegado del animal humano (Zubiri 1980, 69-70).

El párrafo anterior muestra la gran diferencia que Zubiri observa entre el animal que se mueve en su realidad «estimúlica» y el ser humano que sintiendo los estímulos, los recibe no como estímulos sino como «estimulidad», como una realidad aprehendida e «hiperformalizada» por él mismo. Como indica Lolas: «Cuando acontece esto, el medio se vuelve mundo, la estimulidad en "realidad", la signitividad en "de suyo", mecanismo en "apertura", el carácter responsivo en "elección libre", la vialidad en un "lograr tal viabilidad", esto es, formalidad en "hiperformalidad"» (Espinoza Lolas *et al.* 2017, 247).

Gracia explica en manera más clara cómo la «hiperformalización» es un salto cualitativo en el ser humano, en el cual evidencia como su realidad no es «solo» animal:

> Aquí «hiper» no tiene el sentido de «superior» o de «mayor», sino el de salto hacia una formalización estrictamente nueva y distinta de las anteriores. [...] Con la hiperformalización se produce un salto cualitativo que hace surgir

algo radicalmente nuevo. Eso nuevo es la «formalidad de realidad», la actualización de las cosas no como meros estímulos que suscitan respuestas sino como realidades (Gracia 2013, 632).

La «realidad» del animal afirma Zubiri, es su «*estimulidad*», ya que en el animal no acaece el acto de aprehender formalmente la realidad como realidad (cfr. Zubiri 1980, 250) sino solo como estímulo. En el ser humano, en cambio, la realidad acontece efectivamente porque él se confronta con las cosas que son realidad formal (cfr. Zubiri 1986, 22); y esto, según Zubiri, acaece en el ser humano porque «la intelección misma consiste formalmente ser aprehensión de lo real como real» (Zubiri 1980, 250).

Para Gracia este proceso de formalización de la realidad sucede gracias al cerebro, que tiene la función de «*hiperformalizar*» la realidad que el ser humano aprehende como suya (cfr. Gracia 2013, 635). Este acto de apropiarse de su propia experiencia no acontece en el animal no humano y, para el estudioso zubiriano, esta es la gran novedad cualitativa que sobreviene en el ser humano:

> La novedad cualitativa que caracteriza y define a la especie humana, es la actualización de las cosas como realidades, o más brevemente, la formalidad de realidad, a diferencia de lo que denomina formalidad de estimulidad, la propia, según los datos que le ofrecían la biología, la etología y la psicología, de las especies animales (Gracia 2017, 563).

La «*hiperformalización*» crea una realidad que el ser humano debe acoger como si fuese su destino. Él «debe hacerse cargo de la situación», es decir, aprehenderla en cuanto esa es su realidad (cfr. Gracia 2013, 636). El ser humano, al aprehender la realidad como propia, proyecta a sí mismo desde su propia vida en manera «futuriza» en la realidad presente que está viviendo, mostrando de esta manera no solo su carácter dinámico sino además su capacidad de apertura a la realidad futura que todavía no es.

Para Gracia una diferencia entre el ser humano y el animal es que el primero está abierto al mundo aprehendido como realidad gracias al acto de la «hiperfomalización»; mientras que el segundo, el animal no humano, está cerrado en su medio, «circun-mundo», por la respuesta que no va más allá de su «estimulidad» (cfr. Gracia 2017, 561). Por tanto, el animal no puede responder a otra realidad que no sea su propio estímulo, y es en ello donde permanece como medio en el cual está cerrado.

1. Animal de realidad

Para Zubiri el hombre es un «quién» que se enfrenta con las cosas «hiperformalizándolas» a través de su inteligencia sentiente, por ello el filósofo vasco define al ser humano como un animal de realidades, ya que no se queda en la animalidad del estímulo que la cosa produce, sino que lo compara, lo «hiperformaliza» y lo hace suyo: «El hombre, como viviente se enfrenta con las cosas reales, se enfrenta con ellas "animalmente", y, recíprocamente, se enfrenta con las cosas-estímulo "realmente" [...]. Es lo que expresamos diciendo que el hombre es un animal de realidades» (Zubiri 1986, 40).

El ser humano es un animal «hiperformalizado» (cfr. Zubiri 1980, 70), que al sentir intelectualmente las cosas las aprehende no como un simple estímulo sino que las hace propias y las actualiza como aquello que es propio del animal de realidades: «El propio y específico del ser humano es la actualización de lo que es como real. De ahí la definición que Zubiri da en estos años de ser humano [...] como "animal de realidades"» (Gracia 2017, 563). En tanto que animal «hiperformalizado», el hombre se enfrenta a diferentes realidades, o mejor dicho, a diferentes actualizaciones de la realidad. Esto sucede porque el ser hu-

mano es una estructura abierta a otras realidades permitiéndole
aprehender y dejarse aprehender por otras realidades: esta es la
«hiperformalización» que acontece en el ser humano a través
del acto del «intelegir». Como expresa López Quintás:

> El hombre –animal de realidades– supera el nivel de la bes-
> tia al desbordar el plano de los meros estímulos. Quiéralo o
> no, se halla siempre constitutivamente instalado en un nivel
> de realidad, anclado en la formalidad de realidad. Pero, ade-
> más, de esta operación primaria del intelegir, el ser humano
> siente una urgencia ineludible a comprender las cosas en-
> torno, a penetrar en la estructura de las cosas reales en su
> propia realidad (López Quintás 1970, 232).

Que en el ser humano exista la urgencia por conocer las cosas no quiere decir que él sea solo una sustancia racional y que
el «intelegir» sea su actividad primaria; de hecho, cuando Zubiri define al ser humano como animal de la realidades, es consciente de la definición clásica que ofrece Severino Boecio de la
persona: «Persona est naturae racionalis individua substantia»
(Boethi 1570, 1206). La definición boeciana no satisface al filósofo español, ya que se basa –según Zubiri– en la sustancialidad aristotélica y en la racionalidad del ser humano, anulando
su capacidad de sentir la realidad que es intelectiva y además
anulando la condición de posibilidad de conocer la realidad por
medio de los sentidos que no son solo racionales.

Hay que recordar, pues, que para el filósofo vasco inteligir y
sentir deben ser entendidos como un solo momento (cfr. Zubiri
1980, 25)[33], a diferencia de la filosofía de Parménides, Platón y
Aristóteles que lo han contrapuesto y definido como un dualis-
mo de diferentes momentos (cfr. Zubiri 1980, 80). Por eso Zubi-

---

[33] En el prólogo a la obra *Inteligencia sentiente*, Zubiri afirma que intelegir y sentir
constituyan una sola facultad, aquella de la inteligencia sentiente (Zubiri 1980, 13).

ri piensa que esta dualidad debe ser superada, ya que el hombre es uno como una es su realidad:

> Pues bien, pienso que en el hombre sentir e inteligir no son dos actos, cada uno completo en su orden, sino que son dos momentos de un solo acto, de una impresión una y única, de la impresión de la realidad. [...] El momento sentiente es «impresión», el momento intelectivo es de «realidad» (Zubiri 1980, 81).

La impresión de realidad en la teoría zubiriana es el «donde» acontecen el sentimiento y el acto intelectual en cuanto modos de un único momento. Como afirma Zubiri: «La impresión de realidades siempre y solo propia de un acto de aprehensión. Esta aprehensión en cuanto es aprehensión impresiva es un acto de sentir. En efecto, sentir es formalmente aprehender algo en impresión» (Zubiri 1980, 76).

Como se ha visto, para Zubiri inteligir es aprehender intelectivamente la realidad como acto primario y exclusivo de inteligencia: «La aprehensión de algo como realidad no es solo el acto elemental de la inteligencia, sino que es un acto exclusivo de ella» (Zubiri 1986, 27). Sentir es aprehender la realidad «estimúlica» que es «de suyo» en el ser humano, como la *formalidad* de lo que está impreso en la realidad: «Sentir, en efecto, consiste en aprehender algo impresivamente [...]. El puro sentir aprehende este algo impresionante en formalidad de estimulidad. Por tanto, sentir es formalmente idéntico al puro sentir. El puro sentir es tan solo una forma de sentir en cuanto tal» (Zubiri 1980, 79).

Óscar Barroso, siguiendo la teoría de Zubiri, afirma que estos dos actos —sentir e inteligir— pertenecen a un mismo momento de la realidad: «sentir es ya inteligir, e inteligir es, en su raíz, sentir. El modo radical de la inteligencia sentiente consiste en sentir intelectivamente la realidad, en aprehensión primordial de realidad» (Fernández 2009, 118). En la teoría filosófica zubiriana de la aprehensión primordial esto es lo que cuenta, la unidad de los dos modos en un solo momento, en el cual el ser humano aprehende la realdad que está experimentando mientras que la está viviendo.

La inteligencia, que formaliza la realidad en el ser humano, es aquello que lo define no como persona como pensaba Boecio, sino como animal de la realidades, esto por su «hacerse cargo» de su mundo como realidad: «La inteligencia es por tanto, la última propiedad que define al ser humano como animal de realidades ya que su función es precisamente hacerse cargo de la situación, aprendiendo la realidad como realidad» (Castilla y López Quintás 1994, 178).

El «hacerse cargo» de la realidad acontece en el ser humano debido a la «hiperformalización» de la realidad porque: «El sentir humano es esencial y formalmente impresión de realidad» (Zubiri 1980, 75). Esta realidad aprehendida –afirma Zubiri– se convierte no en el medio para vivir sino en el mundo y el horizonte en el que el ser humano está viviendo:

> Al hacerse cargo de la realidad, en virtud de esa función, las cosas no se presentan al hombre como medio, sino como mundo. Lo cual, dicho en otros términos, significa primero que el hombre es radical y constitutivamente una esencia abierta. Abierta precisamente al carácter de realidad de las cosas (Zubiri 1995, 206).

La noción zubiriana de persona humana

La discusión que Zubiri desarrolla con Aristóteles permite al filósofo español volver a las raíces de una filosofía metafísico-antropológica, es decir, a la esencia de la persona humana como realidad radicada en el mundo. El problema de la sustancia aristotélica es un tema fundamental en Zubiri y por ello hay que entender el salto cualitativo-ontológico entre la realidad sustancial de las cosas y la realidad sustantiva del ser humano que le permite ser persona.

La visión zubiriana del ser humano es una visión integral, ya que el ser humano no solo siente impulsivamente la realidad, sino que también piensa, actúa y aprehende la realidad al sentirla desde la propia experiencia vital. Como afirma Guy: «Zubiri es partidario de la objetividad, es decir, de la realidad íntegra, en la que está incluido el hombre, al tiempo que la piensa y actúa sobre ella» (Guy 1983, 418). El estímulo como carácter natural del animal no humano produce en él una respuesta instintiva por medio de la cual «conoce» e identifica las cosas y su medio «*Umwel*» por medio del estímulo instintivo. Como dice Pintor-Ramos:

> El animal también conoce de algún modo las cosas, pero las conocidas son para él solo «estímulos» hasta el punto de que el ser de las cosas se agota para el animal en su estimulidad, es decir, en convertir las cosas en «signos objetivos» (Pintor Ramos 1983, 108-109).

La manera de conocer e identificar el mundo, acaece en manera diversa en el ser humano, porque en cuanto «animal hiperformalizado» aprehende, a través de su inteligencia sensible, la realidad de sus estímulos, dando a su experiencia de la realidad una respuesta formalizada por medio de la inteligencia gracias a la experiencia que acontece en la propia realidad.

El ser humano –como animal de realidades– está instalado en la realidad en cuanto fundamento de su propia metafísica (cfr. Zubiri 1963b, 14). El estar instalado en la realidad es el momento fundante del ser en cuanto ser, ya que es la realidad la que hace permanecer al «ser» en el mundo como realidad fundante del ser mismo: «El ser se subordina a la realidad, pues se funda en ella. La realidad es mundana y el ser es «estar-en-el-mundo» (Ellacuría 1976, 124). El ser humano aprehende la realidad sensiblemente estando-en-el-mundo como actualidad de la realidad, aprehendiendo como «de suyo» la realidad mundanal por medio de su instalación en la realidad misma:

> El hombre es el animal que animalmente trasciende de su pura animalidad, de sus meras estructuras orgánicas. Es la vida trascendiéndose a sí misma, pero animalmente, viviendo orgánicamente sus estructuras orgánicas. El hombre es la vida trascendiendo en el organismo a lo meramente orgánico. Trascender es ir de la estimulidad a la realidad (Zubiri 1986, 59-60).

La animalidad que se encuentra en la estructura del ser humano no es cancelada por su realidad personal, sino que es gracias a ella que puede trascenderla. Esta realidad *«superstante»* que lo hace estar a un nivel «superior» respecto a la realidad de las cosas y también a su animalidad, es el centro de la antropología filosófica de Zubiri. El hecho de trascender la propia animalidad pone al ser humano por encima de su «estimulidad» por el simple hecho de la «hiperformalización» de la realidad, que se produce en el proceso de aprehensión de su propia realidad «estimúlica».

Trascender en la teoría del filósofo vasco, no significa que el ser humano abandone su propia realidad, ya que es en ella y con ella –afirma Ellacuría– que el ser humano trasciende la realidad aprehendida como «suya»:

> El hombre se realiza como persona apoyándose en la realidad. Es la realidad apoyo último, apoyo dinámico y apoyo impelente del realizarse humano; en ella se fundamenta el hombre, en ella se realiza el hombre, en ella se ve lanzado a su propia realización (Ellacuría 1976, 134).

La interpretación que ofrece Ellacuría es interesante si se quiere afrontar en una mejor manera el tema de la persona humana y de la realidad en la cual la persona se fundamenta, porque es en la realidad en cuanto que trascendente, que el ser humano puede trascender a sí mismo realizándose en la realidad misma. El hombre, como afirma Ellacuría, puede construir su propia realidad solo fundamentándose en ella, porque es gracias al proceso de «*hiperformalización*» que la ha hecho propia. Esto no quiere decir que el ser humano pueda realizarse *con* la realidad en sí: el hombre solo puede realizarse *con* otras personas, porque ellas se encuentran en el mismo nivel ontológico (de formalización y aprehensión) de realidad personalmente subsistente.

1. La experiencia de la estructura real en la persona

Teniendo en cuenta el papel que la realidad tiene en la persona humana, hay que recordar que la noción medieval de Boecio sobre la realidad de la persona humana no satisface a Zubiri, ya que dicha noción es solo una parte de la «unidad estructural de sustantividad» en la persona humana (cfr. Zubiri 1986, 59).

Es cierto que la persona humana por su realidad *superstante* trasciende la realidad, no solo por su capacidad racional, la persona trasciende la realidad porque la aprehende y la hace propia gracias a la experiencia que hace de ella por medio del proceso de «hiperformalización» que acontece en su relación con el mundo:

> El hombre es el animal que animalmente trasciende de su pura animalidad, de sus meras estructuras orgánicas. Es la vida trascendiéndose a sí misma, pero animalmente, viviendo orgánicamente sus estructuras orgánicas. El hombre es la vida trascendiendo en el organismo a lo meramente orgánico. Trascender es ir de la estimulidad a la realidad. Este trascender tiene así dos momentos: primero es trascender no de la animalidad, sino trascender en la animalidad; la psique, en efecto, no es algo añadido al organismo, sino un constructo estructural con él. Por tanto, trascender no es salirse del organismo, sino un quedarse en el organismo, en la animalidad. Y, segundo, es trascender en la animalidad a su propia realidad. La unidad de estos dos momentos es justo lo que significa la definición del hombre: animal de realidades (Zubiri 1986, 59-60).

La investigación antropológico-personal de Zubiri gira hacia una metafísica de la realidad en la sustantividad de la persona humana, y es en dicha investigación que emergen los temas «más metafísicos» de la filosofía zubiriana, que conciernen no solo a la realidad misma sino sobre todo a la realidad personal (cfr. Ellacuría 1976, 82). En la filosofía zubiriana no hay nada más metafísico que la investigación de la realidad de la persona humana entendida como realidad trascendente. Trascender –afirma Zubiri– es permanecer en la realidad de la cual se hace experiencia de la realidad mientras se está viviendo; no se trata por lo tanto de abandonar o eliminar –en el caso que fuese posible– por parte de la persona humana aquella realidad animal que le pertenece (cfr. Zubiri 1986, 25); se trata más bien de acoger esta realidad como estructura del propio ser personal.

En Zubiri la persona humana trasciende su animalidad en la medida en que se instala no entre realidades diferentes, sino «en» la realidad que le es propia (cfr. Zubiri 1986, 40). Este es el punto central, estar en la realidad no como si esta fuese solo un «medio», sino como mundo, horizonte y vida, porque es en el estar viviendo la propia realidad que la persona humana se realiza en cuanto persona –porque la persona es *quehacer*– y es en la realización con los otros que la persona se instala en la realidad como realidad personal.

Enzo Solari afirma que cuando el hombre realiza diversas acciones «*entre*», «*con*» y «*en*» la realidad, él se instala en ella por medio de las cosas, y en esta instalación las cosas hacen que el ser humano esté re-ligado a la realidad en la cual se realiza como persona:

> En cuanto persona, el hombre está en una situación suma-mente peculiar. Está «entre» y «con» las cosas y está «en» la realidad. […] Esta situación peculiar, pues, nace de la interna ligazón de los momentos de «entre», «con» y «en». En su virtud el hombre está tenso. La inquietud, y no la quiesciencia, es el modo de implantación del hombre «entre» y «con» las cosas y, a través de ellas, «en» la realidad. Así es como el hombre ejecuta actos, pero así es sobre todo como se realiza en tanto que persona (Solari 2010, 164).

La persona humana en principio ya está ligada a la realidad, y en ella está re-ligada a otras realidades pero sobre todo a las realidades que son subsistentes y consistentes, es decir, que son en sí mismas personas.

Con respecto a este último pasaje que implementa Solari, se deduce que el ser humano se realiza como persona en la realidad mediante la realización de actos, personalmente me encuentro en desacuerdo, ya que la persona humana por motivo de su propia realidad no puede relacionarse con las cosas en el mismo nivel ontológico, porque si esto sucediese, por un lado las cosas podrían ser consideradas como personas[34] –atribuyéndoles la cualidad de personas– y por otro lado, las personas mismas quedarían reducidas a cosas[35]. Si se actuase este tipo de relación se produciría una especie de modificación de personalidad que no es propia de la naturaleza de las cosas, ya que estas no pueden «poseerse a sí mismas» o ser conscientes de su propia realidad.

Las cosas suscitan una acción vital en el ser humano y esta es la propiedad específica de las cosas (cfr. Zubiri 1986, 11), que no provoca una relación sino una acción como respuesta del ser humano. En cambio, hay que decir que la persona humana, «crea» un ambiente personal en el que se produce el encuentro personal impulsado por su propia libertad humana. Como afirma López Quintás:

> La relación del hombre con el mundo está condicionada por el sujeto debido al hecho de que es una relación por vía de encuentro. [...] El encuentro es una unidad de promoción mutua, no de manipulación. El condicionamiento del hombre, por el contrario, no indica clausura opaca, sino instalación promocionadora de la libertad (López Quintás 1979, 168-169).

---

[34] Sobre personificar o cosificar (cfr. Marías 1970, 339). Creo que si se interpretase el texto de Solari en el sentido de que la persona humana se realiza a sí misma a través de la diferenciación ontológica que acontece en sus actos sobre las cosas, esta tesis sería, sin embargo, insostenible porque la persona, no es relación ni dependencia. ni jerárquica, sino una relación personal entre un «yo» y un «tú».

[35] La realidad personal del ser humano está en medio de las cosas, incluso se podría decir que con las cosas, son parte de la circunstancia en que se encuentra la persona. La persona humana aprehende la realidad en la que está y la hace propia, esto no quiere decir que se realice con la realidad de las cosas. La realización de la persona tiene lugar en un nivel ulterior, en el nivel personal de la «suidad», no en el nivel de la cosa. Por tanto, creo oportuno mantener esta diferencia entre hacerse, es decir, utilizar la realidad en cuanto la persona está instalada en ella, y realizarse con el otro, con el cual puede proyectar lo que todavía no es en cuanto «realitas in essendo».

Es en este encuentro como momento de *re-ligación* con la realidad, del otro que la persona humana se realiza verdaderamente como realidad personal. Se ha dicho anteriormente que la persona humana se realiza con la realidad; sin embargo, hay que añadir que la realidad con la que se realiza es una realidad concreta, la realidad de un «quién» que está en la misma realidad ontológica del ser humano. Para aclarar esto, es útil observar el ejemplo que ofrece López Quintás sobre el *Gloria* de Bach, según el filósofo, dicha obra «crea» con quien la escucha un ámbito de relación real dentro del contexto mismo de la realidad musical:

> [el Gloria] está formado por una trama armónica de ámbitos: ámbitos de glorificación, de alabanza, súplica, paz... se trata de ámbitos reales, de ningún modo ficticios, aunque su cuerpo expresivo haya sido modelado por el hombre [...] no se limita a trasmitir una vez más el mensaje angélico de Belén; funda un ámbito real, intensísimo, de paz y serenidad. No solo habla de paz; crea un clima real de paz (López Quintás 1979, 185).

Siguiendo el ejemplo anterior se puede afirmar que: así como la obra de Bach genera un ambiente real respecto de su propia «esencia» destacada por las «notas» de intensidad, paz y serenidad; en la relación personal la persona humana no puede crear otra cosa que no sea un espacio personal. Es en la creación de este espacio real que la persona humana encuentra el «dónde» poder realizarse plenamente como persona.

En *Sobre el hombre*, que es una compilación de cursos de los años 50, Zubiri implementa una definición de persona en cuatro etapas (cfr. Zubiri 1986, 110-128), que son fundamentales para nuestro estudio, por lo que es necesario analizar cada una de ellas:

> En la primera etapa, el filósofo español observa cómo se produce una distinción no cuantitativa, sino cualitativa, en-

tre «yo-tú-él», como personas insustituibles e irreductibles dentro de la realidad de la relación personal. Esta insustituibilidad –afirma el filósofo español– sucede porque cada uno de ellos tiene un «mi» que lo convierte en efectivamente en «mío», y esto es «ser reduplicativo en propiedad», que en palabras de Zubiri significa: «yo soy mi propia realidad […] en la medida en que lo soy, tengo capacidad de decidir» (Zubiri 1986, 111). Esta es una diferencia radicalmente cualitativa en el orden de la realidad. Se es persona porque en el «yo» hay un momento de pertenencia a sí mismo y esto es parte de las características esenciales y formales de «mi» realidad, y por ello «Yo soy» una persona. (cfr. Zubiri 1986, 112)

La segunda etapa es la unidad entre consistencia y subsistencia. Ellas son estructuras en orden constitutivo del pertenecerse como realidad personal que abre la esfera de la personalidad. Esta –la personalidad– es concebida por Zubiri como «la cualidad que esos actos imprimen a la realidad de un ejecutor. […] Personalidad es así un modo de ser, es la figura de lo que la realidad humana va haciendo de sí mismo a lo largo de la vida» (Zubiri 1986, 113). La personalidad es la cualidad que la persona imprime a sus actos realizados en la propia realidad de su desarrollo vital.

A este punto el filósofo vasco decide profundizar en la afirmación «ser de mi propiedad». Esta expresión no se refiere solo a los actos que realiza la persona –como acciones externas que le pertenecen– sino que es algo más profundo que se refiere a las estructuras por las cuales el «yo» se pertenece a «mí mismo», y en consecuencia los actos que se realizan pertenecen y se refieren a «mí». Estos actos pertenecen al orden operativo de la propiedad y, por tanto, se sitúan en el contexto de la personalidad, porque ella es la figura del conjunto de actos que el ser humano realiza en su vida. Es por ello que la personalidad nunca es un punto de inicio, sino un punto o una etapa en la realidad personal que nunca termina.

Por el contrario, el punto de inicio es la realidad de la persona humana, o más bien su carácter estructural que es su personeidad «Un carácter de estructuras, y como tal es un punto de partida. Porque sería imposible que tuviera personalidad quien no fuera ya estructuralmente persona. A este carácter estructural de la persona lo denomino personeidad, a diferencia de la personalidad» (Zubiri 1986, 113). En este segundo plano, ser una realidad personal significa ser una propiedad en el orden del subsistir, que a su vez pertenece al orden del quién, es decir al orden de la persona que es «suidad», es decir, al poseer a sí misma en el orden de la realidad.

Como tercera etapa, el filósofo vasco analiza a la persona como actualización de la realidad personal, desde el punto de vista del acto que realiza, del contenido del acto concreto y también del factor oculto del acto mismo, por el cual –dice el filósofo– «Yo soy» el que hace la obra. Por eso afirma que todos los actos, en cuanto proceden de la persona, son actos personales (cfr. Zubiri 1986, 123). En el acto que la persona realiza, se *co-actualiza* con el acto; esta *co-actualización* acontece porque el acto es esa realidad que se da en la forma de la experiencia de vivir (cfr. Zubiri 1986, 124). De hecho, tras este análisis, Zubiri afirma que la *personeidad* es el primer acto en cuanto ofrece las estructuras de la subsistencia, y el acto en el que esta se actualiza es el segundo acto, y estos dos juntos son la *personeidad integral* (cfr. Zubiri 1986, 124). Creo que esta afirmación es importante en la construcción de la persona humana, porque ella no existe separada de sus actos, que son personales, porque la persona –según Zubiri– es también sus actos.

Zubiri aclara en qué manera la persona es también sus actos, ya que el acto no se actualiza en el «yo» sino en el «mí» del «yo», porque en el hombre hay una segunda forma de actualización que es la del «mí» como la parte más íntima de la persona que se eleva a la condición de «yo» (cfr. Zubiri 1986, 124-125). Por ello Zubiri afirma que el acto realizado por la persona no puede dejar de ser un acto personal ya que hay un «yo» que realiza el acto, pero el «yo» –en cuanto subsistente– no es el acto, el acto es actualización del «yo» que modifica la subsistencia, no el subsistente, ya que está por encima de sus propiedades. A este carácter Zubiri lo llama «*super-stantia*»: «Consiste en una especie de dominio ontológico de prioridad metafísica, que sostiene lo subsistente respecto de los actos que ejecuta» (Zubiri 1986, 125).

La cuarta etapa: Zubiri hace referimiento a la personalidad como contenido del acto que realiza el ser humano y que, por tanto, es inseparable de sí mismo. En efecto, los actos se forman y se depositan en la realidad personal que realiza los actos, y ésta confiere al subsistente de una personalidad que es su modo de ser (cfr. Zubiri 1986, 127-128). La personalidad es la manifestación de la persona en tanto que esa –la personalidad– es la apropiación de los actos que son realizados por «mí» en cuanto «reduplicativamente mío». En Zubiri la personalidad no es condición de posibilidad para que haya una persona en «mí»; por tanto, la personalidad es una estructura real que se hace con la realidad estructural de la persona.

Resumiendo los grados de la realidad personal, la *personeidad* en cuanto realidad propia es el primero de ellos, luego está la realidad subsistente que se actualiza en la estructura «me-mí-yo» y que a su vez se manifiesta como actos en el personalidad (cfr. Zubiri 1986, 126-127).

En la persona humana la «subsistencia» y la «consistencia» –según Zubiri– pertenecen a la realidad personal que forma la personalidad; por tanto, que algo sea subsistente significa que es posible percibirlo como diferente de otras cosas, aunque no se conozca en qué consista (cf. Zubiri 1986, 116). La consistencia permite la percepción de lo subsistente, y por tanto pertenece solo al orden del «quién», no al orden del «qué» perteneciendo de esta manera al orden de la individualidad y esta es la disociación que realiza Zubiri respecto a Boecio, ya que la individualidad pertenece al orden del «que», de la sustancialidad.

Lo que pertenece como «de suyo» a la persona humana no es la individualidad, sino la «subsistencia», que se encuentra a la esfera del «quién». Por tanto en Zubiri el ser humano es una realidad subsistente ya que, como él afirma, aquel que es subsistente no puede ser reducido a algo que no sea subsistente, es decir, a no ser un «quién» (ver Zubiri 1986, 116).

Por ello, para Zubiri la definición de Tomás de Aquino «indivisum in se et divisum a quolibet alio» es insuficiente, ya que está concebida para el individuo, y respecto a la sentencia de Tomás de Aquino el filósofo vasco afirma:

> No hace falta alguna para ser indiviso en sí serlo en el orden de la sustancia, basta con serlo en el orden de la sustantividad. El carácter de todo que necesita tener la sustantividad [...] para poder funcionar como algo irreductible frente a las demás realidades es lo que nos acerca, en diferencia radical con la filosofía clásica, a lo que es subsistencia (Zubiri 1986, 117).

En esta diferencia radical de la «sustantividad» frente a la «subsistencia», Zubiri afirma que la «sustantividad» tiene una tercera «nota» constitutiva que la hace pertenecerse formalmente así misma, siendo propiedad de sí misma en un orden formal y «reduplicativo»; es decir, que la realidad sustantiva puede aprehender su propia realidad como realidad «suya». Por eso Zubiri afirma: «*Suidad* es, pues, tener una estructura clausurada y de totalidad junto con una plena posesión de si mismo en sentido de pertenecerse en el orden de realidad» (Zubiri 1986, 117). Para el filósofo a la «subsistencia» pertenecen el ser dividida, el ser indivisa y la «*suidad*»; y ella, la «*suidad*», posibilita que la «sustantividad» se aprehenda a sí misma como una realidad subsistente:

> Yo me aprehendo a mí mismo en dos dimensiones distintas [...] en primer lugar, como un de suyo material, es decir, como algo que tiene realidad o de suyo [...] en segundo lugar

me aprehendo como un de suyo formal, es decir, como un de suyo capaz de apropiarse o hacer suyo su propio de suyo. Eso es lo que llama Zubiri «suidad formal», que para él es la definición de persona humana (Gracia 2017, 440).

La persona humana es distinta de las cosas que solo son un «de suyo» material, no son formalmente «de suyo», es decir no son una «suidad» formal que se apropia de su propia realidad; y es esta realidad reduplicativa la que Zubiri define como persona: «La persona humana se diferencia de las cosas en que no es un mero de suyo material, sino que además es *suidad* formal, ya que es capaz de apropiarse o hacer suya su propia realidad» (Gracia 2017, pág. 440).

Pintor-Ramos afirma que la «sustantividad» hace suya la realidad en el proceso de la «suidad»; ella misma determina el carácter de apertura y l dinamismo de la realidad de la persona humana:

> La *suidad* es el carácter que determina una esencia como abierta, lo cual, por una parte, marca su propio modo de constitución esencial y, por otra parte, establece su lugar propio dentro del conjunto del dinamismo de la realidad. *Suidad* es lo que hace que una realidad sea persona (Pintor Ramos 1996, 47).

Llegada a la definición de persona como «suidad», surge en Zubiri otro problema: el hecho de que la persona sea una esencia abierta. «La persona es una esencia abierta. Una esencia abierta ante todo y sobre todo (y por eso es persona) a su propia realidad y en ella a la realidad de las demás cosas precisamente en tanto que reales» (Zubiri 1995, 207). En su apertura, la persona humana personaliza la realidad, es decir, la hace propia, hasta llegar a Dios como posibilidad última[36], «posibilitante» e

---

[36] El tema de Dios no es un tema que se trata en este trabajo, pero respecto a Dios como realidad-fundamento, se puede referencia a la afirmación de Paolo Ponzio:

impelente de la realidad de la persona humana. Como afirma Pintor-Ramos:

> La persona está instalada en una realidad que le aparece como su fundamento último, posibilitante e impelente en el ineludible proceso de personalización. Este hecho incontestable de la religación determina en el hombre una «dimensión teologal», que significa un desafío al que la razón no puede por menos de intentar ofrecer una solución; si tiene éxito, nos encontramos con Dios como concreción de ese fundamento último, posibilitante e impelente de cada vida humana (Pintor-Ramos 2002, 374).

2. La *suidad* como carácter esencial de la persona humana

Cuando se afirma que la realidad en Zubiri es la realidad del ser humano, una conclusión lógica sería afirmar que esta realidad es una realidad personal ya que –como se ha visto– el ser humano la aprehende como «de suyo»; si no fuese así, ¿qué podría ser la realidad de la persona humana sino una realidad personal?

Zubiri responde a esta pregunta de manera precisa al afirmar que la «sustantividad» es lo que le da al ser humano un lugar único[37] en el universo:

«"Dios, experiencia del hombre" y "el hombre, experiencia de Dios": en estas dos locuciones se puede sintetizar todo el pensamiento de Zubiri alrededor del nexo entre hombre y Dios: "por razón de Dios, Dios es experiencia del hombre. Por razón del hombre, el hombre es experiencia de Dios". Ninguno de estos dos términos tiene experiencia del otro: el hombre no tiene experiencia de Dios, ni puede haberla; no está en las posibilidades del hombre tener una experiencia semejante, no por su capacidad sino por su aptitud. El hombre es formalmente experiencia de Dios, porque Dios se nos da en forma de realidad-fundamento» (Ponzio 2015, 413).

[37] Creo que no es para nada casual la referencia a la obra de Max Scheler *La posición del hombre en el cosmos* (1928), obra que Zubiri conoce bien (cfr. Gracia 2017, 422-423); sin embargo, por su propia formación Zubiri se mantiene más favorable a las teorías de Heidegger que a las de Scheler porque, como afirma Gracia, Zubiri

Cuando preguntamos qué es ser persona en sentido estructural, haya que referirse a la sustantividad humana y no a las
presuntas sustancias que la componen. Se trata la sustantividad de aquello que confiere estructuralmente al hombre un
lugar singular en el universo, que como independiente en su
realidad respecto de todas las demás realidades, le permite
controlar dentro de lo posible [...] todas las demás realidades, y le otorga en su virtud una estructura en vista de la cual
decimos que es su propia realidad (Zubiri 1986, 114).

Con esta respuesta nos encontramos en el punto más alto de
la antropología zubiriana (cfr. Gracia 2017, 431), en la que el
hombre encuentra un punto «especial» en sentido cualitativo
respecto de las demás realidades de las que es independiente,
pero que está contemporáneamente re-ligado a ellas.

En Zubiri el concepto de persona se desarrolla de manera in-
novativa a través del término «personeidad», que según la teoría
de zubiriana es anterior a la realidad personal y por tanto a la
personalidad que se manifiesta en los actos de la persona humana. Para el filósofo vasco la realidad existe como fundamento
de la realidad humana que a su vez, en cuanto sustantividad, se
basa en la sustantividad más que en la sustancialidad, y por ello
es «*super-stantia*». En esta realidad sustantiva se encuentra la
«*personeidad*» como carácter fundamental de la persona humana, y es en dicho carácter –que se hace en la realidad– que se
funda la personalidad.

La persona como animal de la realidades formaliza la realidad y la hace propia, pero en el apropiarse de la realidad ella
misma se descubre a su vez como una realidad «de suyo», es
decir, se descubre como «suidad», como «suya» frente al «de
suyo» de la realidad: «*Suidad* es –afirma Zubiri–, pues, tener
una estructura clausurada y de totalidad junto con una plena po-

no quería hacer solo una antropología (cfr. Gracia 2017, 426), sino una antropología
profunda y radical.

sesión de sí mismo en sentido de pertenecerse en el orden de la realidad» (Zubiri 1986, 117).

Debido al fuerte carácter sistemático en sus investigaciones, Zubiri observa que antes de ser «suidad», en la persona humana hay una realidad previa que funda su ser persona pero en el sentido de una realidad sustancial y sustantividad subsistente. Para López Quitás, Zubiri busca la raíz última para fundar la vida del ser humano como realidad personal y esta raíz no se encuentra en los estímulos de la realidad animal, ni en la individualidad de la sustancia, sino en su realidad reduplicativa, en cuanto aprehende la de la realidad de sí mismo.

Pintor-Ramos, por otro lado, ve en la realidad personal la formación moral del ser humano, por su característica de ser una esencia abierta a través de la cual aprende la realidad:

> El hombre es una forma de realidad (esencia abierta) que, por ello mismo, es constitutivamente moral. [...] Zubiri llegará a afirmar sin equívoco posible que «moral es igual a apropiación». Esto, en principio al menos, es un discurso antropológico, quizá con más precisión de antropología metafísica o de «metafísica de la realidad humana» (Pintor-Ramos 1993, 57).

Con esta interpretación Pintor-Ramos presenta la filosofía antropológica del ser humano como una filosofía metafísica de la persona humana, que enlaza la antropología filosófica con la moral, y esto es un problema que pertenece al ámbito del «quién» de la persona humana, entendido como un problema de apropiación de la realidad que se da a través de la sustantividad, que Zubiri define como: «consiste en ser "suya": es realidad en forma de "suidad". Según este aspecto decimos que el modo de realidad de la sustantividad humana es personeidad. Personeidad es "suidad"» (Zubiri 1986, 159).

Observando el camino recorrido hasta ahora, se puede afirmar que toda la filosofía de Zubiri se mueve en torno a la idea de una metafísica antropológica, que es la base de la realidad sustantiva de la persona humana. La sustantividad en la persona humana es una realidad «reduplicativamente suya», es decir, es «suidad»; y este carácter se manifiesta en el ser humano por medio de la «personeidad», realidad que permite llamar al ser humano «persona».

3. La *personeidad*, la realidad personal del ser humano

En la dinámica de la «suidad» existen dos momentos: uno que procede del externo hacia la persona y otro que va de la persona hacia el externo. Esta simple dinámica muestra el quehacer o, mejor aún, el hacerse de la persona humana con la realidad, y es en esta relación dinámica donde la persona humana aprehende la realidad como propia: «Persona es aquel cuya realidad le es propia. Y no solamente le es propia en el sentido de que es suya, sino que, además, hace suyo todo cuanto le adviene» (Zubiri 2016, 286). Esto, como afirma Zubiri, es el fundamento de la estructura de la personalidad: el afirmarse de la realidad en la forma de la «personeidad» como manifestación personal de la sustantividad humana:

> [...] el modo de realidad de la sustantividad humana es personeidad. Personeidad es «suidad». La personeidad no es un acto ni un sistema de actos, sino que es forma de realidad humana, ejecute o no ejecute actos, y en todo caso es «anterior» a su ejecución (Zubiri 1986, 159).

Es oportuno detenerse en la afirmación anterior para observar una sutileza de Zubiri a la hora de definir la «personeidad». El filósofo vasco afirma que la «personeidad» es «suidad» pero no afirma lo contrario, que la «suidad» es «personeidad»: la primera es el fundamento real de la segunda, es decir, toda la realidad no es «*personidad*» porque esa no es un acto, sino forma personal de la realidad humana.

Ellacuría observa que los actos realizados por el ser humano son suyos en cuanto son parte de la realidad personal; pero los actos realizados por la persona no son «personeidad» sino una manifestación de su personalidad: «La realidad de la esencia abierta es lo que llama Zubiri personeidad; la realidad sustantiva del hombre es personeidad en cuanto es formal y reduplicativamente suya. Personeidad –continua Ellacuria– es que mis actos son míos porque previamente soy personeidad» (Ellacuría 1976, 124). Ser «suyo» en la realidad del ser humano es la condición de posibilidad para que exista la persona humana, pero no es en absoluto condición de posibilidad de la realidad en sí. La persona, afirma Zubiri, se hace por medio de sus actos con y en la realidad en cuanto actualidad y realidad de ella, pero sin identificarse con ellos:

> Pero lo peculiar del hombre está en que su ser es la actualidad de la realidad humana en cuanto forma de realidad personal, en cuanto tiene personeidad [...]. Yo es la actualidad de mi realidad «personal» en el mundo. Pero entonces esto significa que la esencia del Yo, a saber, «el ser de la realidad sustantiva» personal puede existir sin poseer el modo de un Yo. Yo es un Modo de ser. Es lo que acontece en todos los actos anteriores al hacerse cargo de la realidad (Zubiri 1986, 163).

Si el ser es actualidad de la realidad por medio de los actos que el «yo» cumple, como afirma Ellacuría, la esencia del «yo» en Zubiri es, por tanto, el ser en cuanto sustantividad e interpretación de la realidad: «[...] la esencia del Yo no consiste en ser «sujeto», ni sujeto de atribución ni sujeto de ejecución de sus actos. La esencia del Yo no es ser «sujeto» sino ser actualidad en el mundo» (Zubiri 1986, 163). El «yo», entonces, es la realidad personal manifestada en el mundo, en el cual el «yo»

mismo se manifiesta actualmente por medio de su personalidad
que está construyendo en la realidad.

El yo, como modo de ser del *estar-en-el-mundo*, acontece en la realidad como actualidad «mundana» de la realidad
misma: «El Yo es mi ser, y el ser [...] es la actualidad de lo
real en su respectividad a la realidad en cuato tal, esto es, es
actualidad de estar en el mundo» (Zubiri 1986, 162). Estando
en la realidad que es el mundo, el «yo» del ser se convierte
«gerundialmente» en la realidad como un «estar siendo»; esta
teoría es una respuesta directa en oposición al *«ego sum»* ob-
jetivado de Descartes, que funda la esencia del *«ego sum»* en
la interpretación de la realidad como una verdad que el *«ego»*
mismo cumple para no dudar. Para Zubiri el modo de ser de
la persona humana es dinámico y se manifiesta de manera
«gerundial» en la forma que es «siendo»; esta es la actualidad
del ser humano como realidad, un «siendo» que significa apertura y dinamismo de la realidad: «El ser del hombre es constitutivamente un ser único, cuyo modo de ser es gerundialmente
abierto» (Zubiri 1986, 167).

La «personeidad» no es un acto del «siendo», es decir, del
ser del hombre, sino que el «siendo» es fundamento personal
de la persona humana: pero no es la persona, sino el carácter
reduplicativo de la realidad personal, o más bien de la «suidad», y esta debe hacerse en la realidad o, mejor aún, se debe
«estar haciendo» en la realidad. Por ello la realización de la
«personeidad» –afirma Gracia– es lo que constituye la personalidad humana).

> La sustantividad humana es personal, precisamente por-
> que consiste en suidad formal. Eso es lo que llama Zubiri
> «personeidad» a diferencia de personalidad. La personei-
> dad se es, la personalidad se adquiere mediante el ejerci-
> cio de la propia personeidad. Este es el punto más elevado
> de la personeidad zubiriana (Gracia 2017, 431).

El «hacerse en la realidad» acaece para Zubiri en tres momentos –«animación, animalización, mentalización»– momentos que se cruzan entre sí, determinando unitariamente el ser de la realidad humana y constituyendo dinámica y unitariamente la posición de la persona humana en la realidad. En este proceso lo que se va determinando es la personalidad humana como afirma Zubiri: «la personalidad humana es esencialmente una personalidad que se va configurando por los factores psico-orgánicos de todos. La unidad morfogenética de mi realidad determina la unidad ontodinámica de la era» (Zubiri 1986, 166).

El filósofo vasco comprendió que la realidad personal está instalada en la «personeidad» completando así el proceso de personalización, en el cual el «yo» personaliza y se personaliza con la realidad, no creándola sino haciéndola, y además también haciéndose a sí mismo con ella:

> La vida humana aparece así como un proceso de personalización, un proceso en el cual la personeidad se hace persona de una manera o de otra y que idealmente desembocaría en el pleno control y dominio del proprio ser, lo que Zubiri denomina «el yo» […] por su suidad la persona aparece como un «ab-soluto», algo que está suelto de los lazos inmediatos que llevarían a cerrar sobre sí misma su configuración. Pero este absoluto, para soltarse, necesita de las restantes cosas puesto que no puede hacerlo desde la nada. Es así, un absoluto relativo: la persona no es «la» realidad, sino que es tal persona apropiándose la realidad que ella no puede crear, sino que le está haciendo ser persona. (Pintor Ramos 1996, 47-48).

El ser humano no puede crear la realidad, pero puede hacer algo extraordinario en ella: dotarla de sentido dándole un horizonte que no solo es lógico (formalizando la realidad), sino también dándole, sobre todo, un horizonte metafísico (personalizar la realidad), con el cual se está haciendo persona, o, para usar términos zubirianos: aquello que puede hacer el ser humano es «hiperformalizar» dinámicamente a la propia realidad través de su personalidad en cuanto realidad personal, como resultado de su estar-en-el-mundo en forma de «personeidad».

4. La *personeidad, actuidad* personal del ser humano

Algunos estudiosos de Zubiri como Gómez Nogales, Gracia y Pintor-Ramos, sostienen que la personalidad no atribuye nada nuevo a la «personeidad», solo añade un momento de moralidad a la estructura personal del ser humano (cfr. Gómez Nogales 1970, 727).

Este momento moral del ser humano se da en el «estarse haciendo» de la personalidad cuando se realiza con otras personas en la realidad. La sustantividad para Zubiri no es algo que los accidentes –que son externos a ella– puedan modificar, como sucede con la sustancia aristotélica de la cual se pueden predicar muchas cosas. El hacerse en cuanto «suidad» en la realidad es la concretización de la «personeidad» en la personalidad; el ser suya de la persona permite a la persona sea presencialidad en la realidad, o más bien su concreción personal:

> El modo gerundial es esencialmente concreto. Ahora soy deambulante; no lo era hace media hora [...]. El «ser-deambulante» no es el modo abstracto «deambulación» sino el modo concreto como *hic et nunc* soy. [...] No se trata del «curso» temporal, sino de la «figura» de mi ser temporal. Soy la totalidad de lo que estoy «siendo» a lo largo del tiempo. [...] Mi personalidad es aquello que soy habiendo sido todo lo que «fui» y como lo fui. No es la «sucesión» de modos de ser, sino la «figura» temporal concreta de mi ser. El tiempo no solo «discurre», sino que tiene figura (Zubiri 1986, 168).

Zubiri afirma que el tiempo tiene una figura pero no dice cuál es esa figura; afirma, sin embargo, que es un momento de mi ser (cfr. Zubiri 1986, 168), un momento no cerrado sino abierto en el que «estoy siendo». Pero, ¿Cómo se manifiesta esta temporalidad de la persona humana? ¿En qué figura personal?

Según Ellacuría, esta figura se manifiesta en el proceso que se da dentro de la realidad de la «personeidad» que da como «resultado» la personalidad. Es en esta actualización personal de la realidad que el tiempo se vuelve personal y la persona humana actualiza su estar-en-el-mundo con la temporalidad. Es decir, Ellacuría interpreta la temporalidad como una manifestación de la realidad, y por ello afirma:

> Soy la temporalidad de lo que estoy siendo a lo largo del tiempo, y esto no porque mi ser sea como el precipitado de mis proyectos y decisiones, sino porque mi ser queda determinado por lo que es mi propia realidad, la realización que le compete «de suyo». Mi personalidad no es la sucesión de distintas figuras de ser, sino la figura temporal, procesual y concreta de mi ser sustantivo (Ellacuría 1976, 128).

En la personalidad del ser humano está intrínsecamente la temporalidad con el cual la persona se hace a sí misma; en esta acción de personalización de su propia realidad, la persona humana también personaliza el tiempo y el tiempo la hace convertirse en alguien temporal. Por tanto, la persona humana se convierte en una temporalidad personalmente biográfica, y el tiempo determina la personalidad en una temporalidad y en un espacio específico que es la realidad que se manifiesta en la presencia de la persona humana. No se está hablando de «*praesentia*», la presencia del ente en sí, sino del ser presencia de la realidad del ser como actualización y personalización de la realidad. Esta presencia hace que en la persona humana se pueda hablar de una historicidad biográfica que acontece gracias a su hacerse con y en la temporalidad.

5. Temporalidad y presencia de la persona humana

A este punto se puede introducir lo que, en mi opinión, es la
«representación» del tiempo –según Zubiri– de la persona humana. Para Zubiri la persona es un «despliegue» o apertura hacia la realidad, pero desde la propia realidad que «está siendo».
La pregunta es: ¿cómo «*está siendo*» aquella realidad de la persona humana?

Quisiera proponer la tesis de que la persona «está siendo»
no en su presencia, que podría ser una presencia estática, sino
en su presencialidad, que es una estructura dinámica. En la presencia se podría decir que se «figura» la temporalidad presente
de la persona humana, pero en la presencialidad se manifiesta lo
que fue, lo que es y también lo que será. La presencialidad es la
«representación» de la temporalidad en la persona humana en
cuanto ella se hace estando-en-el-mundo:

> El «estar» es un «estar-en-el-mundo». Ya hemos dicho que el
> ser es la actualidad de lo real en el mundo. Pues bien, estar
> dando de sí en el mundo es un modo de ser. Y este modo
> gerundivo es el tiempo. El tiempo es para Zubiri un modo de
> realidad en su ser (Molina García 2006, 165).

La persona humana está-en-el-mundo al personalizarlo con
su propio ser persona, ya que la personalidad es actualidad de
la realidad, y hace que la persona se haga a sí misma en el tiempo, y lo aprehenda como «de suyo». Para Zubiri el concepto de
temporalidad es similar al de Heidegger (cfr. Heidegger 1976,
395), solo que la temporalidad en Zubiri no es un modo de realidad, sino un modo de la actualidad de la realidad en el ser:

> El tiempo consiste en estar dando de sí, es decir, en ser dante
> de sí. Si el ser de lo sustantivo es, como decía, *realitas in
> essendo*, en este caso el *in essendo* consiste justa– mente y
> formalmente en el tiempo. El tiempo es la plenificación enti-

tativa de la realidad. Y como tal, el dinamismo de la realidad, en tanto que actualidad en el mundo, es temporeidad (Zubiri 1995, 310).

El concepto de tiempo que queremos dar a la presencia de la persona humana no es el de un «presente eterno», sino el de un presente que se hace desde su pasado y que se proyecta en su futuro, pero desde el presente en el que la persona «está siendo»:

> El ser natural es «ser-sido». Pero la animalidad lleva animalmente a que entre en acción la intelección. Con ello el hombre opta por un modo de realidad en el mundo. Esto determina una nueva fase modal del ser humano. Hasta ahora el hombre era algo meramente «sido», pero ahora es algo que pudieramos llamar «esente» en el sentido activo del vocablo. Es un ser no solo «sido» sino opcionalmente «apropiado». La acción del optar determina un modo de ser accional: el ser «esente» (Zubiri 1986, 169).

El ser del ser humano se manifiesta de manera concreta en el estar aquí y ahora de su presencialidad; la presencialidad hace presente su pasado como «sido», su futuro como «seré» y su presente no como «soy», sino como alguien que «estoy siendo».

No es que esta temporalidad de la presencialidad sea una especie de eternidad temporal; más bien es la temporalidad que está *re-ligada* la persona humana. Esta re-legación podría considerarse como una superación de la temporalidad del ser, en cuanto el ser es para Heidegger ser-para-la muerte (cfr. Heidegger 1976, 395). En Zubiri, en cambio, el ser es ante todo «estar siendo» la temporalidad que como «de suyo» está viviendo, ya que la temporalidad es «siendo» y no solo un devenir en el estar de la persona humana.

En la presencialidad, por tanto, se puede concretizar lo que Zubiri llamó *realitas in essendo* como la instalación permanen-

te de la persona humana en la realidad que es la temporalidad
«existente»: «No se trata de ser real (*esse reale*) sino de la realidad que es, de lo real en ser (*realitas in essendo*). Por donde
quiera que se tome la cuestión, pues, la realidad es anterior al
ser» (Zubiri 2016, 172).

En la persona humana el tiempo es la posibilidad «gerundial» del ser de la personalidad en cuanto esa «está siendo», y
el espacio donde se manifiesta dicho tiempo personal es la posibilidad de su instalarse en cuanto «estar». Por tanto, la realidad
sustantiva de la persona humana es la condición de posibilidad
de narrarse biográficamente en la propia realidad «temporal»
(cfr. Zubiri 1995, 310).

Hay que repetir que la superación por parte de Zubiri de las
filosofías precedentes, en este caso de la orteguiana y la heideggeriana, no supone la anulación de estas; porque lo que buscaba
el filósofo vasco era una respuesta radical a los temas que le
preocupaban, el de la realidad y el del ser humano como realidad radicada en la realidad. Para Zubiri –como afirma López
Quintás– el ser humano está instalado gerundialmente en la vida
y a su vez en la realidad: «Estamos en la realidad viviendo la
vida» (López Quintás 1970, 244); por tanto creo que esta interpretación es un óptimo resumen de la teoría zubiriana sobre el
hombre, que en cuanto realidad «está siendo» su propia realidad
a través de su presencialidad en la vida que es aquí y ahora.

Parte IV

Julián Marías: la filosofía como *visión responsable*

Julián Marías Aguilera (Valladolid 1914 – Madrid 2005) desarrolla su carrera intelectual desde muy temprada edad en la capital española. Para introducir la figura y el pensamiento de este filósofo, es interesante tomar como punto de referimiento las *Memorias* (1988-1989) donde narra la propia vida y presenta su visión filosófica como una *Teoría empirica de la vida humana*. Marías comienza su narración biográfica con la afirmación:

> Creo que es un error empezar unas memorias diciendo: «Nací en tal lugar al día del año tantos», porque precisamente de eso no se tiene memoria; el nacimiento es el absoluto pasado; cuando uno se encuentra en la vida, está ya viviendo: la vida ha empezado antes (Marías 1989, 15).

Para Marías hacer filosofía es descubrir y justificar la verdad que las personas experimentan en la vida que están viviendo «La filosofía pretende descubrir y justificar verdades –tanto una como la otra–, porque la filosofía es responsabilidad, podríamos definirla como la visión responsable» (cfr. Marías 1970b, 559). Como se verá en seguida, no se está hablando de una teoría de la vida en general sino de la propia vida, y este es el descubrimiento de Marías, una teoría empírica de la vida humana que se ocupa de la vida concreta que el «yo» está viviendo.

El camino intelectual de Marías que comienza en 1931, cuando empieza a frecuentar la universidad (cfr. Marías 1989b, 83). En su adolescencia el joven filósofo tuvo una fuerte atracción por las ciencias (por ejemplo, en el colegio su orientación era la científica) pero también tendrá una fuerte pasión por las letras; de hecho, antes de iniciar la universidad –a los quince años– ya leía a Unamuno, el maestro para la España entera, y también las *Notas* de Ortega y Gasset, lecturas no comunes para un joven de aquella edad. Estos intereses lo llevaron a matricularse sea en la Facultad de Ciencias y en la Facultad de Filosofía y Letras, esta última se reveló su verdadera pasión, o mejor aún, su verdadera vocación.

En las primeras décadas del siglo XX, la filosofía española da un fuerte giro –como se ha visto– gracias a la obra (literaria y social) de don Miguel de Unamuno –que Marías conoce personalmente– y de otros diversos literatos y filósofos como: Pío Baroja, Azorín, Valle-Inclán, Antonio Machado, Menéndez Pidal, solo por nombrar algunos. En su carrera universitaria el joven Marías se ve influenciado por esta generación extraordinaria de intelectuales, que hacen de la universidad madrileña la mejor institución universitaria española[38].

Juan del Agua evidencia como el nivel de educación en la Facultad de Filosofía, en los tiempos de Julián Marías, estuviese en su punto más alto; y esto motivado por la calidad de sus profesores, y por la capacidad crítica que se sabían suscitar en los jóvenes discípulos para interpretar la realidad, en particular su realidad española. Esta capacidad interpretativa, según del Agua, se daba gracias a la simbiosis que creaba en la Facultad de Filosofía entre literatura y arte:

---

[38] Marías menciona un elenco de profesores que pertenecen a la Facultad de Letras y Filosofía, para evidenciar la calidad de la instrucción en la universidad madrileña: «Ortega, Morente, Zubiri, Gaos, Besteiro, Menéndez Pidal, Gómez Moreno, Obermaier, Ibarra, Ballesteros, Pío Zabala, Américo Castro, Claudio Sánchez Albornoz, Asín Palacios, González Palencia, Ovejero» (Marías 1989, 110).

> Por los años de formación universitaria de Marías, no eran
> solo sazón de plenitud filosófica –en España estaban en plena
> madurez Unamuno y Ortega, y enseñaban con acento perso-
> nal y creador Morente, Zubiri y Gaos– sino también literaria
> y artística [...] la literatura se encontraba en medio de un Si-
> glo de Oro, de otro Siglo de Oro. (del Agua 1984, 17)

Además es interesante observar como del Agua compare al
Siglo de Oro español[39] con la generación de profesores que, en
aquel entonces, se encontraban en la universidad española y que
pertenecían principalmente a la generación del 14 y del 27 (cfr.
Gracia Guillén 2017, 31). Dicha simbiosis encuentra la propia
razón de ser en la producción intelectual pero, sobre todo, en la
influencia política y social que estos pensadores suscitaban en el
pueblo español.

Se debe tener presente que después del Siglo de Oro hasta
la generación del 98, España –como afirma Laín Entralgo– no
había madurado un pensamiento filosófico propio, quedándose
lamentablemente aislada respecto a la cultura europea: «Desde
Suárez hasta el siglo xx, España no da a la historia del pensamiento un solo concepto metafísico original» (Laín Entralgo,
n.d. 144)[40]. En esta óptica se puede entender el esfuerzo de la
generación del 98, de Miguel de Unamuno y, sobre todo, de Ortega y Gasset, de europeizar España y de españolizar Europa[41]

---

[39]   No es objeto de este trabajo detenerse en el Siglo de Oro español, para una mayor
estudio cfr. *Historia crítica del pensamiento español* de José Luis Abellán, obra en
la que se podrá profundizar sistemáticamente el llamado Siglo de Oro español (cfr.
Abellán 1979).

[40]   Si se considera necesario profundizar esta afirmación leer los siguientes ensayos
de Marías, sobre todo *La filosofía española actual* (cfr. Marías 1967a) (cfr. Marías
1969b, 207ss).

[41]   El tema de «europeizar» España y «españolizar» Europa no es un tema a explorar
en este trabajo. Sin embargo, conviene aclarar que la visión de Ortega y Gasset y
Unamuno era contraria, porque el deseo del primero era llevar a España –como
hemos visto– a nivel europeo, europeizarla; el deseo del segundo era en cambio el
trasmitir la cultura española a Europa, españolizarla: «La postura de Ortega es la

llevando el pensamiento español a un nivel europeo (cfr. Savignano 2016, 125).

La europeización española desde una perspectiva filosófica
se manifiesta principalmente en el confronto con el idealismo
y el exstencialismo alemán, con los cuales muchos pensadores españoles de las generaciones sucesivas se han enfrentado.
Marías actuaba y se movía en esta época de gran relevancia y
productividad intelectual, en la cual tenía como sus dos grandes
maestros a Ortega y Gasset y Xavier Zubiri. De esta experiencia
el joven filósofo estaba particularmente orgulloso, y consecuen-

opuesta a la de Unamuno, quien pretende españolizar a Europa» (Sánchez Muñoz
et al. 2018, 14). Francisco Ochoa subraya el deseo orteguiano de situar a España
en el plano cultural europeo, para poder ofrecer una visión española del mundo:
«La idea de europeización de Ortega es la de la adecuación a los tiempos culturales
o, dicho en términos más generales, a los ritmos científicos de Europa para poder
así, desde la misma "altura de miras" que el resto de Europa, aportar una visión
española del mundo» (Ochoa de Michelena 2007, 197). Para Unamuno España será
la nación donde permanecerá el verdadero y auténtico espíritu europeo (cfr. Ochoa
de Michelena 2007 203). Por eso, para Unamuno hacerse europeo significa perder
la identidad española –y según Fioraso– esto significa abandonar el espíritu español, en definitiva, «desespañolizarse» (cfr. Fioraso 2020, 109). Para un análisis más
profundo de esta polémica entre Unamuno y Ortega (cfr. Fioraso 2020). Es interesante observar la posesión de don Miguel de Unamuno en *Sobre la europeización
(Arbitrariedades)* donde muestra su profunda posición sobre la cultura española y
europea cuando afirma: «tengo la profunda convicción de que la verdadera y honda
europeización de España, es decir, nuestra digestión de aquella parte de espíritu
europeo que pueda hacerse espíritu nuestro, no empezará hasta que no tratemos
de imponernos en el orden espiritual a Europa, de hacerles tragar lo nuestro, lo
genuinamente nuestro, a cambio de lo suyo, hasta que no tratemos de españolizar
a Europa» (de Unamuno 1918, 186-187). De hecho, el estudioso español afirma su
posición radical respecto a la primacía del espíritu español sobre el europeo. En
efecto, para que Europa entre en el espíritu español, primero debe tener algo que
pertenezca al espíritu español, para que España se reconozca en él.
Para obtener información más detallada sobre el tema Cfr. *Españolizar/Europeizar.
Un panorama sobre la relación entre España y Europa desde la Ilustración hasta
Ortega y Gasset*. En esta obra Fioraso subraya cómo para don Miguel lo moderno
y lo europeo son el enemigo hacia el cual el pueblo español debe dirigir sus fuerzas
culturales, para Ortega, en cambio, era necesaria una nación moderna que viera más
allá de su cultura tradicionalista, y esto solo era posible dejando entrar el espíritu
europeo en la cultura española. Y ese era un punto problemático –según Fioraso–
para el pueblo o para aquello que estaban en contra de este movimiento (cfr. Fioraso 2018, 34).

cia de tal discipulado se observa en sus obras, dado el continuo referimiento a las teorías de sus maestros.

Marías, de hecho, en el primer año de universidad –cuenta en sus *Memorias*– se encuentra con la metafísica de Aristóteles gracias a los consejos del joven profesor de historia de la filosofía, Xavier Zubiri[42] el cual le pide expresamente estudiar Aristóteles y al mismo tiempo que frecuente el curso de Metafísica de Ortega y Gasset.

En las obras de Marías y en la formación de su pensamiento filosófico es evidente la influencia de su Zubiri y, sobre todo, de Ortega, esto no quiere decir que su teoría empírica sobre la vida humana y sobre el ser humano sea simplemente la consecuencia o la unión del pensamiento de sus maestros. Por el contrario, se debe decir que el joven discípulo debe a ambos filósofos la inspiración para estructurar y construir un pensamiento propio y original. La filosofía de Marías como visión responsable de la realidad encuentra su fundamento en una fe cristiana bien sólida que se evidencia en diversas obras *El problema del cristianismo* (1979), *Sobre el cristianismo* (1997), *La perspectiva cristiana* (2005), donde el filósofo trata de profundizar desde diversas perspectivas el problema del cristianismo, en un ejercicio de diálogo entre la fe y la razón[43].

En junio de 1935, Marías consigue su licencia en Filosofía, con la esperanza de iniciar el año sucesivo el doctorado en Filosofía, cosa que no sucede por el inicio de la Guerra Civil (cfr. Marías 1989, 184-185). En 1937, Marías, tiene que enrolarse al Ejército Popular, que él prefería llamar «Ejército de la República» (cfr. Marías 1989b, 219). Apenas terminada la guerra, el joven filósofo inicia sus estudios de doctorado y en el

[42] Justo en el año en que Marías iniciaba su carrera universitaria, Zubiri regresaba de su estancia con Husserl y Heidegger en Alemania (cfr. Cañas López 2005, 3).

[43] Es necesario subrayar que en 1964 Marías participó en varias sesiones del Concilio Vaticano II (cfr. Marías 1989c, 267), además que desde 1982 hasta 1993 se convirtió en miembro del Consejo Pontificio para la Cultura.

año 1941 defiende la tesis doctoral, que viene suspendida por la comisión evaluadora que compartía las políticas del General Franco (cfr. Savignano 2016, 185). En ese mismo año, publica su primera obra *Historia de la filosofía* (1941), inaugurando su propia filosofía de la vida y de la persona humana, en la cual el pensamiento vitalista orteguiano ocupa un espacio privilegiado. Como afirma María Riaza: «La historia de la filosofía que Marías va a narrar está orientada por Ortega. Es un nivel en el que Marías considera necesario instalarse» (Riaza 1984, 596).

Por otra parte, el momento político en el cual se mueve Marías no era favorable a la exposición de su pensamiento filosófico, pero él no se dejó vencer por estas adversidades como lo demuestra su producción filosófica, escrita y publicada, la mayor parte, durante el periodo franquista. Esfuerzo que del Agua exalta con admiración:

> Si se tiene en cuenta las circunstancias en que Marías ha hecho su obra –uno de los periodos más críticos de la historia española y europea: volatilización de los valores y de las normas morales […]– la admiración por ella sería aún mayor (del Agua 1984, 19).

Al inicio de su carrera intelectual, Marías muestra un interés particular por el tema de la persona humana desde una perspectiva vitalístico-antropológica, tema que será el punto capital de su investigación; en 1971 –treinta años después de la *Historia de la filosofía*– escribe *Antropología metafísica*, su obra más reconocida (cfr. Burgos 2012 209), donde el método filosófico fundado sobre la teoría empírica de la vida humana encuentra su expresión más madura.

La metafísica de Marías tiene una perspectiva vitalístico-antropológica, que en polémica con parte de la tradición filosófica, considera fundamental identificar la persona humana como un «*quién*» determinado y no como un «que» indeterminado, porque tal tratamiento impersonal –afirma el filósofo madrileño– transforma la persona humana en cosa: «Aunque la filosofía y la ciencia lleven dos mil quinientos años preguntando erróneamente "¿Qué es el hombre?", y recibiendo, como era de esperar, respuestas inválidas. A la pregunta "¿quién es?" la respuesta normal y adecuada es:"-yo"» (Marías 1982, 35). Esta perspectiva no es objetivante ni cosificante de la persona humana, es el punto de partida para reflexionar sobre la persona humana y sobre su vida entendida como una realidad radical que es «*quehacer*», en lugar de ser una realidad estática y terminada.

Esta investigación se vuelve para el filósofo español el centro y el núcleo su vocación filosófica, definida por él mismo como la visión responsable de la realidad que se justifica en la realidad misma que la persona está viviendo «la filosofía es la visión responsable. Es una visión que responde a la realidad y responde de sí misma, una visión que se justifica a sí misma en cada instante, no gratuita sino incesantemente justificada» (Marías 1970b, 513).

Marías comienza a hacer filosofía impulsado por la figura de sus maestros y además por el alto nivel intelectual y académico con el cual se tenía que enfrentar (cfr. Savignano 2016, 184). Es así que el joven discípulo del vitalista Ortega y del metafísico Zubiri descubre la propia vía para alzar el edificio de una filosofía de la vida y de la persona humana como realidad radical. Este camino, como se verá enseguida, es el descubrimiento de la estructura empírica de la vida humana que, en cierto modo, aleja Marías de su maestro Ortega.

La filosofía de Marías tiene una base fuertemente orteguiana: de hecho para llegar al descubrimiento de la «estructura empírica», él inicia desde la teoría de la razón vital de Ortega, y no solo porque en la formación de su pensamiento está también la figura importante del profesor Xavier Zubiri que tiene un fuerte impacto en la labor intelectual de Marías, sino por la profundidad y el rigor filosófico al afrontar diversas cuestiones, en particular aquellas sobre la realidad de la persona humana.

1. Encuentro con la filosofía zubiriana

Antes de encontrar personalmente a Ortega en la cátedra de Metafísica, Marías conoce a Zubiri después de su regreso del periodo de estudios en Alemania con Heidegger en 1931. El joven Marías recuerda el encuentro con la filosofía zubiriana como la primera experiencia filosófica, a partir de la cual se instaura una relación intelectual entre Marías y Zubiri: «El curso de Zubiri 1931-32, fue mi primera experiencia filosófica, en sentido estricto, y, sin duda, fue ella la que despertó mi clara vocación filosófica» (Marías 1989b, 130). De manera paralela, Marías frecuenta las lecciones de Ortega –por invitación de Zubiri–: este fue el motivo mayor por el cual no abandonó la filosofía (cfr. Soler Planas 1973, 28).

La vocación filosófica de Marías se vio inmediatamente probada en las lecciones informales sobre la *Historia de la filosofía* que dio a algunas de sus colegas en el año 1933; debido a la falta de un curso general de historia de la filosofía como se lee en el prólogo a la traducción inglesa de la *Historia de la filosofía*:

> En aquella facultad admirable […] no había ningún curso general de Historia de la Filosofía, lo que se llama en inglés *survey*, ni siquiera se estudiaba en su conjunto una gran época. Y había que pasar un examen –se llamaba entonces «examen intermedio». […] Un grupo de muchachas estudiantes, de dieciocho a veinte años, compañeras mías, amigas muy próximas, me pidieron que les ayudara a preparar ese examen. Era en octubre de 1933; tenía yo diecinueve años y estaba en el tercero de mis estudios universitarios –era lo que se llama en los Estados Unidos un «júnior»–; pero había seguido los cursos de mis maestros y había leído vorazmente no pocos libros de filosofía. Se organizó un curso privadísimo, en alguna de las aulas de la Residencia de Señoritas, que dirigía María de Maeztu. La clase se reunía

cuando podíamos, con frecuencia los domingos, dos o tres horas por la mañana. Las muchachas tuvieron considerable éxito en los exámenes, con no poca sorpresa de los profesores; al año siguiente, algunas más, que tenían pendiente el mismo examen, me pidieron que volviera a organizar el curso (Marías 1967b, XXXV).

Esta experiencia como profesor improvisado[44] tendrá para Marías consecuencias importantes entre las que destaca la publicación de su primer libro –como hemos visto– *Historia de la filosofía*, con el prólogo de Zubiri, el cual se refiere con gran orgullo al camino intelectual de su joven discípulo:

> Asistí a sus primeras curiosidades, guié sus primeros pasos, enderecé algunas veces sus senderos. Al despedirme de usted, ya en vías de madurez, lo hice con la paz y el sosiego de quien siente haber cumplido una parcela de la misión que Dios le asignó en este mundo (Marías 1967, XXIII).

Se debe recordar que Zubiri era parte de aquel grupo de intelectuales de la Escuela de Madrid[45] que en la investigación filosófica compartían la preocupación en torno al tema del problema de la vida humana, de la persona humana y la realidad radical. La capacidad pedagógica de Zubiri y su pasión por la enseñanza hacen que Marías vea en él un maestro a seguir (cfr. Marías 1969b, 489), que –como subraya Savignano– se ve evidenciado en algunos temas que el discípulo trata detalladamente

---

[44]   Marías afirma que además de la calidad de las enseñanzas recibidas en Historia de la Filosofía y Ética por parte de Zubiri y Morente respectivamente, un aporte fundamental para la realización de su *Historia de la filosofía* fue la experiencia personal de las «lecciones clandestinas», que define como raíz principal para la construcción de su primera obra (cfr. Marías 1989b, 140).

[45]   «En ella José Ortega y Gasset era reconocido como maestro común, Manuel García Morente fungía de decano, mientras que Xavier Zubiri y José Gaos representaban dos jóvenes promesas» (Marquínez Argote 2004, 98).

en su manual de filosofía, por ejemplo aquel de la inteligencia y del ser (cfr. Savignano 2016, 200-201). Marías encontró en Zubiri un rigor y una capacidad inigualable en la investigación filosófica (cfr. Marías 1969b, 487ss). Se podría decir, e incluso firmar, que fue en Zubiri que Marías descubrió la categoría de *instalación*, que será para él un tema fundamental para dar forma a su *Antropología metafísica*. Esta amistad intelectual entre ambos es el motivo por el cual Zubiri será el director de la tesis doctoral de Marías.

El día de la discusión de la tesis de su discípulo, Zubiri no se presentó, –porque era conciente que la comisión examinadora tenía posiciones políticas e ideológicas opuestas a la suyas– y porque, según él, su presencia podía ser motivo de suspensión de la tesis de Marías; se limitó entonces a enviar una carta elogiando el trabajo desarrollado por su discípulo, pero la tesis de todas maneras fue suspendida y rechazada (cfr. Savignano 2016, 185).

La suspensión de la tesis doctoral se dio por parte de un tribunal en línea con la dictadura franquista que, a su vez, era contraria a las ideas de Ortega y de Zubiri y por tanto, a las ideas todos aquellos que se llamasen sus discípulos. Como afirma Úcar: «Una intriga del dominico Manuel Barbado desemboca en el hecho insólito de suspenso de una tesis doctoral a un joven altamente prometedor pero que no oculta ser discípulo de Ortega y Gasset y de Zubiri» (San Baldomero Úcar 1999, 712). Por esta situación ninguno de los dos maestros de Marías enseñará más en público, el primero por causa del exilio, el segundo por la destitución de la cátedra en la Universidad de Barcelona. Se debe subrayar, en honor a la verdad, que entre los jueces de aquella comisión estaba también García Morente, quen fue el único en no firmar la suspensión de la tesis, defendiendo de esta manera el brillante trabajo desarrollado por Marías (cfr. Marías 1989b, 321).

Además de Zubiri, el maestro más influyente, del cual Marías no se separó nunca, fue Ortega (cfr. Díaz Díaz 1995, 186).

Esta filiación intelectual llevará a Marías a defenderlo abiertamente en la obra *Ortega y las tres antípodas. Un ejemplo de intriga intelectual* (1950). Esta posición de Marías Zubiri la observó como un gesto «ridículo» (cfr. Gracia Guillén 2017, 142). Desde este momento se empieza observar el distanciamiento zubiriano respecto a la teoría orteguiana y, por tanto, se hace visible el deterioro de la relación con los discípulos de Ortega.

Dicho distanciamiento se hace evidente también por parte de Ortega alrededor del año 1953, que, con una carta, pide explícitamente a Marías no encontrarse más con Zubiri, porque entre ellos hay todavía «un tema difícil de tratar». Diego Gracia, amigo cercano de Zubiri, observa cómo esto es debido a un acto de infidelidad intelectual por parte de Zubiri (cfr. Gracia Guillén 2017, 142). Esta petición por parte del maestro, además de la discordancia en el pensamiento, hacen que entre los dos filósofos se inicie un distanciamiento intelectual, porque Zubiri continúa su propio camino de investigación metafísico sobre la realidad, mientras Marías continúa profundizando las teorías orteguianas, al mismo tiempo que inicia la formación de su propio pensamiento (cfr. Russo 2003, 617).

El distanciamiento físico e intelectual entre el maestro y el discípulo era inevitable porque Zubiri continuó su investigación sobre la realidad partiendo, como se ha visto, desde la nuda realidad accesible por medio de la inteligencia sentiente; mientras Marías decidió continuar en la línea de la razón vital del maestro, que llevó al discípulo a tomar aquel camino personal gracias al cual llegaría a teorizar *la estructura empírica de la vida humana* como fundamento de una antropología metafísica. Como afirma de Nigris:

> Julián Marías, discípulo de Ortega, ha contribuido de forma decisiva para que el nivel filosófico implícito en esta fórmula alcanzara su plenitud. Su metafísica de la persona es un

ejemplo de reabsorción de la circunstancia, de integración de las perspectivas, de conservación y superación de la obra del maestro. Una de las innovaciones decisivas de Julián Marías, es el descubrimiento de la «estructura empírica» de la vida humana (De Nigris 2012, 631).

La filiación de Marías a Ortega

La construcción antropológico-metafísica de la vida humana en Marías –afirma de Nigris–, respecto a la perspectiva filosófica del maestro Ortega, se observa en dos aspectos: «conservación y superación». Dicha superación no significa cancelar o traicionar la filosofía de Ortega, sino más bien una profunda «filiación intelectual». Marías lo explicita en *Introducción a la filosofía* (1947), cuando afirma:

> Este libro está dedicado a mi maestro Ortega. Y tengo que decir que es un libro filial. […] La genealogía intelectual es decisiva, porque la vida intelectual se hace en comunidad; pero en ella, al contrario de la vida civil, es el hijo quien reconoce al padre. El hijo no es padre ni puede serlo, precisamente porque viene de él, y no puede reducirse a él porque lo humano es irreducible […] es decir, se moviliza desde su nivel propio, y por esto la fidelidad a un maestro, lo que podríamos llamar filiación legitima, no es más que inovación (Marías 1962, XXIII).

Tal filiación intelectual permite a Marías elaborar un pensamiento original, asumiendo como propio punto de partida las teorías vitalistas del maestro. El acercamiento antropológico-vitalistico permitirá al joven discípulo desarrollar una nueva reflexión sobre la vida de la persona humana sin limitarse a la perspectiva orteguiana. Como afirma Russo: «Marías iniciará desde las intuiciones de su maestro, pero sabiendo elaborar un pensamiento original y sin ser un servil repetidor»[46] (Russo 2016, 63). Por otra parte, la figura de Marías era necesaria para la difusión y la correcta interpretación del pensamiento de Ortega que, a causa de su exilio, corría el riesgo de ser mal interpretado, como lo evidencia en *Ortega y las tres antípodas* (c. Benítez 1984, 117).

La figura de Ortega es de tal importancia para Marías que no se limita solo al ámbito intelectual porque la investigación filosófica por parte del maestro es una «llamada imperiosa» a ver desde otra perspectiva la realidad que se está viviendo. Esta llamada para Marías se hace evidente en los cuatro aspectos que caracterizan la figura del maestro: su continua formación e información intelectual, su conocimiento de la materia política y social –no solo de la vida española–, la apertura del horizonte intelectual de las mentes españolas, y por último, su rigurosa actividad filosófica que se traduce en la formación de una escuela de filosofía –la Escuela en Madrid– (cfr. Marías 1969a, 332).

Dichas características hacen de Ortega, según Marías, el principal referimiento intelectual y político de la sociedad española y de la filosofía contemporánea porque su vocación lo lleva hacia una rigurosa investigación de la verdad que no es nunca parcial (cfr. Marías 1969a, 333). Marías tenía de frente no solo un gran filósofo, sino también un gran literato como lo era Ortega (cfr. del Agua 1984, 17), que apasionaba a sus los discípulos y los guiaba hacia una nueva forma de hacer filosofía, y esta era la nueva perspectiva de la razón vital.

Marías observa que el modo utilizado por Ortega para salvar la realidad biográfica es pensar la circunstancia como la condición necesaria para instalarse o anclarse en ella, porque en Ortega –como se ha visto– es la circunstanica vital a dar sentido a la propia realidad: «Pensar –esto va a sentir desde el principio el joven Ortega– es precisamente afincarse en la circunstancia, hundirse en ella, usarla como instrumento

---

[46] Traducción propia.

para salvar nuestra propia realidad» (Marías 1969, 322). Con
Marías no se debe solo pensar la propia circunstancia como
aquello en que se está, sino que la circunstancia debe convertirse en la propia circunstancia encarnándola radicalmente en
la propia realidad personal que es la propia vida biográfica y
no solo circunstancial.

Gracias a Ortega, Marías aprendió a transmitir en sus obras
en manera simple y clara los difíciles conceptos filosóficos, res-
petando siempre la profundidad de ellos (cfr. Sánchez 2016,
160). Esto se puede constatar en su primeras obras *Historia de
la filosofía* (1941), *Introducción a la filosofía* (1947) y en *Biografía de la filosofía* (1954), donde el joven filósofo presenta en
manera orgánica y precisa el pensamiento filosófico occidental a
partir de la perspectiva de la razón vital que, para Marías, equivale a una perspectiva metafísica:

> Lo que hizo Ortega fue unir las palabras «vida» y «razón»,
> referir la una a la otra, mostrar que, lejos de ser opuestas e
> inconciliables, son inseparables. En lugar de una «filosofía
> de la vida» o cualquier forma de «existencialismo», inició
> otra cosa bien distinta: una «metafísica según la razón vi-
> tal» (Marías 1962a, 411).

La relación con la filosofía orteguiana se inicia para Marías
con el descubrimiento de la vida como realidad radical. Tal descubrimiento ofrecerá a Marías el horizonte para continuar en
manera sistemática una investigación filosófica sobre la realidad
de la vida humana, que como él mismo afirma, es el punto de
partida de la filosofía orteguiana «[…] la metafísica orteguiana
consiste en buena parte en el descubrimiento de que la realidad
radical –nuestra vida– es ella de por sí sistemática, y por eso
ha de serlo *velis nolis* todo conocimiento real de ella» (Marías
1969a, 335). La teoría de la vida humana como realidad radical
y como idea de la realidad, hace de la filosofía de Ortega una
metafísica, superando el realismo y el idealismo, que buscan

la primacía de la realidad dentro de su propia idea de realidad. Como afirma Marías:

> [Ortega][47] no se limita a mostrar que la realidad primaria no es ni las cosas ni el yo, sino que aquello que descubre como realidad radical no es una tercera cosa, sino algo que no es cosa; esto es, la innovación de Ortega es esencialmente una nueva idea de la realidad (Marías 1969a, 338).

Esa innovación filosófica orteguiana sobre la perspectiva de la realidad, trae consigo el método de la razón vital, en el cual muestra como es la vida misma al dar razón de la circunstancia que está viviendo la persona humana, porque ella es a su vez razón biográfica que se cuenta en manera narrativa (cfr. Ortega y Gasset 1966a, 357). La vida humana en Ortega es comparada a un texto que tiene necesidad de ser interpretado, y eso es interpretado como historicidad por parte del «yo» que está viviendo la propia vida en manera biográfica en cuanto circunstancia que se presenta de frente a un tú como experiencia personal.

Marías con ocasión de la muerte de Ortega, teniendo bien presente la totalidad del pensamiento del maestro, explica el verdadero sentido de la razón vital: la razón no es posible sin la vida, porque la razón es la vida misma que se justifica habitualmente mientras está viviendo la propia circunstancia, que, a su vez, la interpreta como la realidad radical con la cual tiene que hacerse:

> La razón vital: la razón sin la cual no es posible la vida, porque eesta es elegir, decidir, justificar, razonar; la razón que es la vida misma, la conexión vital de las impresiones en que las cosas de mi circunstancia se me presentan (Marías 1969a, 405).

---

[47]   Paréntesis míos.

Por este motivo, la filosofía orteguiana no puede ser una filosofía de la existencia, o una ontología; esa busca más bien la realidad radical que es la vida de cada uno, como la realidad en la cual radican todas las demás realidades (cfr. Marías 1962a, 396). En Ortega entonces, se trata de razón vital y no de teoría vital, desde el momento que la vida es razón de sí y no una posibilidad que se transforma en teoría, como el mismo Marías afirma:

> La metafísica de Ortega no es ontología, porque el ser no es la realidad, sino solo una interpretación de ella, sin duda la más ilustre de la historia. Mientras una gran parte de la filosofía contemporánea nos propone partir del *Dasein* o de la «existencia» para llegar al ser y recaer en una u otra forma de ontología. Ortega nos invita a trascender de toda teoría –incluso del ser– para alcanzar una certidumbre radical acerca de la realidad radical. Y esto es para él metafísica (Marías 1969a, 406).

Antonio Gutiérrez, de acuerdo con la afirmación de Marías, observa como la vida humana –concebida manera biográfica y no solo en manera biológica– es el punto donde se encuentran la filosofía orteguiana y mariasiana, pero, a su vez, donde la filosofía del discípulo Marías se aleja de la teoría general de la vida humana propuesta por el maestro. Es propio desde la teoría de la vida humana, entendida como realidad de radical, que dicha teoría se convierta en una teoría metafísica que se manifiesta en la persona, en cuanto es ella, a dar razón de la propia vida mientras está viviendo:

> La metafísica raciovitalista de la vida como realidad radical acaba consumándose, por tanto, en una hermenéutica racio-biográfica, según la cual, la vida humana, la de cada cual, es la que da razón (razón vital) de todo ser, convirtiéndose, por tanto, en el horizonte último de comprensión (Gutiérrez-Pozo 2012, 84).

Julián Marías define el ser humano como el animal que tiene una vida humana porque su carácter específico se encuentra en la vida biográfica, como afirma Russo:

> Marías propone un camino diverso: la realidad del «hombre» no es inmediata y originaria, sino es la forma concreta en la cual se presenta la realidad radical de mi vida. Es correcto entonces definir el hombre como «animal que tiene una vida humana», y su peculiaridad no se busca ni en la animalidad ni en la subjetividad, sino en el carácter específico de su vida, que es una vida biográfica[48] (Russo 2012, 100).

Russo además observa como la filosofía de Marías sobre la vida humana no inicie de los presupuestos universales de vida que se refieren indistintamente a los vegetales y al hombre, sino que es una filosofía que parte de la realidad radical que se concretiza en «mi» vida, porque es a ella –como declara Marías– que el mundo es referido en cuanto se puede narrar como realidad radicada en la vida de la persona humana:

> Esta vida humana –que no es el «yo», ni el «hombre», ni la «existencia», ni el «Dasein», cuya teoría no es una prope-déutica para la metafísica, sino la metafísica sin más– es el «lugar» o el «área» en que la realidad como tal se constituye (Marías 1969a, 422).

Es exactamente desde este presupuesto orteguiano, la vida humana como realidad radical, donde se inicia la filosofía del joven Marías, particularmente porque extrae de dicha teoría una metafísica que es referida a la realidad concreta de alguien, realidad que es histórica y que pertenece, sobre todo, a un «quién» que es personal (cfr. Russo 2012, 91).

---

[48] Traducción propia.

Si se limita a estudiar solo el «primer»[49] Marías, o sea, la primera parte de su obra, donde predomina la influencia orteguiana, podría parecer por su constante referimiento Ortega, que en el discípulo no hay una filosofía original sobre la vida de la persona humana. Esto sería exactamente la consecuencia de la falta de un estudio riguroso, serio y profundo de la obra filosófica mariasiana en la que se manifiesta una fuerte novedad, sobre todo, en la teoría de la estructura empírica de la vida humana, que se puede observar especialmente en la obra *Antropología metafísica*.

De hecho, en el prólogo de dicha obra Marías anticipa como su investigación sobre la realidad humana y sobre la estructura empírica es la novedad que él ofrece a la filosofía (cfr.Marías 1970, 9). La filosofía de Marías entonces no se podría comprender sin la filosofía de su maestro porque, como se ha visto, Ortega ha sido fundamental para el desarrollo intelectual de su discípulo, pero sin limitar su horizonte de investigación, porque era consciente de que poner un límite hubiese sido traicionar la prospectiva de la propia filosofía.

1. La circunstancialidad de la vida humana entre Ortega y Marías

En 1914 Ortega publica *Meditaciones del Quijote*, en ella el filósofo español presenta su teoría de la circunstancia teoría sobre

---

[49]   Armando Savignano divide la antropología de Marías en tres fases: la primera, claramente orteguiana; la segunda, aquella donde comienza a gestarse el pensamiento maduro de Marías, culminando en su *Antropología metafísica*; por último, el Marías «maduro», donde el centro de reflexión es la persona humana (cfr. Savignano 2016, 201-202).
No estoy de acuerdo en calificar a Marías de personalista, en primer lugar porque el filósofo no estaba del todo de acuerdo con esta posición filosófica, ni tampoco estoy de acuerdo en afirmar que el centro de la filosofía madura de Marías es la persona humana. En cambio, diría –como intentaré demostrar más adelante– que se puede hablar de la filosofía de Julián Marías en términos de una antropología-vital, en la que las diferentes estructuras se manifiestan en un «alguien» concreto, como «quién» personal.

la cual Marías, frecuentando la lecciones de Metafísica de su maestro alrededor de los años 30, empieza construir su propia y verdadera filosofía. El curso de Metafísica de Ortega, comenta Marías, por la novedad que representaba era fascinante (cfr. Marías 1969a, XXXIV), era, de hecho, una filosofía que estaba naciendo como un pensamiento creativo y original (cfr. Ortega y Gasset 1970, 7), fundado sobre la verdad que la metafísica ofrece a la vida humana.

En España con la influencia de la filosofía orteguiana se empieza a crear una metafísica de la realidad principal del ser humano, o sea, de la propia vida, la cual busca descubrirse en manera real, y esta realidad no es otra que su propia circunstancia. Como el mismo Ortega afirma: «El ser del hombre es lo que este suela llamar vida. Ahora bien, la vida de cada cual consiste, por lo pronto, en que se encuentra teniendo que existir en una circunstancia» (Ortega y Gasset 1970, 121).

Ortega comienza a hacer metafísica desde la realidad vital del «yo», que está instalado en su circunstancia; por tanto la filosofía metafísica orteguiana y mariasiana tienen la vida humana como la realidad radical y fundamento de las otras realidades (cfr. Marías 1969b, 335). Respecto a ello, Savignano adjunta otro valor a la metafísica, demostrar una cierta insuficiencia de la estructura del idealismo:

> En las lecciones de metafísica Ortega [...] parte precisamente de la realidad radical de la vida circunstancial para mostrar la insuficiencia de la actitud idealista, que refuta dialécticamente, volviéndola contra sí misma y mostrando su carácter meramente hipotético[50] (Savignano 1996, 68).

El idealismo no consideraba como realidad constitutiva la exterioridad o la circunstancia del «yo» respecto a su realidad

---

[50]   Traducción propia.

circunstancial, y esta separación es vista no solo por Ortega sino también por su discípulo como un error que dividía la integralidad y la totalidad del ser humano «El error del idealismo fuee el identificar el ego con sus cogitationes y oponer a éstas las cosas extensas» (Marías 1947, 237). El «yo» para el idealismo, explica Marías, se encontraba en su realidad dudosa oponiéndose ontológicamente a la realidad vital en la cual se encontraba viviendo; de esta manera se metían en acto dos momentos diversos de una sola realidad, es por ello que en el idealismo la realidad ontológica del «yo» no dialoga con su realidad vital, porque dicha teoría no permite al «yo» instalarse en su vida para vivir su circunstancia.

La vida del ser humano se desarrolla en el ámbito de la realidad circunstancial en la cual ella está radicada, y dicha realidad, no es y ni puede ser en la teoría de Marías una cosa separada del «yo», porque es en ella donde el ser humano está viviendo la propia vida. La realidad, entonces, no puede ser extraña al «yo», esa es connatural a su presencialidad, como el lugar donde se desarrolla y se realiza la vida de quien la está viviendo.

Marías comparte la definición de la realidad radical orteguiana, las cual es, sobre todo, posibilidad de encuentro personal con el otro (cfr. Ortega y Gasset 1970, 103), encuentro que es posible gracias a la realidad radical en la cual se encuentra instalado el ser humano. El discípulo orteguiano entiende la realidad radical como aquello que le está sucediendo a la persona humana en la circunstancia que está viviendo.

En la realidad circunstancial el ser humano se hace con las cosas en cuanto realidad, porque esas tienen la propia raíz en la realidad misma: «Realidad radical es aquella en que tienen su raíz todas las demás, es decir, en que aparecen en cualquier forma como realidades, y por eso las "encuentro" y tengo que habérmelas con ellas» (Marías 1954, 38). La realidad radical es para Marías «mi» vida que acontece circunstancialmente, y es en ella que encuentran sentido todas las demás realidades,

porque «mi» vida es manifestación de la realidad en el quehacer del aquí y ahora.

La persona humana no debe ser cosificada en la propia circunstancia, porque la persona es aquella realidad que da sentido a la realidad misma, por ello en la realidad debe haber una
«*epochè*» para encontrar la «nuda realidad así como es» y las
cosas así como son. Marías, de hecho, quiere comenzar desde la
realidad metafísica del ser humano que no se opone a la realidad
de la circunstancia evidenciado por su maestro, de hecho, quiere
indagar sobre la estructura de la vida de la persona humana con
el método de la razón vital para fundar así la propia antropología metafísica, como él mismo afirma: «Las dos ideas que he
distinguido –la de la vida y la de la razón vital– son insepara-
bles. Juntas constituyen la original peculiaridad de la filosofía
de Ortega» (Marías 1969b, 381).

2. La vida como realidad radical

La realidad, afirma Marías, es el fundamento o la vocación de
la metafísica, porque hacer metafísica es tener una prospectiva
o una idea de la realidad misma (cfr. Marías 1969b, 417), por tal
motivo, la realidad radical de Ortega, vista desde su discípulo
Marías, no es una cosa, porque ni la vida es cosa ni tampoco lo
es el ser humano. De hecho, la realidad es simplemente la vida
que es referida a un «quién», en el cual radican todas las otras
realidades.

Esta posición, como se ha visto, es diversa del realismo que
observa la realidad considerada como externa al «yo» e independiente de ello en cuanto realidad (cfr. Marías 1967, 434).
Frente a esta perspectiva ambiguamente «objetiva» de realidad
que propone el realismo, Marías observa como la teoría de la
realidad orteguiana es una superación, porque en ella no se opo-
nen la realidad de la cosa a la realidad del «yo», sino que se

observa la realidad como totalidad que se manifiesta en la vida
en cuanto circunstancia:

> La verdadera realidad primaria –la realidad radical– es la
> del yo con las cosas. Yo soy yo y mi circunstancia –escribia
> Ortega ya en su primer libro en 1914–. Y no se trata de dos
> elementos –yo y cosas– separables, al menos en principio,
> que se encuentren juntos por azar, sino que la realidad radi-
> cal es ese quehacer del yo con las cosas, que llamamos la
> vida. Lo que el hombre hace con las cosas es vivir (Marías
> 1967, 441).

Marías explicando la teoria orteguiana, indica que aquella
acción primaria del ser humano que es vivir, el hombre mismo
la realiza juanto las cosas en la realidad radical de la vida. Y
esto porque la vida es la realidad primaria del ser humano, y
es en ella que él se encuentra viviendo con las cosas y con el
mundo.

La innovación metafísica de Ortega es la idea de realidad
pensada como el *quehacer* del ser humano, más bien que como
una simple cosa. Teniendo esto presente, se puede afirmar que
el maestro español se aleja del racionalismo porque el fin de
este último es conocer todo por medio de la razón, mientras el
método es la razón vital es una experiencia de la realidad por
parte de la persona que está viviendo. Por ello Ortega afirma:
«Mi ideología no va contra la razón, puesto que no admite otro
modo de conocimiento teorético que ella: va solo contra el racionalismo» (Ortega y Gasset 2005b, 718). La vida en cuanto realidad en la cual está radicado del ser humano, puede ser
conocida solo por medio de la experiencia de aquella realidad
que es la vida misma, que se manifiesta en la relación personal
mientras se está viviendo.

De esa manera Ortega se aleja también de la fenomenología,
porque la vida no se hace fuera de la realidad que es el mundo y
las cosas, más bien se realiza con esas. La vida, como es sabido,

es para Marías aquella realidad donde radican y encuentran sentido las otras realidades: «Ni las cosas solas, ni el yo solo, sino el quehacer del yo con las cosas, o sea la vida» (Marías 1967, 442). Para Marías no se trata entonces de analizar la realidad fuera de la experiencia del «yo», si no salvar aquella circunstancia del «yo» en cuanto es su realidad radical.

El hecho de que la realidad sea radical no hace de ella la única realidad, porque se iría a terminar de nuevo en una especie de fenomenología de la vida que sea radical, más bien quiere decir que ella radica en la vida en cuanto momento de ella. La realidad es vital porque radica en la vida humana, y es en ella, en cuanto momento del vivir, que el ser humano la colma de sentido. Las cosas y el «yo» son un momento, una circunstancia, que no divide la realidad, sino que la coloca en un cuadro más amplio que es la vida:

> Radical no quiere decir «única», ni «la más importante»: quiere decir simplemente lo que significa: realidad en que radican o arraigan todas las demás. La realidad de las cosas o la del yo será en la vida como un momento de ella (Marías 1967, 442).

Marías interpreta la realidad vital orteguiana como fundamento de las otras realidades, de hecho, la vida humana es el «*locus*» en el cuál la realidad del ser humano acontece y se realiza. La metafísica de la realidad radical en filosofía mariasiana, mantiene el carácter novedoso de Ortega al observar la instalación de la persona humana en la realidad que todavía no es, en cuanto ser futurizo, que para los dos filósofos es condición de posibilidad para proyectar el futuro desde el presente que se está viviendo.

3. Historicidad y naturaleza

Para el discipulo de Ortega el problema del ser humano en la teoría de su maestro debe ser analizado en relación a la historia que el ser humano mismo está haciendo mientras-está-viviendo. Por este motivo Marías afirma que la historia, o sea, aquello que la persona humana asume como la propia vida, es su realidad radical. Por ello, en Ortega se observa una diferencia entre la vida –como realidad definida y dada– y la historia –como suceso de hechos– que se da en la vida humana. La historia es aquello que el ser humano construye en su vivir y aquello que está decidiendo ser en la propia vida como su fundamento biográfico.

Este cambio antropológico en la teoría de Ortega es la tentativa de dar una respuesta al problema del hombre, no desde el punto de vista de las ciencias físicas, como evidencia Marcos Fernández, sino desde la perspectiva histórica como raíz del ser humano:

> Es claro que el filósofo español va contra una tradición sustancialista que entendía que el hombre tenía una suerte de naturaleza dada, fija inmutable, y su frase «el hombre no tiene naturaleza» es principalmente una reacción polémica contra dicha tradición. Cuando Ortega afirma que el hombre no tiene naturaleza, debemos entender que se refiere a naturaleza en un sentido fisicalista, es decir, a la naturaleza entendida como un ser permanente idéntico a sí mismo, la naturaleza según el modelo físico de la ciencia de Galileo, Newton, y Descartes (Fernández 2020, 81).

Para el maestro español, historia y vida no son sinónimos, para él la segunda es fundamento de la primera, o dicho de otra manera, para que exista una historia esa tiene que ser referida a algo concreto, o sea, a «mi» vida. La vida humana entonces no es una ciencia que se busca sí misma, porque es una experiencia que se hace en la realidad, que se cuenta en la historicidad del vivir de la persona humana, y que muestra biográficamente su presencia en manera de narración.

La historia en la persona humana se puede comprender como su personalísimo producto, porque es el fruto del *quehacer* en la realidad del ser humano que hace su propia historia, no quedándose en ella sino viviendo en ella. Como firmó Ortega: «[…] el hombre no tiene naturaleza, sino que tiene… historia. O, lo que es igual: lo que la naturaleza es a las cosas, es la historia –como *res gestae*– al hombre» (cfr. Ortega y Gasset 1964a, 41). La persona humana cuenta la propia historia en manera biográfica mientras está viviendo la historia misma, o sea, mientras está forjando la propia vida como el lugar, el «*donde*» esa se manifiesta:

> Ortega seguirá explicando en ensimismamiento y alteración que el hombre no nace racional, ni social, ni con ninguna de las certificaciones que se le han querido dar. Para Ortega el hombre no es propiamente nada, sino que es lo que llega hacer. Esta argumentación hacía a Ortega tomar distancia respecto un cierto progresismo que reinaba en su época, declarando que «a diferencia de los demás seres del universo, el hombre no es nunca seguramente hombre, sino que ser hombre significa, precisamente, estar siempre a punto de no serlo, ser viviente problema» (Fernández 2020, 80).

Contrariamente acontece en la antropología mariasiana, porque en ella no se analiza la realidad general de ser humano, sino a una realidad más concreta y más «íntima», la realidad de la persona humana, y esto es una perspectiva diferente respecto Ortega. Marías, de hecho, afirma que el ser humano es persona, pero no todo aquello que está en el hombre es personal, porque hay acciones o situaciones que lo despersonalizan:

> El hombre es persona, pero no todo en él es personal; lejos de ello, está sujeto a múltiples formas de despersonalización. La inseguridad que pertenece a la vida humana afecta

primariamente a su condición personal. Esta, como todo lo
demás, se da en diversos grados; más aún tiene argumento,
y por tanto historia (Marías 2010, 12).

En la persona humana la historia está hecha de eventos ya
sucedidos y que terminan en el pasado, pero la persona como
no es solo historia, narra la historia en la propia presencia, ab-
sorviéndola como el destino que le es propio y esto quiere decir
personalizándola. La vida de la persona humana está hecha por
la historia, pero ello no significa que ella sea historia, en el ser
humano –según Marías– no se debe hablar de historia sino de
historicidad, la cual se narra biográficamente en la presencia de
la persona. Para Ortega, por el contrario, no hay una naturaleza
humana sino una historia que es humana:

> Descartes mismo escribió ya un *Tratado del hombre*. Pero
> hoy sabemos que todos los portentos, en principio inagota-
> bles, de las ciencias naturales se detendrán siempre ante la
> extraña realidad que es la vida humana. ¿Por qué? […] La
> causa tiene que ser profunda y radical; tal vez, nada menos
> que esto: que el hombre no es una cosa, que es falso hablar
> de la naturaleza humana, que el hombre no tiene natura-
> leza. […] La vida humana, por lo visto, no es una cosa,
> no tiene una naturaleza, y, en consecuencia, es preciso re-
> solverse a pensarla con categorías, con conceptos radical-
> mente distintos de los que nos aclaran los fenómenos de la
> materia (cfr. Ortega y Gasset 2006f).

Es evidente que, para entender en profundidad la realidad,
el ser humano debe cambiar las categorías con las cuales hacer
referimeinto a él, porque la persona no es solo inteligencia o
racionalidad como se ha visto ya en Zubiri, y por tanto se debe
decir que con Ortega que no es solo naturaleza, ella, la realidad
del ser humano es historia, y esta es, para del maestro español,

una categoría intrínseca a la realidad radical del ser humano. Como observa Fernández:

> El principal problema de entender al hombre como animal racional es que no se lo entiende como ser histórico, no se atisba de dónde viene este ser: «para Descartes el hombre es un puro ente racional incapaz de variación: de aquí que le parezca la historia como la historia de lo inhumano en el hombre». Aproximarse como Descartes al hombre es fijarnos solo en su naturaleza, que es precisamente lo que no es propiamente humano, «lo inhumano» del hombre (Fernández 2020, 71).

Cuando se habla de historia se hace referencia a aquello que ha sucedido y que ha quedado en el pasado; pero el ser humano en cuanto presencia que se hace en el presente –como se verá más adelante– no es solo algo que ha sucedido en el pasado, y por tanto no es solo un evento histórico, él es, sobre todo, una realidad que está aconteciendo, realidad en la cual él mismo está haciendo la propia historia que se realiza personalmente solo de manera futuriza. El ser humano es *quehacer*, es una realidad dinámica que se hace en la realidad de la propia vida, en aquella vida que encuentra el horizonte solo cuando se proyecta hacia el futuro, porque, es solo en referencia a eso –como se lee en Ortega– que la persona humana decide quién quiere ser:

> La vida es un gerundio y no un participio: un *faciendum* y no un *factum*. La vida es quehacer. La vida, en efecto, da mucho que hacer. [...] Pero el hombre no solo tiene que hacerse a sí mismo, sino que lo más grave que tiene que hacer es determinar lo que va a ser (Ortega y Gasset 1964a, 33).

Para el discípulo orteguiano, el ser humano, se manifiesta en la estructura de la temporalidad ya que la temporalidad es el fundamento de la historia y esta se exprime en el ser presencia de la persona humana. Sobre la base de la relación que lleva adelante Ortega entre naturaleza e historia[51], se puede deducir que el ser humano no puede ser reducido solo a la historia, porque ella no tiene cuenta de aquello que la persona está proyectando es el futuro.

La historia no aferra el aspecto irreal del proyecto de la persona humana, en el cual ella proyecta quien quiere ser; por eso es necesario, como afirma Marías, una nueva ontología en la cual se pueda observar la totalidad de la persona: «Lo decisivo es la inclusión de la irrealidad en la realidad de la persona. Esto basta para exigir una nueva «ontologia» […] para entender la persona» (Marías 1996, 136). De hecho, para el discipulo orteguiano, la persona en no es solo historia, ella es sobre todo un ser futurizo que se narra biográficamente en la propia presencia que está siendo aquí ahora. La filosofía de Marías empieza en el vitalismo orteguiano pero no se queda en él, porque no quiere permanecer anclada –según Russo– en el historicismo del maestro:

> El horizonte de referencia es el vitalismo de Ortega, aquella filosofia concreta, que aborda la historia de cada uno y que tiene la narración como forma expresiva. Sin embargo, él [Marías][52] considera necesario ir más allá y llenar el vacío que ve en el pensamiento de su maestro: la ausencia de un anillo de conjunción para pasar de una teoría analítica de la vida al método de la narración biográfica»[53] (Russo 2012, 91).

---

[51] La relación formal de la cual habla Ortega es naturaleza, cosas, historia, ser humano (cfr. Ortega y Gasset 1964b, 41).

[52] Paréntesis míos.

[53] Traducción propia.

La presencialidad de la persona es el evento donde se narra la vida que la persona humana está viviendo en tanto que se proyecta hacia delante. Este proyectar del ser humano en cuanto que «*homo faber*» en Ortega se entiende como un «*faciendum*» y, por tanto, como quehacer. Russo, de hecho, observa que el «*homo faber*»[54] crea y proyecta no solo objetos sino, sobre todo, sí mismo y con ello el propio futuro, esto debido a la insatisfacción por su natural circunstancia:

> La naturaleza no es algo ya dado, sino algo que se hace gracias a la acción personal, que hace posible la realización de un proyecto. En este sentido Ortega habla de *homo faber*, incluyendo en esta noción no solamente la posibilidad de fabricar objetos, sino también la creación espiritual, es decir la creación de sí mismo a través de la libertad. La creación exterior no es sino reflejo de la creación interior. En su planteamiento, Ortega pone en evidencia la relación de la técnica con la estructura misma del ser humano, en su dialéctica de intimidad y apertura, que le lleva a estar insatisfecho de la circunstancia natural, a la que pertenece solo parcialmente, a reflexionar sobre ella y a intentar realizar su circunstancia según sus proyectos. Por esto, para Ortega, habrá tantos tipos diferentes de técnicas como de proyectos humanos (Russo 2009, 622),

Como se verá con Marías, la persona humana no es solo historia sino un proyecto que se narra biográficamente en la presencia de *quién* está presente por su ser futurizo[55]: «Pues

[54] Es interesante observar en este artículo la estudioso se concentra en el tema de la técnica que aparece en la obra *Meditación de la técnica* (1933). Russo destaca cómo en el ser humano la técnica –desde la perspectiva orteguiana– crea no solo objetos, sino también y sobre todo, que gracias a ella, el ser humano crea lo que aún no es, es decir, lo que quiere ser.

[55] El concepto futurizo hace referencia a un posible futuro que se está forjando «aquí y ahora». Esto es un carácter propio de la persona humana, con el que ella se proyecta hacia el futuro.

bien, yo soy futurizo: presente, pero orientado al furturo, vuelto a él, proyectado hacia él» (Marías 1982, 21). Esta superación del discípulo respecto al maestro muestra cómo es el ser humano al dar sentido a la circunstancia en la cual está viviendo, o más bien cómo el ser humano en cuanto *quehacer* se está haciendo siempre en la historia por medio de su presencia, que se desarrolla en el presente y desde la cual se proyecta hacia el futuro.

3.1. El ser humano siendo historicidad

En el pensamiento mariasiano el hombre –aquí y ahora– es sobre todo aquello que todavía no es en el momento que está siendo. Esta perspectiva es diversa respecto a la de Ortega para el cual el futuro del hombre se inicia en el aquí y el ahora de su vida (cfr. Ortega y Gasset 1964b, 41). Marías no permanece en el historicismo del maestro, lo supera dando al ser humano un carácter dinámico frente a la realidad, en la cual, la persona no permanece anclada en el pasado como si fuese solo una historia que acontece, como se observa en Ortega:

> El hombre «va siendo» y «des-siendo» –viviendo. Va acumulando ser– el pasado –se va haciendo un ser en la serie dialéctica de sus experiencias. Esta dialéctica no es de la razón lógica, sino precisamente de la histórica. […] Ahí está, esperando nuestro estudio, el auténtico «ser» del hombre –tendido a lo largo de su pasado. El hombre es lo que le ha pasado, lo que ha hecho (Ortega y Gasset 1964b, 41).

Gracias a este alejamiento del historicismo del maestro, Marías concibe la historicidad de la persona humana como una narración que acaece en el presente, y es en este presente en el que el ser humano hace la propia historia, no permaneciendo en ella, sino proyectándose con ella. El ser humano está siempre *siendo*, no de manera agónica sino de manera dramática, por que es en la dramaticidad del vivir aquí y ahora, que el ser humano tiene que vérselas con la circunstancia, que no es más circunstancia o historia sino una realidad radical en la cual él vive y se proyecta.

Respecto a este historicismo orteguiano, Alain Guy afirma que el ser humano no puede ser un hecho histórico, porque con el propio pensamiento del ser humano construye y proyecta la propia historicidad narrandola biográficamente en el presente, y anticipando así la realidad futura (cfr. Guy 1983, 295). La historia del ser humano no es un hecho sino un hacerse con la temporalidad, porque es en ella en la que él está aconteciendo radicalmente en cuanto ser temporal.

La vida de la persona humana en Ortega es una realidad que no se constituye de naturaleza, sino de su historia. La vida humana, afirma el maestro español, debe ser pensada con conceptos diversos respecto a aquellos de la materia, porque se podría correr el riesgo de convertir la vida humana en un hecho pasado que simplemente ha sido: «La vida humana, por lo visto, no es una cosa, no tiene una naturaleza, y, en consecuencia, es preciso resolverse a pensarla con categorías, con conceptos radicalmente distintos de los que nos aclaran los fenómenos de la materia» (Ortega y Gasset,1964b, 25). Las categorías con las cuales se debe leer la vida humana para Marías son aquellas que forman parte de la estructura empírica: la temporalidad, la mortalidad, la sexualidad; que son sustanciales y radicales respecto a la vida misma. Como declara Guy:

> estos elementos, que no son requisitos propiamente dichos, de nuestra vida, pero que pertenecen de manera estable a nuestras vidas concretas y personales, constituyen la estructura empírica de la vida humana, relativamente permanentemente y cambiante a la vez (Guy 1983, 305).

Tales «requisitos» en cuanto empíricos, hacen que el «yo» pueda experimentar al «tú», en la propia presencia que será temporalmente en la realidad biográfica.

La historia en sí no pertenece a la persona humana, aquello que más bien pertenece a ella es la historicidad que, absorbida y narrada biográficamente en la propia vida, se convierte en su destino y en su realidad radical. Es cierto que la teoría de la razón vital de Ortega fue para Marías un camino seguro, sobre todo en los primeros años, para la construcción del propio pensamiento; pero Marías decidió no permanecer en la razón vital, ni en el historicismo orteguiano, porque vio que en la persona humana no existían solo pasado y presente, sino, sobre todo, aquello que todavía no es el futuro, superando así las tesis del maestro con la propia metafísica antropológica:

> Es innegable que en varios pasajes de la obra de Marías la cuestión de la naturaleza humana aparece como un punto no resuelto del todo. Si por un lado él rechaza el historicismo orteguiano, en su consideración del hombre como «quehacer» pura historia, y afirma que el hombre «no es naturaleza, pero tiene naturaleza», también se distancia a su vez de una idea «cosificante» de la naturaleza, entendida como algo estático y dado. Su miedo es la aplicación de una concepción naturalista de la naturaleza al hombre, que él cree que es la base de muchos malentendidos en la historia del pensamiento, mientras que es importante captar la versatilidad de este término, distinguiendo entre naturaleza en general y naturaleza humana, y en esta última entre lo que es dinámico e histórico y lo que permanece estable[56] (Russo 2012, 176-177).

---

[56] Traducción propia.

La antropología mariasiana

La filosofía española, especialmente con la generación del 98, ha puesto su atención sobre la realidad de la vida humana, proponiendo con Ortega una nueva visión filosófica impregnada de la razón vital, teoría en la cual la vida que está viviendo la persona humana es el centro de la realidad. Con la doctrina de la razón vital, en la cual está la co-implicación del «yo» con las cosas; Ortega, según Abellán, ofrece otra perspectiva a la realidad de la persona humana: «la postura de Ortega dará un paso más allá haciendo ver la co-implicación del yo y las cosas, donde el «yo» no es simple conciencia cognoscente, sino un sujeto activo que interviene en el mundo» (Abellán 1991,194-195).

El «yo» en Ortega es ejecutivo, dinámico porque «*co-implica*» la realidad personal con la realidad circunstancial. En su dinamismo la división que se observaba entre los dos corrientes filosóficas precedentes es superada por el maestro español con la ayuda de la fenomenología, anclando en ella el tema de la vida humana como realidad radical del «yo». Con Ortega la posibilidad de una filosofía española de estilo europeo parece realizarse, su pensamiento y su método abren las puertas no solo una nueva manera hacer filosofía, sino a otra perspectiva de ver la metafísica. Por tanto en Ortega se puede hablar de una metafísica racio-vitalista (cfr. Abellán 1991, 197), en la cual la razón y la vida se co-implican y se manifiestan en la realidad radical que es la vida individual.

Marías se encuentra este ambiente filosófico: por un lado la contemporaneidad que se mueve entre el existencialismo heideggeriano y la fenomenología husserliana, y por otro lado, el maestro Ortega, con su realidad circunstancial que es la vida individual manifiesta en la historicidad del ser humano. Marías vive en este contexto y elabora una filosofía que tiene su base en el carácter empírico de la vida humana individual.

1. Vivir es la metafísica de la realidad radical

Como se ha visto, Ortega compara la vida humana a un texto que en cuanto tal debe ser interpretado, a este punto se puede preguntar: ¿es posible interpretar la vida humana como un texto que se está escribiendo, o sea, se puede interpretar la vida mientra se está viviendo? Abellán trata de dar una respuesta desde la vida misma:

> El ser es ya una interpretación de la realidad, y no la realidad misma, para acceder a esta en su máxima radicalidad tenemos que partir de lo que «hay» sin interpretaciones previas, lo cual es sumamente difícil porque la realidad está siempre siendo pensada por el hombre y sometida *velis nolis* a una interpretación (Abellán 1991, 336).

El ser del *estar-en-el-mundo* del cual habla la filosofía heideggeriana no es para Marías el modo más apto para interpretar y comentar la vida humana, porque el ser es ya una interpretación de la realidad, se debe más bien comenzar desde la realidad radical en cuanto fundamento de la realidad del ser. Un ejemplo claro es la figura de don Quijote cuando deja su propia tierra (cfr. Cervantes Saavedra 2004, 35), él mismo comienza a interpretar la propia vida como caballero mientras la está viviendo, o sea, interpreta la vida en general a partir de la vida que es la propia realidad radical.

La experiencia vivida por ser humano puede ser narrada solo de manera biográfica, por esto la realidad radical es condición de posibilidad para vivir, porque es en el estar viviendo de la persona humana donde las posibilidades se convierten en proyecto de la realidad. Como afirma Marías: «Solo un horizonte de posibilidades hace efectivamente posible la vida, una figura de mundo con la que puedo contar» (Marías 1969b, 245). La vida del ser humano solo puede ser comentada cuando se está viviendo en primera persona, porque el carácter singular de la vida humana es el pertenecer a alguien, y es por este motivo que se puede hablar de una narración biográfica, porque el «yo» narra desde su presencia aquello que está sucediendo en la propia realidad.

La vida humana es la realidad radical; en ella el «yo», es *quehacer* con las cosas que están en su circunstancia, y solo cuando el ser humano está viviendo la propia realidad personal en la realidad vital tiene acceso a la verdadera metafísica de la vida que acontece en la propia realidad radical. Esta realidad radical, constituida por el «yo» y su mundo, afirma Marías, es la metafísica desde la cual el ser humano busca su propio horizonte: «la teoría de la vida humana no es una preparación o propedéutica para la metafísica, ni una fundamentación de esta, sino que es desde luego la metafísica, es decir, la busca de la certidumbre radical acerca de la realidad radical» (Marías 1962a, 397). La metafísica mariasiana, comienza según Abellán, en «mi» vida entendida como metafísica: «Es básica en el pensamiento de Marías la convicción de que solo será posible una verdadera y autentica metafisica si accedemos a una realidad radical. [...] Y esa realidad no puede ser otra que mi vida» (Abellán 1991, 336). Por este motivo, con tanta insistencia, se habla de la propia o de «mi» vida, porque es a ella que las otras realidades están referidas.

La «realidad radical» se lleva a cabo solo en el vivir el propio presente que se manifiesta la presencia de la persona humana en la cual se narra la realidad como aquel *quehacer* que es la vida humana misma. La vida humana es una narración debido al carácter biográfico del ser humano, que no es una historia pasada, sino historicidad en su hacerse con la vida misma. La persona humana se narra en primera persona, no como si fuese el «yo» fundamento de la realidad, sino como aquella persona que está viviendo en la realidad que es el fundamento del «yo», de su vida.

En el ser humano se puede decir que existen dos posibilidades: ser interpretación de la realidad o vivir la propia realidad radical, y ser el comentario de ella en la presencialidad, porque la presencialidad biográfica de la persona humana es manifestación del pasado y del futuro en el presente que se está viviendo.

Vivir y ser presencia no deben ser entendidos como momentos diversos entre ellos, porque vienen absorbidos en la vida de la persona humana cuando ella está viviendo aquí y ahora. La vida humana, entonces, se convierte en la realidad radical de alguien que es un «*quién*», para el cual vivir significa absorver como destino la realidad en la cual está viviendo.

El análisis de la realidad en cuanto tal es tarea de la metafísica, que inicia la propia investigación desde la realidad radical en la cual se encuentra «mi» vida como afirma Carpintero: «El estudio de su carácter de realidad radical es, pues, al mismo tiempo, estudio de lo real en cuanto tal, y esto es lo que desde Grecia se ha venido llamando Metafísica» (Carpintero 1967 207). Lo real en Ortega viene a ser la circunstancia en que se encuentra el «yo» de manera radical, mientras que para su discípulo Marías, lo real es la vida humana, porque ella es la realidad en la cual radican las otras realidades.

Es en esta realidad, mejor dicho, en la vida en cuanto tal, que el ser humano se tiene que instalar, para descubrir y experimentar así mismo como un «quién» que se constituye como un encuentro (cfr. Marías 1996, 66). El ser humano, por el hecho de vivir la propia realidad radical, puede ir más allá de tal circunstancia, en cuanto él mismo es realidad metafísica que se manifiesta en el encuentro personal del otro, que está también viviendo la propia vida en la realidad radical que está siendo.

2. La estructura empírica de la vida humana

Para referirse a la estructura de la persona humana, Marías reconoce que se debe dar un paso más que permita pasar de los conceptos generales, que hacen referencia a la vida en general, a «conceptos» o estructuras en las cuales la persona humana se instala de manera personal, esto significa pasar de una teoría analítica una teoría empírica. Como observan Gonçalves y Siviero:

> Marías divide-o em dois paradigmas: estrutura analítica e estrutura empírica. À primeira corresponde um caráter universal e necessário, pois é o conjunto total de condições e requisitos que fazem uma vida humana possível; a segunda, ao contrário, è particular e intransferível, pertence a cada uma das vidas (Gonçalves y Siviero 2009, 57).

En este paso, entre la teoría analítica y la teoría empírica, Marías tiene presente el alejamiento filosófico que ha tenido que llevar a cabo el maestro Ortega respecto a la filosofía existencial de Heidegger; y siguiendo los pasos de su maestro toma distancia de la filosofía de Heidegger, porque observa una falta de radicalidad en el fundamento de la teoría analítica del ser que permanece en la generalidad del «*Dasein*». Como evidencia Soler Planas:

> A este propósito advierte Marías que la expresión «mi vida» es irreductible al *Dasein* o a la «existencia» o al «hombre». En efecto, preocupado Heidegger por su problema der *Sinn des Seins überhaupt* [...] busca el fundamento del Sein en una previa *existenzial Analytik des Dasein*. O sea, que el procedimiento heideggeriano consiste en remontarse al *Dasein* como punto de partida para llegar al *Sein*, preguntándose por los «modos de ser» del llamado *Dasein* y que somos nosotros (Soler Planas 1973, 87-88).

La teoria analítica por motivo de su carácter general, según Marías, no llega a explicar la realidad radical de la vida humana, por ello el filósofo madrileño quiere construir una metafísica que tome los principios de la realidad radical de cada principio, o sea, de la vida humana, y no de los principios generales de una vida abstracta, y más precisamente de «mi» vida como el lugar en el cual la persona humana está instalada:

> El camino de Heidegger es inverso del nuestro. Aunque su problema es el sentido del ser en general, tiene que fundamentar la ontologia en una previa analítica existencial del existir (*existenziale Analytik des Daseins*) [...]. Es decir, Heidegger va del *Dasein* al ser; nosotros, en cambio, vamos del ser a la vida, del ser como una interpretación de la realidad a la realidad radical allende todas las interpretaciones (Marías 1962a, 397).

Respecto a la posición mariasiana frente a la teoría analítica y principalmente en confrontación con Heidegger, Russo afirma que la teoría analítica se refiere solo a las condiciones universales (cfr. Russo 2012, 108), y, por lo tanto, no atrapa el sentido de la realidad que está en la relación personal yo-mundo, que para Marías es de gran importancia. Se debe aclarar, que tales teorías no se contraponen sino que se complementan, porque la primera ofrece las condiciones universales para la experiencia de vivir que la segunda analiza (cfr. Gonçalves y Siviero 2009, 57).

Es oportuno evidenciar que para Marías una cosa es la metafísica de la vida humana otra es el *Dasein* heideggeriano. Para Heidegger la metafísica inicia y permanece en la generalidad del ser en cuanto existente (cfr. Russo 2012, 104); para Marías, por el contrario, la metafísica de la vida humana comienza en la vida individual, desde la propia circunstancia con la cual el «yo» se encuentra viviendo y desde la cual se mueve hacia una teoría general:

El sentido de la realidad pende de su hallazgo originario, que no es otro sino que me encuentro con ella, viviendo. Vivir –no ser– es el sentido radical de la realidad. En el vivir acontece la constitución de lo real en cuanto tal. Solo la investigación de las estructuras de mi vida me descubre en el ámbito de la realidad radical, en la que aparece y cobra su carácter real toda realidad radicada. La metafísica, por lo tanto, al ponerse en marcha y tratar de cumplir su función de hallar una certidumbre radical, encuentra que es teoría de la vida humana (Marías 1962b, 400).

La relación yo-mundo pasa por el hecho que la persona humana está en la realidad radical que la hace existir, o sea, en su vida, pero esta relación no se explica como una teoría de universales, porque la realidad del vivir y la relación del yo-con-el-mundo son explicadas desde la estructura empírica, porque dicha estructura reconoce las instalaciones que el ser humano está viviendo.

Marías, como se ha dicho, afirma que no se debe hablar de vida en general sino de «mi» vida, en cuanto «soy yo» con la circunstancia en la cual empíricamente todas aquellas estructuras abstractas de la teoría analítica, se manifiestan como realidad concreta del hombre, estructuras sin las cuales la vida humana, «mi vida» sería incomprensible, como afirma Burgos:

> A la persona corriente le basta con vivir su vida, pero la tarea del filósofo consiste en determinar las características generales de esa vida. Y reflexionando sobre «su» vida descubre los rasgos fundamentales de «toda» vida humana, es decir, la teoría de la vida humana o la metafísica en terminología orteguiana. Estos rasgos –equivalentes en cierto modo, en cuanto estructuras configuradoras de lo real, a las categorías aristotélicas en la metafísica antigua– son requisitos imprescindibles, necesarios y forzosos de la vida, en el sentido de que la vida humana no es comprensible sin ellos» (Burgos 2016, 32).

Burgos se refiere a la realidad del ser humano como una realidad metafísico-antropológica, en la cual las estructuras universales se manifiestan en la actualidad empírica del ser humano en la realidad que está viviendo.

Marías evidencia cómo la teoría analítica es una interpretación de la realidad en vez de ser una realidad en sí; pero de esta interpretación de la realidad que es dada por la realidad misma, afirma Marías, se obtienen los requisitos generales de la vida humana, por lo tanto, una teoría analítica de la vida es una interpretación de la interpretación del ser de la persona humana:

> La vida humana tiene una estructura que descubro por análisis de mi vida. El resultado de ese análisis es una teoría que por eso llamamos analítica; insisto en que no es una realidad –la realidad es mi vida, cada vida– sino una teoría o interpretación […] y su contenido son los requisitos, las condiciones sin las cuales no es posible mi vida (Marías 1982, 64).

En esta idea de realidad metafísica, la persona humana se realiza en su estructura empírica como la forma concreta de la circunstancialidad que está viviendo (cfr. Díaz 2015, 166). El concepto de estructura empírica aparece por la primera vez en la obra de Marías en el *Método histórico de las generaciones* (1949), en dicha obra el filósofo español analiza la generaciones, y encuentra que hay generaciones en virtud de una estructura general de la vida humana, individual, social o colectiva y que contemporáneamente coexisten diversas generaciones. Además observa que la historia prosigue por generaciones que, a su vez, constituyen la estructura histórica y social:

> ¿Hemos pasado la frontera de la teoría analítica para entrar en la historia? Si consideramos esto con atención veremos una tercera zona, intermedia, que ahora exhibe sus títulos

de legitimidad y que sin ello se nos hubiera escapado. Se trata, en efecto, de un dato empírico, pero no meramente fáctico y azaroso, sino determinado por la duración de la vida humana y de las edades; es decir, es una constante, no, por supuesto, en el sentido en que se ha hablado de «constantes históricas», sino en un sentido análogo al que puede tener la «constante de Planck» o la aceleración de la gravedad en un punto del globo. Se trata, en suma, de un dato procedente de la estructura empírica: empírica, pero estructura. No de algo meramente contingente, de un puro *factum* [...] sino de conceptos funcionales, cuyo estudio tendría su lugar en una lógica del pensamiento concreto, que está por hacer y que hay que hacer (Marías 1949, 155-156).

Para Marías de hecho no se habla de un acontecer meramente histórico, sino del *quehacer* de la vida misma; Soler Planas observa cómo la «estructura empírica», en cuanto «zona intermedia» sea determinada no por un hecho, sino por la vida humana y su desarrollarse:

> Se trata de hallar el porqué de la duración de las generaciones, y más concretamente de dar razón del número de años en que se sucede rítmicamente el movimiento histórico de estas. La consideración de este problema había de conducir a un descubrimiento o a la intuición de «una tercera zona intermedia [...] que ahora exige sus titulos de legitimidad y que sin ello se nos hubiera escapado. Se trata, en efecto, de un dato empírico, pero no meramente fáctico y azaroso, sino determinado por la duración de la vida humana y de las edades». (Soler Planas 1971, 65)

Marías para introducir su descubrimiento utiliza un ejemplo eficaz, evidencia tres formas de realidad que se presentan al ser humano: los objetos ideales, los objetos reales y aquella realidad que es personal. Para diferenciar esos tres estratos de realidad él pide buscar en el diccionario estas tres realidades: pentágono, lechuza y Cervantes. Marías evidencia cómo del primero el diccionario ofrece su consistencia, del segundo la esencia, mientras que de Cervantes el diccionario presenta algo totalmente diverso, su realidad biográfica:

> ¿Y Cervantes? Aquí se trata de una tercera cosa bien distinta. Lo que corresponde a la «definición» es una historia. Se nos dice lo que hizo Cervantes y lo que le pasó. Es decir, se nos cuenta su vida (Marías 1969a, 356).

Es importante observar cómo refiriéndose a Cervantes, Marías subraya la expresión definición, porque la vida, para el filósofo, no es una definición, sino que es una experiencia; la vida excede toda antropología (cfr. Marías 1969a, 359), y es por este motivo por el que se puede hablar de una superación y un paso indispensable de la teoría analitica a la estructura empírica de la vida humana como afirma Russo: «Es un paso indispensable "poder articular la estructura analítica de la vida humana con la conciencia inmediata, concreta, circunstancial de cada vida"»[57]. Russo 2003, 618).

La estructura empírica, explica Marías, puede ser conocida por medio de la narración biográfica mientras está viviendo su propia realidad. De hecho, la estructura empírica acontece en la circunstancialidad del ser humano, en la cual el ser humano por medio de la experiencia hace la propia vida. «A lo largo de la vida, la persona humana se hace, no es originariamente sustancia, pero sus experiencias, las que la van haciendo quien es […] le confieren una sustantividad que en alguna medida es obra suya» (Marías 1996, 144). La persona humana en su *quehacer* da sentido a su circunstancia, que es la manifestación de

---

[57]   Traducción propia.

su estructura empírica, en la cual se encuentra inserta. Como afirma Marías:

> La estructura empírica es la forma concreta de la circuns-tancialidad, y es un margen de posible variación histórica. Y la vida singular y concreta aparece recortada y realizada dentro del marco, no solo de las determinaciones necesarias y puramente analíticas de toda vida, sino también de las de la estructura empírica en que se encuentra inserta (Marías 1962a, 410).

La estructura empírica de la vida humana está constituida por presupuestos universales como la temporalidad, la corporei-dad, la sexualidad y la mortalidad, que se manifiestan en «mi» realidad concreta que «estoy viviendo», presupuestos sin los cuales no se podría realizar dicha realidad:

> [...] al nivel de la estructura empírica, la mundanidad es inseparable de la corporeidad, y todo lo que se diga de la primera incluye la segunda; pero como, por supuesto, la corporeidad sin mundanidad es impensable, existe entre ambas una relación de co-implicación o complicación bila-teral, que sistemáticamente se va enlazando con las demás determinaciones de esa estructura. La mundanidad tiene cierta «prioridad» al nivel de la teoría analítica, mientras que la corporeidad la tiene al de la estructura empírica, ya que me inserto corpóreamente en este mundo: por ser cor-póreo estoy «aquí», ocupo un espacio, me afectan las cosas materiales, tengo sensibilidad y percepción sensible, una forma muy precisa de sucesividad, duración y temporalidad (Marías 1982, 86).

A la estructura empírica «pertenece» una realidad corpórea y también una estructura corporal definida, que acontece en la persona concreta del «quién» (cfr. Marías 1969a, 360), que la hace estar instalada en el mundo de una forma corpórea específica, en la cual se hace a sí misma de manera biográfica por medio de la propia vida.

3. Corporeidad y metafísica

Después de haber analizado la noción de realidad para Ortega y Zubiri, Marías afirma que la realidad radical es la vida referida a alguien concreto, a un «quién» radicado en la circunstancia que se manifiesta en su ser corpóreo. A este punto es necesario comprender qué entiende Marías por metafísica y por corporeidad, porque su teoría filosófica se funda en estas dos nociones.

La idea del cuerpo de Marías está relacionada de manera directa con la idea de la circunstancia orteguiana, porque es en ella que el ser humano se proyecta a sí mismo. El cuerpo, de hecho, es un elemento circunstancial como los otros, pero a su vez es la forma más cercana a la circunstancia que el «yo» está viviendo (cfr. Marías 1962, 26-27). El cuerpo, que en parte es cosa es la estructura que hace que todas las otras cosas se refieran a «mí» y esto acontece, según Marías, porque el mundo y el «yo» se «implican» y se «co-implican» por motivo del «estar» de la persona humana en el mundo.

> Decir «mundo» es decir «mi mundo», de igual manera que decir «yo» implica ya un «mundo» o circunstancia. La existencia del mundo no es un hecho, ni nada que se agregue a la existencia del yo, sino que ser yo significa estar en el mundo, porque solo en él acontece la constitución del sujeto como tal (Marías 1962, 193).

En esta acción vital de co-implicación que es el vivir, el «yo» hace referimiento al mundo gracias al propio cuerpo, al cual están referidas todas las otras cosas, que no son él, con las cuales hace la propia vida (cfr. Marías 1962a, 407). El cuerpo humano no es algo que se puede instrumentalizar, es su realidad externa y a su vez, su realidad más íntima, a la cual están referidas las cosas en cuanto lugar o «sede» de su realidad radical. En la circunstancia de la corporeidad, la persona humana – afirma Marías– encuentra la propia realidad constitutiva, dado que precisamente en la corporeidad se manifiesta una realidad esencial del ser humano: «[…] la corporeidad, lejos de ser un añadido instrumental al «verdadero ser» del hombre –su psique–, es un esencial constitutivo de la realidad del ente humano» (Marías 1962b, 292). De esta afirmación se puede observar cómo se desarrolla en el pensamiento de Marías la investigación hacia la realidad metafísica del ser humano en cuanto corpóreo (cfr. González de Cardenal 1996, 51). Para González, la metafísica de la vida depende principalmente de la realidad corpórea que asume la persona humana y de la radical instalación en su cuerpo, porque el cuerpo es aquella estructura en la cual la persona humana está, pero, sobre todo, es aquella realidad biográfica con la cual se comunica y se manifiesta al otro.

Se evidencia entonces como la corporeidad sea un punto fundamental del sistema filosófico de Marías, porque desde ella él empieza construir su metafísica antropológica. En el cuerpo de la persona humana acaece de manera inmediata la circunstancialidad, pero en la manera personalísima de mi cuerpo (cfr. Marías 1982, 106). El ser humano está viviendo la circunstancia gracias a su ser corpóreo, y es en ello que él es presencia; por eso la presencialidad de la persona humana se da en la corporeidad que «comunica» con el mundo al propio ser mundano y en este encuentro el ser humano se descubre a sí mismo como un «quién» diverso respecto a las cosas:

> La circunstancialidad de la vida humana acontece, pues, en el modo de la corporeidad. El elemento de la circunstancia más próximo a mí –tan próximo que en cierto sentido soy yo mismo– es mi cuerpo; se entiende, mi cuerpo animado, mi cuerpo con su dimensión psíquica; este ele-

mento ocupa un puesto excepcional, porque precisamente «a través» de él y en virtud de él me es presente el «mundo» –del cual, por lo demás, forma parte–, y hace que mi situación tenga caracteres muy determinados, distintos de los que ofrece al animal. Esta esencial proximidad de mi cuerpo animado hace que su «hallazgo» por mí no sea primario, sino subsecuente al encuentro del mundo de las cosas, entre las cuales me descubro a mí mismo como una más (Marías 1962, 359).

La metafísica mariasiana se concentra en la vida del ser humano y la relación que él tiene con las cosas; en esta relación, que se podría definir como mundanal, la persona humana interviene y modifica la propia circunstancia, o sea el propio mundo en cuanto ello es quehacer. Como afirma Abellán: «La realidad radical con que me encuentro es una existencia mías con las cosas, ante las que tengo que reaccionar haciendo algo con ellas; en este sentito, la realidad radical es un quehacer» (Abellán 1991, 337). En la propia realidad vital el quehacer del ser humano es vivir el aquí y ahora, es hacer algo con la propia vida, es aprehender la circunstancia y vivir en ella como un acto dramático de la propia existencia.

Heliodoro Capintero indica cómo en la teoría filosófica de Marías el fundamento de la metafísica se encuentre en la vida de la persona humana, porque es ella que da sentido no solo en la propia vida sino también a la propia circunstancia: «La teoría de la vida humana es, ni más ni menos, doctrina metafísica o, con venerable expresión aristotélica, filosofía primera, el conocimiento orientador que permite al hombre salir de la perplejidad y «saber a qué atenerse» (Carpintero 1967 208). Carpintero evidencia la manera en la que la vida humana sea en Marías el horizonte hacia el cual se proyecta el ser humano mientras está viviendo, porque es en la propia vida que el hombre es historicidad, proyecto y presencia.

El destino del hombre, afirma Ortega y Gasset, es absorber la circunstancia, en Marías vivir la propia realidad radical es absorber la circunstancia que, a su vez, es recibida por el hombre como el propio destino que la persona está viviendo. En este sentido, Ferrater Mora evidencia la novedad en la concepción metafísica de Marías, y observa cómo en ella el ser humano es distinto en cuanto realidad radical respecto a la realidad en la cual radica:

> La otra contribución se refiere a la idea de la metafísica. Partiendo de esta como ciencia de la realidad radical, Marías sostiene que el hombre no es la realidad radical, sino «una realidad radicada que descubro en mi vida, como las demás». La realidad radical es más bien la vida, la cual debe entenderse como un área en la cual «se constituyen las realidades como tales». De ahí que la teoría de la vida humana no sea una preparación para la metafísica, sino la metafísica (Ferrater Mora 1965, 136).

Ferrater Mora evidencia que en la teoría de Marías y en parte en la de Ortega, se pueda hablar de una visión antropológico-vitalista, mejor que de un antropocentrismo, un personaalismo o vitalismo radical; porque el centro de la teoría metafísica de Marías es la vida humana y cómo la persona humana se instala en ella, co-implicando de esta manera las dos realidades, la vida y la persona, en la instalación corpórea del ser humano.

La metafísica en Marías, de hecho, toma fuerzas desde una teoría de la vida humana que es vivida en un momento específico y que se manifiesta en la presencia de la persona humana. La metafísica auténtica comienza cuando se parte de la propia vida en la cual la persona humana se encuentra con las cosas en la realidad que está viviendo. La vida humana es entendida por Marías como metafísica porque en ella radican las demás realidades y principalmente la realidad de la persona humana que está abierta a las otras realidades por medio de la relación personal.

La perspectiva elaborada por Marías es una metafísica concreta que tiene como universal aquello que es la realidad de la persona humana, o sea la propia vida que se narra en la propia presencia «La metafísica también se puede definir como una teoría de la vida humana. La noción de vida no debe entenderse en sentido biológico, sino en sentido biográfico: no se trata de la vida en general, sino de la propia vida»[58] (Russo 2012, 105). En Marías, como afirma Russo, no se habla de una vida en general, por lo tanto su teoría de la vida humana no comeinza con la pregunta socrática ¿Qué cosa es el hombre? porque parece una pregunta muy general y a su vez cosificante. Por esto, la metafísica, según Marías, se debe referir a alguien en carne y hueso, y por tanto el objeto de la pregunta cambia y se convierte en un sujeto ¿Quién es el hombre? Pregunta que, de hecho, viene acompañada por la respuesta personal «soy yo».

Nieves Gómez evidencia cómo el punto de partida de la metafísica mariasiana es la realidad concreta del «quién», que responde no a la pregunta genérica de la cosa, sino la realidad radical de la persona humana desde la vida que está viviendo. «"¿Quién soy yo?" Este es el punto de partida correcto para desarrollar una "antropología metafísica", es decir, un saber sobre el hombre que tenga en cuenta su peculiar forma de realidad» (Gómez Álvarez 2017, 137).

A esta pregunta no se puede dar una respuesta que encierre el ser humano en un presente estático, más bien, como ha dicho Gómez, se tiene que recordar la peculiaridad de la realidad de la persona humana, y de las categorías con las cuales referirse a ella, para no tratarla más como una cosa que está solo presente, sino como una persona que «está siendo» presencia en el presente.

---

[58]   Traducción propia.

3.1. El «yo» corpóreo, experiencia de la realidad

En *Antropología metafísica*, se puede observar de manera profunda la originalidad del pensamiento de Marías, esta obra tiene como subtítulo *La estructura empírica de la vida humana*, entendida como aquella zona intermedia descubierta por el filósofo entre la realidad concreta de «mi» vida –teoría analítica– y los eventos que suceden «casualmente» en la vida cotidiana del ser humano. En el subtítulo de la obra Marías muestra cuál es el verdadero interés de su investigación: la vida concreta de cada uno, la vida del «quién» que es «tú».

Dicha obra es el producto de un proyecto pensado en el intervalo de veinte años, desde que Marías había iniciado a tratar la realidad humana en *El método histórico de las generaciones* (1949). De hecho en *Antropología metafísica* se revela la madurez filosófica y la organicidad no solo del pensamiento de Marías sino del pensamiento filosófico español. Domingo Henares subraya el esfuerzo intelectual y la madurez del pensamiento mariasiano, que llega a situarse a la altura de las filosofías contemporáneas a él:

> El esfuerzo de Marías ha consistido en diferenciar al hombre de las cosas, pero haciendo una antropología que fuese precisamente una teoría de la vida humana, esto es, metafísica. Porque no es el hombre ninguna de las cosas que lo rodean, ni viene de ellas, ni se reduce a ellas, sino que es una estructura de la vida humana y, desde esta subjetividad suya, resulta ser constituyente de realidades (Henares 1991, 34).

El trabajo desarrollado por Marías no consiste solo en el diferenciar «el hombre de las cosas» –esto sería reductivo–, el filósofo desarrolla y profundiza sobre todo las estructuras empíricas en las cuales la realidad de la persona humana se manifiesta. Estas estructuras, la corporeidad, la sexualidad, la mundanidad, la temporalidad, en cuanto estructuras particulares de la persona humana no interesan a la teoría analítica, estos «requisitos generales» que se convierten en estructura empírica en cuanto la persona humana se instala en ellos y los absorbe como parte de la propia circunstancialidad.

Para la finalidad de este trabajo es oportuno tener presente la importantísima declaración que hace Marías acerca del carácter empírico de la realidad humana: «Esa circunstancialidad humana es corpórea o, si se prefiere, la vida humana está encarnada; cada uno de nosotros tiene su propio cuerpo, con el cual hace su vida» (Marías 1982, 69). Respecto a Ortega, Marías relaciona la circunstancialidad de la vida humana con la manifestación corpórea que es personal y que, a su vez, es su realidad. En este momento se muestra un cambio en la antropología de Marías respecto a Ortega, porque la circunstancia no es más la realidad radical del ser humano, si no la vida personal del «yo» en la cual la persona está encarnada biográficamente en cuanto es «mi» vida.

En *Ensayos de teoría* Marías analiza la corporeidad como la condición necesaria para que se realice la vida humana, porque sin ella, la vida humana no podría realizarse entre las cosas y con las personas (cfr. Marías 1969a, 360). Para Marías el «yo» existe circunstancialmente con la propia vida y en ella con el propio cuerpo. Aceptar ambos, cosa que equivale a aceptar esta vida circunstancialmente que es corpórea, significa salvar la circunstancia y hacer de ella el propio destino y la propia realidad. El mundo, y aquello que ello comporta, es parte de la estructura empírica que es el ser humano, o sea, es parte integrante de la totalidad de la realidad de la persona. Respecto a ello, Marías aclara que la mundanidad, cuando es referida a la vida en general, podría tener una valencia primaria. Según el filósofo, esto se puede verificar cuando se observa la vida desde la perspectiva de una teoría analítica, pero no cuando se observa desde la perspectiva de la estructura empírica (cfr. Marías 1970b, 602). Esta perspectiva inverte completamente las categorías y hace eviden-

te como una persona humana por ser corpóreo es mundana y
cómo los atributos empíricos, que son mundales, son condicio-
nados por la experiencia de la propia corporeidad:

> La vida humana es esencialmente mundana [...]. Esto hace
> pensar que la mundanidad es una estructura primaria res-
> pecto de la corporeidad, que se «agregaría» a ella; pero
> esto, que es cierto dentro de la teoría analítica, no lo es si
> nos situamos en la perspectiva de la estructura empírica:
> por ser corpóreo soy mundano de este mundo; los atributos
> empíricos de la mundanidad están condicionados por la cor-
> poreidad (Marías 1982, 85).

Ser mundano no quiere decir que el ser humano sea una realidad estática como las cosas; porque él se orienta y se proyecta
gracias a su cuerpo, por tanto no es una realidad estática sino
dinámica y futuriza (cfr. Russo 2012, 124-125). La mundanidad
y la corporeidad en la realidad de la persona humana se co-implican mutuamente (cfr. Marías 1982, 105); la primera es condición de posibilidad para que la segunda pueda empíricamente
estar en el mundo en cuanto circunstancia destino.

Se debe decir, como afrma Chumillas, que la mundanidad y
la corporeidad son las principales instalaciones del ser humano,
pero que es la mundanidad el lugar donde acontece el acto relacional del cual, la persona es parte esencial: «la mundanidad es
una de las instalaciones de máxima generalidad. Y en ese mundo me encuentro yo con mi circunstancia» (Chumillas-Zurilla
2017, 322). Esta afirmación aclara cómo se dintingue la estructura empírica de la vida humana en la relación yo-mundo, porque el mundo es referido a la realidad personal del «mí», por
lo tanto para que se puede hablar del mundo, ese tiene que ser
referido a la realidad radical que el «yo» está viviendo en la
propia vida.

El ser corpóreo de la persona humana para Marías está en
relación directa con la teoría circunstancial del maestro Ortega,

porque el «yo» que es corpóreo da un nuevo horizonte a la vida, por ello, la instalación corpórea del ser humano se debe considerar como la condición necesaria para que se pueda hablar de «yo y de mi circunstancia», o mejor aún, la persona humana que es corpórea y circunstancial, da sentido al propio horizonte circunstancial refiriendo a sí misma la circunstancia en cuanto su destino:

> En rigor, soy corpóreo, del mismo modo que soy mundano o circunstancial. Si volvemos a la tesis de Ortega, «yo soy yo y mi circunstancia», vemos que «yo» aparece dos veces y con un doble sentido: del primer «yo», que señala o designa mi total realidad, se puede decir que es corporal o mundo, y hasta que «es cuerpo» en el sentido de que lo incluye; del segundo «yo» el momento de yoidad el quién, el quién que se opone polarmente a la circunstancia […]. Una vez más tenemos que rehuir toda interpretación del cuerpo como realidad *per se*, para volver a la perspectiva inicial, aquella que me parece fecunda y que es, en todo caso, la que aquí me interesa: la condición corporea de la vida humana (Marías 1970b, 609).

La corporeidad muestra el carácter finito de la persona humana, y esto, lejos de ser un aspecto negativo de la circunstancialidad, se revela como un aspecto positivo, porque es en el hacerse, en cuanto dramaticidad, que la vida humana se vuelve «mía» particularmente en manera biográfica.

En su mundanidad, afirma Marías, el ser humano se «encuentra» con diversos ingredientes que caracterizan «su» mundo y su circunstacia; eso hace de la vida humana una realidad dramática y dinámica que se hace en la dinamicidad empírica del encuentro relacional: «Los ingredientes de su estructura empírica convierten la vida de la mujer y el hombre en una realidad dramática y no solo dinámica, expresión que ya había sido sugerida por Ortega» (de la Corte 2006, 7). La dramaticidad de la realidad humana se manifiesta principalmente en el encuentro con la alteridad que, a su vez, es una realidad dramática y por tanto, incierta pero no extraña al ser humano: incierta porque el «yo» no sabe qué cosa esperar de ella y no es extraña porque es una realidad biográfica que se presenta como un «tú».

La circunstancia está constituida, principalmente, por los elementos físicos; el primer elemento físico es el cuerpo personal, que tiene tres características: está siempre referido a «mí», aquello que afecta el cuerpo me afecta también a «mí», gracias a la corporeidad, la persona humana entra en contacto con las otras cosas a causa de la co-implicación entre yo-cuerpo-mundo (cfr. Marías 1962b, 196). Estas características hacen que el cuerpo sea inseparable del «yo» (cfr. Russo 2012, 126), porque es por medio de su corporeidad que el «yo» es encontrado por las cosas, y es gracias al cuerpo que, sobre todo, el «yo» es encuentro para la alteridad.

3.2. La persona humana como ser corpóreo

El ser corpóreo se manifiesta en cuatro estructuras principales, la corporeidad, la sexualidad, la temporalidad y la mortalidad, estructuras que, desde mi punto de vista, Marías estudia con mayor profundidad, porque es con ellas con las que la persona humana experimenta de manera inmediata su instalación mundana (cfr. Araújo 2009, 186). Para el filósofo español, estas estructuras son empíricas porque son vividas como experiencias que se dan en la realidad del «quién»: son experiencias que acaecen a alguien y que, por tanto, son personales, porque se convierten en experiencias biográficas que me suceden a «mí» en cuanto persona.

La realidad del ser humano no debe ser confundida con las otras cosas o con la «cosidad» de su cuerpo —aunque todo él sea mundano— ya que se correría el riesgo de convertirlo en un «que», despersonalizando su estructura biográfica. El carácter personal de la vida humana se manifiesta en el ser corpóreo de la persona humana, en su carne y en el sentido que da a la «cosa» cuerpo, en cuánto «lugar» en el cual la persona humana manifiesta su propio ser persona. Como afirma Marías: «La vida humana se expresa en el cuerpo, y por eso este es intrísecamente expresivo» (Marías 1970b, 617). Como se ha visto, la vida se exprime por medio de su corporeidad que asume en la persona humana la condición sexual específica de «varón» o «mujer», como forma concreta del *estar-viviendo-en-el-mundo* de la persona humana.

Se ha dicho que la vida es el «lugar» donde acontece la realidad, y para decirlo con palabras de Marías, la realidad se localiza como si fuese un «dónde» en la corporeidad de la persona humana, como aspecto privilegiado de la circunstancia (Soler Planas 1973, 95), porque en la persona humana la vida se puede encontrar solo en su ser corpóreo:

> La vida humana, en virtud de su corporeidad, está localizada. Vivir es estar en una circunstancia, y una de las dimensiones de esta es el «dónde», el lugar – no se hable todavía de espacialidad, porque esta, como fenómeno, es secundaria y se funda en el hecho primario del dónde (Marías 1962b, 291).

Vivir en Marías es estar en un «dónde» específico y para la persona humana este «dónde» es su corporeidad que se transforma en el lugar en el cual se da el encuentro con el mundo (cfr. Sánchez 2016, 162). Vivir es estar ya viviendo circunstancialmente la propia vida, que es «mi» vida y que, a su vez, es la realidad radical previa a cualquier interpretación (cfr. Marías 1962a, 408). La interpretación de tal realidad radical puede hacerla solo quién está instalado en una realidad corpórea determinada.

En la persona humana hay dos instalaciones fundamentales: instalación en el mundo, «mundanal», y la instalación corpórea, que permite a la persona instalarse en el mundo en el cual vive y a partir del cual se proyecta, como asevera Sánchez: «La instalación corpórea, la categoría de instalación que nos permite vivir y proyectar desde eso que ya estamos haciendo. [...] Corpóreamente estoy instalado en el mundo, pero sobre todo, yo estoy instalado en mi cuerpo» (Sánchez 2016, 165). El ser corpóreo de la persona humana –en cuanto estructura empírica– es una realidad fundada en la realidad radical y metafísica que es de la vida y es por medio de dicha realidad que la persona hace experiencia del mundo en su acto vital que es vivir.

La persona humana está instalada en la realidad, y eso significa que está co-implicada en un estar determinado por el cuerpo y luego por el mundo: «Instalación implica que la persona está de un determinado modo en el mundo: en primer lugar está en un cuerpo, y este le permite estar en un mundo, al que puede acceder por ser transparente a sus sentidos» (Gómez Álvarez 2017, 139).

El estar instalado en el mundo no quiere decir que el ser humano se transforme en el mundo o en una cosa (cfr. Russo 2012, 176), en su estructura empírica él realiza la propia vida que no es solo biológica o cultural –como sostenía el maestro Ortega– sino que realiza su estructura biográfica. De esta estructura biográfica, que comprende historicidad mundanidad y circunstancialidad, el ser humano es inseparable (cfr. Russo 2012, 119), porque él se realiza en la tipología de dichas estructuras que él mismo construye en la propia vida y que se manifiestan en su ser corpóreo. En su corporeidad –que debe ser interpretada– el ser humano manifiesta al otro la propia intimidad, porque la realidad corpórea de la persona humana es expresiva, comunicativa y, por tanto, es manifestación de su interioridad (cfr. Marías 1969c, 548).

En la metafísica de Marías, como se verá de inmediato, la relación «yo» –corporeidad es el punto fundamental en la conctrucción de la antropología personal, porque el filósofo no inicia desde una teoría universal de la vida, sino de la vida personal que se manifiesta en la corporeidad concreta de la persona humana.

4. La corporeidad, una realidad disyuntiva

Para el filósofo español la condición sexuada de la persona humana es el acto referencial que acontece entre «varón» y «mujer», porque tal condición es un referirse al otro en cuanto un «quién» corporalmente instalado y encarnado en un cuerpo definido. La vida del ser humano acaece para Marías disyuntivamente en una forma concreta, y dicha disyunción constituye el punto de unión entre los términos que son disyuntos:

> La vida humana existe, pues, no es una mera individualización, sino disyuntivamente, en una disfunción circunstancial que pertenece intrínsecamente a lo que podemos llamar la «consistencia» de esa vida. Pues bien, ahora en el plano de la estructura empírica encontramos que la vida humana se realiza también disyuntivamente: varón o mujer. Lo importante claro está es la o, la forma de la disyunción. Esto quiere decir que no se trata de una división de los hombres en varones o mujeres, como se podrían dividir bolas blancas y negras en dos montones diferentes; esta división «separa» las bolas, de manera que son independientes: en las blancas no está la negrura, y a la inversa. La disyunción no separa o divide, sino que vincula (Marías 1970b, 612).

La Real Academia Española, de hecho, define el término disyunción como: «Separación de dos realidades, cada una de las cuales está referida intrínsecamente a la otra»[59], es a esta sutil acepción a la que el filósofo español se refiere, de hecho afirma:

---

[59]   https://dle.rae.es/disyunción?m=form consultado el día 24-08-20.

«no es que haya una diferencia radical entre la persona masculina y femenina, consistente en su sexo; es que se es persona en dos sentidos distintos, mutuamente referidos pero irreductibles. No solo corporalmente, sino en la integridad personal» (Marías 1996, 145). La realidad de la persona humana en su doble condicion, es para Marías, irreductible la una de la otra, porque son complementarias, y es en estas dos realidades de varón y mujer, que el ser humano se presenta, según el filósofo español, como persona.

El término disyunción aparece en Marías por primera vez en *Introducción a la filosofía*, contrapuesto al concepto de individuación, que es objetivamente referido a la persona humana. El carácter disyuntivo del ser sexuado está encarnado por la persona humana y se presenta como parte esencial de la circunstancia que es su destino: «la vida humana existe disyuntivamente, en una disyunción circunstancial que pertenece intrínsecamente a la «consistencia» de esa vida. De ahí que las vidas humanas sean «únicas», irreemplazables, insustituibles, intrínsecamente singulares, en suma, irreductibles, como hemos visto en detalle anteriormente» (Marías 1982, 115). En el asumir la propia realidad circunstancial –que no solo es presente–, es donde se encuentra la insustituibilidad de la persona, realidad en la cual se manifiesta radicada e identificada con la propia realidad que está viviendo.

Se debe concluir que la instalación sexuada, en cuanto disyuntiva, no es una forma de exclusión de las otras realidades, sino la forma más perfecta de inclusión de la alteridad en la realidad del «yo», en cualquier forma corpórea en la que ella se pueda manifestar, porque aquello que se manifiesta en el ser corpóreo es fundamentalmente la intimidad de la persona humana.

4.1. La instalación corpórea

Anteriormente se ha mencionado cómo Marías se acerque al término instalación, para referirse al mundo, pero, sobre todo, en referencia al cuerpo. Es importante tener presente que cuando Marías se refiere a la instalación en el mundo por parte de la persona humana, se refiere sobre todo a la instalación corpórea, porque el ser humano se instala en el mundo «siendo alguien corpóreo». La instalación corpórea se puede considerar como la condición necesaria para la instalación personal en el mundo.

La instalación específica que pertenece a la vida humana es aquella corpórea que acontece en «mi» vida personal, y es en ella que el ser humano acaece de manera biográfica. Se debe recordar que en Zubiri el carácter de instalación es referido a la realidad por el hecho de que es en ella donde el filósofo vasco encuentra la realidad radical de la persona humana; para Marías, por el contrario, la instalación es referida a la presencia, o sea, al carácter personal y biográfico encarnado por el ser humano. Es por ello que la instalación corpórea es una, si no la principal, estructura biográfica la persona humana, en la cual ella está radicalmente instalada en su propio cuerpo:

> «Instalación» es la estructura biográfica del estar, la forma empírica de radicación en la vida humana como realidad radical. La manera concreta de estar en el mundo es, precisamente, estar corpóreamente en él, lo cual no quiere decir que mi cuerpo –la cosa cuerpo– esté en el mundo, entre las demás cosas de él, sino que yo estoy en el mundo de manera corpórea, instalado proyectivamente en mi cuerpo, a través del cual acontece mi mundanidad concreta (Marías 1982, 106-107).

En la teoría de Marías la persona humana está en el mundo por medio la instalación corpórea: por tanto tiene un cuerpo, no como si fuera simplemente una cosa cualquiera que le pertenece, porque esto sería cosificar su realidad biográfica, y ni siquiera es ella misma un cuerpo, porque ella no se reduce a la corporeidad circunstancial; la persona «está instalada» en su cuerpo gracias al cual es un «quién» corporal: «Yo no "tengo" un cuerpo, ni "soy" mi cuerpo, con el cual me encuentro como con el resto de la realidad: yo soy corpóreo; si se prefiere, alguien corporal» (Marías 1996, 135).

La realidad de la persona humana está encarnada circunstancialmente en un cuerpo sexuado, por tanto su realidad es más específica, porque está determinada por su cuerpo. Desde esta perspectiva la instalación corpórea se puede comprender de manera más amplia porque la realidad humana reconoce su instalación sexuada como la forma concreta del estar de la persona en la realidad.

No se debe reducir ni confundir al ser sexuado con el concepto de ser sexual o de sexualidad, que llevan a una biológización y cosificación de la realidad humana (cfr. Russo 2016, 182). Reducir todo al ser biológico significa cancelar la presencia y permanecer en el hecho histórico del ser humano. Por ello, la instalación que acontece en el ser humano es de suma importancia, porque la instalación no se comprende por sí misma: ella se refiere a aquella en la cual la persona está radicada, o sea, a su propia vida. De hecho, Marías afirma que solo desde el concepto de instalación corpórea se puede comprender la realidad biográfica y personal el ser humano sin cosificarla:

> Volvamos ahora al concepto de instalación, único que permite comprender biográficamente, sin cosificación alguna, la condición sexuada. Yo estoy en mi sexo, es decir, en mi condición de varón, instalado en ella; es mi manera de estar viviendo, el modo concreto de mi mundanidad, de mi corporeidad, de todas las demás instalaciones (Marías 1982, 164-165).

El ser humano se relaciona con el mundo en su realidad corpórea que, a su vez, se concretiza en la realidad de varón o de mujer. Esta forma en la cual radica el ser humano permite un acercamiento con la realidad que acontece diversamente en el ser masculino y en el ser femenino, la corporeidad entonces, asume una realidad que co-implica y no excluye la realidad del otro. Como afirma Araujo:

[Marías][60], propone el verbo estar, al que corresponde [...]
una permanencia, un estar arraigado y de modo temporal.
La instalación permite que el hombre, la mujer, puedan tener unicidad y cohesión a través de sus acciones y de los
cambios que acontecen en toda su vida. Está de manera instalada (Araújo 2009, 181).

Esta es la forma concreta de instalación en la cual se descubre el ser humano en su corporeidad, por tal motivo se habla de
una antropología de la vida humana, que se manifiesta concretamente en la realidad sexuada de varón o de mujer. De hecho,
De Nigris se refiere a esta estructura como el presupuesto necesario para la comprensión entre «yo» y «tú» (cfr. De Nigris
2018, 229). La comprensión del ser humano acontece, según de
Nigris, en estas diversas realidades corpóreas, y ella, en cuanto
estructura empírica del ser humano, está abierta a la realización
con el otro con el cual el «yo» es también proyecto.

La instalación del ser humano en una condición sexual, varón
y mujer, prevé de una duplicidad (cfr. Russo 2016, 176) que permite que el uno se pueda proyectar hacia el otro en cuanto realidad diferente pero que a su vez es recíproca (cfr. Lázaro Quintero
2020, 59). El proyectarse de la persona humana hacia la alteridad
se da gracias a su instalación mundano-corpórea, a aquella forma
en la cual está y en la cual se realiza. La instalación en la cual se
manifiesta y se realiza la persona humana hace referencia no así
misma sino, más bien, a la otra persona que se encuentra instalada en su ser corpóreo, la cual, a su vez, está referida también a
«mí» en cuanto en «tú», de hecho, Araujo declara:

El hombre está pues arraigado, instalado en unos modos de
ser; podríamos citar a manera de ejemplo algunas formas de
instalación que nos son tan cercanas que podríamos creer

60   Paréntesis míos.

que se identifican con la condición humana. [...] Está instalado en ellas, y desde ellas y con ellas ha de realizar su
propia vida. Es un modo peculiar de ser y de estar (Araújo
Castro 2017, p.141).

Estar instalados en un cuerpo significa también estar proyec-
tados o referidos al otro, la instalación corpórea no es un punto
al cual se llega, sino más bien es el punto del cual se parte desde
el cual la realidad personal se proyecta hacia delante. Como afirma Gómez: «Por tanto, ser persona implica necesariamente estar
instalado sexuadamente de una manera determinada, siendo esta
instalación sexuada, como todas las instalaciones, proyectiva,
esto es, lanzada o referida a la otra» (Gómez Álvarez 2019). En
la afirmación anterior, Gómez evidencia que el estar instalado en
«mi» cuerpo es condición necesaria para ser persona, porque es
asumiendo esta realidad corpórea en la cual el «yo» se proyecta,
que el otro lo reconoce como un «tú» personal. Asumir, por lo
tanto, dicha realidad que es circunstancial sería salvar mi circunstancia y hacerla o convertirla en mi destino.

Russo comparte la afirmación de Gómez, pero evidencia, sobre todo, la importancia de la instalación sexuada desde la cual
dependen las otras estructuras empíricas: «El ser humano "está
instalado" en su propio sexo, en la condición de hombre o mujer, que constituye la modalidad concreta de su corporeidad y
por tanto de su mundanidad, de la que dependen todas las demás estructuras empíricas[61]» (Russo 2012, 140). La instalación
sexual es entonces una estructura primaria en la estructura empírica de la persona humana de la cual dependen todas las otras
estructuras: es el ser sexuado a determinar la instalación y la
relación de la persona humana en el mundo y es en tal forma
que la persona humana es reconocida empíricamente como un
«tú» proyectado hacia un «yo» (cfr. Russo 2012, 173).

[61] Traducción propia.

La persona humana está viviendo la propia vida desde su instalación corpórea que es sexuada: esto comporta un modo concreto de estar-en-el-mundo y la modalidad de relacionarse con eso. Lázaro Quintero, sobre la relación del ser humano con el mundo y respecto a su ser sexuado, hace una afirmación, desde mi punto de vista, un poco generalizante y que no comparto. Afirma: «La persona está en su sexo. Instalada en él: es su manera de estar viviendo el modo concreto de su mundanidad, de su corporeidad, de todas las demás instalaciones» (Lázaro Quintero 2020, 60). Esta afirmación hace referencia a una teoría universal de la vida humana, pero Marías, como se ha dicho varias veces, trata de fundar una antropología metafísica que es a su vez empírica, que comienza desde la realidad del «yo» en cuanto ser sexuado, por lo tanto desde el «yo» en cuanto instalado en mi ser corpóreo.

Marías afirma que referirse a la persona solo en base a su sexualidad significa disminuir la condición sexual de la persona humana a la sola reproductibilidad sexual, porque perdería el referimiento recíproco de la diferencia entre sexos arriesgando de asimilarla al solo instinto sexual:

> Y este es el motivo de que en la persona humana no baste con la sexualidad –propia de animales y plantas– sino que requiera la condición sexuada, la referencia intrínseca y permanente entre el varón y la mujer para que cada uno de ellos sea lo que es. La condición sexuada, intrínseca y permanente, es algo bien distinto de la función sexual, presente en ciertos momentos de la vida animal y aún en la de muchas plantas (Marías 1996b, 129).

En relación a esto, creo oportuno la afirmación de Araujo, según la cual el ser humano está instalado sí en el propio sexo, pero esto acontece porque previamente está instalado en su condición corpórea de varón y mujer (cfr. Araújo 2009, 193). Afirmar solo que la persona está en su sexo es una afirmación que podría ser genérica y reductiva, porque mira solo el ámbito sexual, que aún siendo importante es parcial y no comprende la totalidad de la persona humana, ya que la condición sexuada es más grande respecto al carácter o a la actividad sexual (cfr. Araújo 2009, 185). La persona humana entonces no está instalada en el propio sexo, sino en la propia corporeidad que es sexuada y determinada por su sexo, y esta condición de la realidad corpórea acompañará la persona humana por siempre (cfr. Araújo 2009, 184).

Marías, por tanto, se refiere a la condición sexuada como aquella realidad en la cual el ser persona se realiza en la forma específica de varón o mujer (cfr. Marías 1982, 77). Para Soler Planas, es importante mantener esta distinción en la cual la vida humana se realiza, porque evidencia el carácter indigente manifestado en la necesidad del otro como complementariedad del ser proyecto, y sobre todo porque muestra la finitud de la vida humana en cuanto ella es quehacer en su limitación corporea y temporal (cfr. Soler Planas 1973, 168).

4.2. Corporeidad: ¿disyunción o exclusión?

Los últimos textos de Marías respecto a la realidad de la persona humana han sido escritos hace más de quince años, y su texto *Antropología metafísica* –texto más reconocido– fue escrito hace más de cincuenta años. Desde mi punto de vista, creo que es en Marías donde el término persona encuentra hoy un concepto diverso, porque para Marías –como se ha dicho– la persona humana es alguien corpóreo que está en un cuerpo concreto de varón y mujer, y hoy, el concepto de persona es más extenso y no se encierra solo a la realidad corpórea y sexuada de varón y mujer. Por lo tanto creo que el tema de la corporeidad y la condición sexuada –desde la filosofía de la persona humana de Marías– debe ser actualizado.

Se ha dicho que la realidad humana para Marías se manifiesta en la corporeidad de manera disyuntiva en dos formas:

varón y mujer, como manifestaciones exclusivas de la realidad de la persona humana. El problema de la realidad de la persona humana –si se quiere observar de esta manera–, se re-presenta como un realidad que no está ni terminada, ni hecha, sino que se está haciendo. La exclusividad de la corporeidad en varón y mujer en la realidad contemporánea, puede ser vista como un motivo de exclusión de otras realidades humanas que no han sido tomadas en cuenta por parte del filósofo español, como por ejemplo la realidad de las personas homosexuales[62]. Es necesario recordar y tener claro que el término disyunción –como analizado en nuestra investigación– no significa exclusión sino la inclusión de la realidad corpórea que es opuesta a la realidad en la cual la persona humana está instalada, realidad que está determinada por una realidad biológica.

La realidad sexuada[63] de la persona humana así como la realidad personal es un *estarse haciendo*; ciertamente la persona humana en esta realidad específica es parte de una realidad físico-biológica determinada, porque se encuentra instalada –como se ha dicho– en un cuerpo sexuado. La realidad de la sexualidad y de la corporalidad no están separadas, sino que –como hemos visto– están íntimamente unidas por su carácter proyectivo que acontece, como afirma Marías, en la realidad personal:

---

[62]   Se debe considerar que el problema de la homosexualidad no es una novedad en la época de Marías, solo que, como se ha expuesto en manera precedente, él considera la estructura de la persona humana en la realidad disyuntiva de varón y mujer. El problema de fondo es que el filósofo madrileño no trató en manera directa el problema de la realidad homosexual.

[63]   La sexualidad es solo un aspecto del ser humano –como afirma Marías–, y por tanto es un aspecto de su ser sexuado. El ser sexuado en Marías es aquello que viene dado al ser humano, o sea, es el «lugar» donde se instala la persona humana: «Hace muchos años vengo utilizando una distinción lingüística del español, que me parece preciosa: los dos adjetivos «sexual» y «sexuado». La actividad sexual es una reducida provincia de nuestra vida, muy importante pero limitada, que no comienza con nuestro nacimiento y suele terminar antes de nuestra muerte, fundada en la condición sexuada de la vida humana en general, que afecta a la integridad de ella, en todo tiempo y en todas sus dimensiones» (Marías 1982, 113-114).

La condición sexuada entre varón y mujer, es la interpretación de la propia corporeidad en cuanto el ser humano está
instalado gracias a ello en el mundo. La sexualidad es una
de las formas de proyección de una persona hacia la otra.
Asumida biográficamente, ligada a las demás dimensiones
de la vida personal, se convierte en uno de los elementos
del argumento del amor. Lejos de ser un simple mecanismo
biológico o psicofísico, la sexualidad, cuando es amorosa,
tiene historia y significación personal; es la forma en que
acontece dramáticamente, en la forma real que impone la
estructura empírica de la vida humana, el enamoramiento
de dos personas cuya manera de existir es la corporeidad
(Marías 1982, 164).

En la disyunción entre varón y mujer se encuentra la plena
realización de la persona humana, por el carácter proyectivo y
no solo reproductivo del cual habla Marías (cfr. Marías 1982,
114), pero ello no debe pensar las otras realidades personales
como «estados intersexuales» sino como realidades biográficas
que son personales. Respecto a esto que hemos determinado
como problema en Marías, se debe decir el que el filósofo no
es claro, por ejemplo: profundizando sobre el amor y enamoramiento, afirma que la persona humana –varón y mujer– no
se enamora de un cuerpo sino principal y primariamente de alguien que ciertamente es corpóreo:

El hombre y la mujer se enamoran corporalmente, porque
viven corporalmente, porque es el cuerpo aquello en que
la persona se muestra y hace presente, allí donde la encontramos. Pero sería un error creer que los cuerpos se
enamoran; ni siquiera, lo que parecería más plausible, que
nos enamoramos de un cuerpo. Nos enamoramos de una
persona, la cual es ciertamente corpórea; y entonces ama-
mos su cuerpo, precisamente en cuanto suyo, porque es
suyo. (Marías 1982, 163)

Marías parece hacer una exclusión de las otras realidades humanas, pero luego presenta el cuerpo de la persona como algo secundario a ella –aunque hemos visto no es así–, afirmando que de la persona se enamora de otra persona y no de su cuerpo, solo luego el cuerpo del otro se termina amando porque el otro es una realidad corpórea.

Hasta aquí se ha visto que las definiciones medievales sobre la persona no satisfacen la visión de nuestros filósofos españoles contemporáneos, porque ellas no describen la totalidad de la realidad de la persona, sino una parte de ella, por lo tanto, la definición (o una de las definiciones que da Marías sobre la persona) tampoco debería satisfacer nuestra investigación porque parece ser una definición en la cual se agota la realidad personal «encerrándola» en aquello que es circunstancial a su realidad, su corporeidad «yo me encuentro con mi cuerpo, que no he elegido, que me complace o no, que me plantea problemas, que es parte de mi circunstancia, al cual en modo alguno me reduzco» (Marías 1982a, 106). Pero, por otra parte, Marías afirma: «hemos descubierto una analogía, que afecta la categoría misma de persona: es común a ambas formas de vida, pero ese fundamento se da en dos formas distintas: se es persona como varón y mujer» (Marías 1996, 102)[64]. Esta definición se presenta como un problema porque se podría interpretar en manera radical, afirmando que toda aquella realidad humana que no sea varón o mujer no es persona. Creo –desde un punto de vista personal– que este es un punto débil, en el cual la teoría mariasiana tiene poca argumentación.

El pensamiento filosófico de Marías es un pensamiento fuertemente cristiano y, por tanto, algunas de sus definiciones so-

---

[64] En otra obra Marías afirma: «La vida humana se realiza en dos formas bien distintas: varón y mujer» (Marías 2010, 27). Es interesante observar cómo Marías hablando de la condición masculina y femenina tenga presente la teoría de Ortega, que admite grados en dichas condiciones afirmado que se puede ser más o menos hombre o mujer, haciendo depender esto del carácter biográfico (cfr. Marías 1982, 129).

bre la persona, encuentran sus raíces en la doctrina cristiana. Ahora, una teoría vitalístico-antropológica que tenga como base la doctrina cristiana, no podría afirmar que, solo son personas, los seres humanos que realizan su vida en la realidad corpórea de varón y mujer; porque la raíz de la doctrina cristiana el ser humano es persona porque es *imago Dei*[65]. Es por ello que el momento del encuentro con el otro –que acontece en la relación personal– no acaece con un cuerpo, sino, sobre todo, con una persona que es corpórea, como afirma Marías: «yo siento inmediatamente al prójimo como un tú, no como un cuerpo, del mismo modo que me siento a mí (que me encuentro)» (Marías 1982a, 94-95).

Este tema es un problema evidente en la lectura antropológica de la obra de Marías porque puede observarse la realidad homosexual como una realidad excluida de la realidad de la persona humana y por tanto una realidad no personal[66]. Es por ello que se debe pensar una filosofía de la persona humana desde una nueva perspectiva para este tipo de realidades personales; porque si la vida de cada uno –como se ha dicho– es *quehacer* la manifestación de esa realidad radical se debe a la presencia no solo que el «yo» proyecta, sino también la presencia que el otro descubre y percibe.

La construcción de la personalidad de la persona se realiza en la relación con el otro, y en cuanto el otro la reconoce como un «quién», o sea, como un «tú», su presencia no puede

---

[65] La iglesia Católica –en su doctrina actual– promueve la reflexión y anima a los estudiosos de las ciencias humanas a exponer e indagar en manera adecuada el problema de la homosexualidad en la persona humana: (cfr. Pontificia Commisione Biblica 2019, 170). Es evidente que el problema de la realidad de la homosexualidad no se puede ver separado de la realidad de la persona, es por ello que dicha problemática debe ser afrontada por los estudiosos desde una adecuada reflexión integral sobre la persona humana.

[66] Marías respecto a la realidad homosexual se refiere no como una realidad ni mucho menos como una realidad personal, sino como un estado intersexual (cfr. Marías 1982, 166-167).

ser ignorada, porque es gracias al re-conocimiento de la presencia que es el «yo» para el «tu» que el ser humano construye su realidad personal que es narración biográfica.

Con esta observación no se quiere relativizar el carácter biológico –no totalizante– de la realidad humana y su realidad sexuada, sino analizar cómo en la teoría de Marías hay todavía espacio para observar desde otros puntos de vista la realidad del ser humano como una realidad personal. La corporeidad y la sexualidad –para Marías– en cuanto realidad pueden ser sujetos a interpretación, pero dicha interpretación no se debe separar de su realidad biológica, o sea, de aquello que los determina en su raíz:

> Por ser una realidad de esta índole [una realidad interpretativa][67], el cuerpo significa y es diversas cosas, según se lo mire, y puede haber usos del cuerpo, de carácter histórico, y es posible una espiritualidad del cuerpo y hasta podría escribirse una historia del cuerpo. Las estructuras dimanantes de la condición sexuada son interpretadas igualmente, y el coeficiente interpretativo que las afecta es inseparable de su sustrato biológico, que no las agota en modo alguno (Marías 1970d, 615).

El cuerpo en cuanto personal y biográfico no se puede agotar en una razón biológica –biologicismo, porque su biología es parte de la totalidad de la vida de la persona (cfr. Russo 2012, 143). La vida del ser humano que es realidad personal, es interpretación de la persona misma, ella interpreta su ser corpóreo, pero además se manifiesta como interpretación en su cuerpo como realidad biográfica:

> Mi vida solo es posible en virtud de una teoría intrínseca de ella, en la cual me interpreto a mí mismo y la proyecto

---

[67]   Corchetes míos.

como tal vida. Por lo pronto, claro es, como tal «vida humana»; pero además, y ello necesariamente, como mi vida personal e intransferible. Cada hombre se interpreta a sí mismo, y esa interpretación se trasluce en su cuerpo, en la expresión de su rostro (Marías 1970d, 618).

Interpretar la propia vida, no es otra cosa que interpretar la propia realidad y manifestarla en la propia presencia como manifestación de la realidad personal. La vida humana es totalidad y el ser sexuado es parte de la totalidad de la persona que se debe interpretar. El carácter biológico en la realidad humana tiene su primado –si me es permitido usar este término–, pero dicho carácter no agota la realidad personal del ser humano. Aquello que la realidad biológica muestra en la realidad personal del ser humano, podría ser el modo «más perfecto» de realización humana, pero eso no elimina la interpretación personal que el ser humano puede dar a la propia vida.

Se ha dicho que no todo lo humano es personal, pero que todo lo personal es humano. Esta aprehensión de lo humano por parte de lo personal, por un lado acontece gracias a la absorción de la circunstancia en la propia vida como el propio destino por parte del «yo», y por otro lado, aceptar el destino humano y convertirlo en destino personal es salvar la propia circunstancia. Por lo tanto el re-conocimiento de la realidad de la propia presencia personal en la propia humanidad que es corpórea no es otra cosa que ser «yo con mi circunstancia».

La instalación mundana como momento radical de la persona

El acto de instalación en la teoría mariasiana se identifica con el verbo «estar» que tiene un lugar privilegiado en la lengua española, pero que lamentablemente en los últimos años se ha desvalorizado, despojándolo de su valor de radicalidad. De hecho el verbo *estar*, firma Marías, hace referimiento necesariamente a la realidad empírica que está viviendo la persona humana, porque tal verbo exprime el carácter biográfico en el cual se encuentra la persona misma: «el "estar", cuando vamos más allá de lo puramente fáctico y accidental, tiene una estructura; pero esta no es originariamente estática, por ejemplo espacial, sino biográfica. Se trata de la vida humana [...]» (Marías 1982, 73). Hay un peligro –afirma el filósofo español– cosificar la realidad de la persona identificándola con la estaticidad de un objeto o de un momento específico:

> La circunstancialidad de la vida humana remite inexorablemente al «estar», que está incluido en el estar de la circunstancia; mi vida es el «ámbito» o «dónde» en que estoy [...] no es que yo esté «entre las cosas» –como una cosa más–; es que estoy viviendo (Marías 1982, 73).

Para Marías «estar» además de tener un significado físico para la corporeidad de la persona humana, es, sobre todo, y principalmente una localización biográfica, porque habla de la vida que está viviendo el «yo»:

> Esa singular «permanencia» que implica el «estar» exclu-
> ye toda «instantaneidad» del vivir, en otros términos, toda
> interpretación actualista de él. Si digo simplemente «yo
> vivo», esto no refleja adecuadamente la realidad de la vida
> humana, porque hasta el instante humano viene del pasa-
> do y va hacia el futuro, es un entorno temporal, está hecho
> de duración; una vez más, de «estar». Y si la vida es una
> operación que se hace hacia adelante, esto quiere decir que
> tiene un «atrás» o un «detrás», que ese movimiento progre-
> sivo se hace desde alguna parte, que es lo que da sentido a
> ese «hacia» en que la vida consiste y llamamos proyecto.
> Sin el «estar», simplemente no tendría sentido controlable
> el proyecto, y por tanto la realidad de la vida humana (Ma-
> rías 1982, 73).

Con dicho verbo Marías va más allá del concepto de circunstancia expuesto por Ortega y supera –de acuerdo con el
maestro– una concepción existencialista de la vida, porque en
ninguna de las dos teorías observa la suficiente radicalidad para
explicar el «estar» en el mundo del ser humano:

> No basta con la mera «circunstancialidad» de la vida huma-
> na; no es suficiente decir que el hombre «está en el mundo»
> […] la instalación es la forma empírica de radicación en la
> vida humana como realidad radical (Marías 1982, 78).

El ser humano radica en el mundo porque está instalado en
él gracias a su ser corpóreo. Este «acto» de instalación es mo-
mentáneo, porque el ser humano se instala, sobre todo, en el
instante que está viviendo, para proyectar la propia vida hacia
el momento futuro: «La vida es una operación que se hace hacia adelante. Yo soy –lo hemos visto antes– futurizo: orientado

hacia el futuro, proyectado hacia él» (Marías 1982, 72). Al estar instalado en la realidad, el ser humano, proyecta la propia vida hacia el momento sucesivo. En el momento de la instalación en el cual está viviendo, hay también un momento de futurición que se manifiesta como proyecto, de hecho, para proyectarse en el futuro, el ser humano debe necesariamente estar instalado en el momento presente en el cual «está siendo» y en el cual está proyectando aquello que todavía no es.

Para Marías hay dos diversas dimensiones de instalación, pero al ser humano le pertenece solo una, la vida, como único momento biográfico y futurizo de la persona humana; y así, la vida se muestra como el «*faciendum*» y no como un *«factum»*: «La instalación es de mi vida, y por tanto la única perspectiva propia y adecuada es la biográfica» (Marías 1982, 76). Por tal motivo se debe hablar de la vida humana como una instalación biográfica y dramática, que acontece mundanalmente en un cuerpo preciso, en mi cuerpo y por tanto en mi vida (cfr. Marías 1982, 84).

1. Estar viviendo es la actualidad personal del tiempo

Marías presenta la realidad del ser humano como una realidad que mira hacia el futuro, hacia un tiempo que todavía no existe, pero que, a su vez, es una realidad que se espera en el momento que la persona imagina y proyecta la propia vida. Esta espera el ser humano no la realiza en manera pasiva, porque la espera y lo que ello significa es una acción inevitabilmente futuriza. En esta realidad la muerte se presenta como aquel evento que es inaceptable para el ser humano, porque la muerte llega a la realidad de la persona «mientras» está viviendo, preyectando y deseando aquel momento futuro en el cual pretende ser quien todavía no es.

El ser humano es consciente de sí mismo, o sea de la propia presencia, cuando está ya viviendo en el mundo (cfr. Marías 1996b, 31). Eso quiere decir que la conciencia de sí mismo no es una abstracción en la cual se suspende la razón vital del ser humano, más bien la conciencia que la persona humana tiene de estar viviendo en un tiempo circunstancial. Para Marías la vida humana se hace aquí ahora y no puede esperar, por tanto, el ser humano es «ejecutivo» es un «quehacer» (cfr. De Nigris 2018, 210). El carácter ejecutivo del ser humano no puede no hacer referencia a la teoría del maestro Ortega para quien la vida, es un «*faciendum*», un gerundio.

En la vida humana se observa la temporalidad como *quehacer*: o sea, la vida de la persona humana es un continuo «estar haciéndose» en el momento presente, porque desde su presencialidad que está en el presente él está proyectando quién quiere ser en futuro. Por ese motivo, la persona es un gerundio que desarrolla la propia actividad vital en el tiempo en el cual la está narrando y desde el cual continúa la actividad del vivir. Por ejemplo: en el momento en que la persona humana cuenta su experiencia pasada, ella no suspende la acción vital que es el vivir, porque en el momento en que está narrando dicha experiencia, está viviendo biográficamente la historia que todavía está haciendo: «la vida se descubre como acontecimiento y, con mayor precisión, quehacer, denominación que envuelve cuatro notas esenciales: personalidad, dinamismo, forzosidad, circunstancialidad; es decir, lo que yo tengo que hacer aquí y ahora» (Marías 1982, 107).

La persona humana no debe ser reducida solo al presente, haciendo de ella un espacio temporal o reduciéndola o encerrándola en un momento específico, porque no es solo presente, sino también irealidad:

> [...] Lo decisivo, lo que da a la persona un puesto único en el conjunto de todo lo conocido es con intuición y que permite la experiencia, es la inclusión de la irrealidad en su realidad. Podríamos decir que lo real no es más que real, y en ese sentido, presente. La persona, no: es desde luego pasado y futuro, memoria de lo que fue, y que sigue actuando,

formando parte de lo que «es», y sobre todo futuro incierto, anticipación o proyecto, y consiste primariamente en ello (Marías 1996b, 122-123).

La persona no es presente sino presencia, y la presencia es la característica fundamental en la cual la persona humana se hace presente, por tanto ella no es un instante o un fragmento que permanece en el presente, sino a la presencia que se manifiesta en el momento presente, que acontece –como evento personal– gracias a la instalación corpórea y que se revela en la propia carne como persona.

Dada su instalación corpórea en el mundo, el ser humano se relaciona con las cosas que tienen un cuerpo, él no solo es corpóreo sino además es un «quién» corporal y por tanto temporal. La persona por tanto, comparte con las cosas la propia corporeidad y temporalidad, pero a diferencia de las cosas, el ser humano se está haciendo en el tiempo, mientras las cosas se encuentran ya hechas y finalizadas. Como afferma Marías: «El hombre es esencialmente imperfecto, es decir, inacabado, inconcluso, siempre que-hacer y por hacer. […] Las cosas están en el tiempo, pero el hombre está haciéndose de tiempo» (Marías 1982, 255).

Para el filósofo madrileño que el hombre sea imperfecto en su esencia, quiere decir que es además finito, y es aquí donde se manifiesta en profundidad la dramaticidad de la persona humana, porque ella debe hacer la propia vida hacia delante, hacia el futuro que no conoce haciendo de la realidad del ser humano una realidad impredecible: «Precisamente la vida consiste en eso, en ir hacia adelante, mientras dura, y por eso es, a un tiempo, futurición, imprevisibilidad, irrevocabilidad» (Azorín, *et al.* 1960, 105). La dramaticidad de la vida humana se manifiesta en esta impredecibilidad, en el no saber qué cosa sucederá en el tiempo futuro. De hecho, el tiempo, afirma Marías, es una estructura dramática de la persona con la cual ella se hace y que ella misma trasciende (cfr. Marías 1996b, 15-16).

La dramaticidad de la vida humana acaece en el momento preciso que se está viviendo como el «dónde» en el cual acontece el presente, co-implicando en la realidad humana su memoria que es el pasado y su imaginación que es el futuro. De Nigris afirma que la vida se hace argumentativamente, o sea, que desde dicha realidad que es vital se proyecta «quién» se será, pero desde «quien» está viviendo. El argumento de la vida es vivir, y esta acción la persona humana la realiza solo hacia delante:

> La vida no se hace de instantes, que son la contradicción de la continuidad, sino de momentos. En cada momento la vida implica enteramente su pasado complicándolo interpretativamente en el futuro, es decir, proyectándolo quien vive, argumentalmente, una idea de quién va a ser (De Nigris 2016, 92).

En el tiempo la persona humana encuentra aquello que le es sustancial, la dramaticidad. Esto acontece de manera personal desde el momento en el cual se habla no de la vida en general, sino de «mi» vida, no de tiempo, sino de la temporalidad de la vida que «me» pertenece, porque es en el tiempo que la persona proyecta el futuro que todavía no es.

Esta dramaticidad, precisamente se podría traducir como un desorientación que induce a la persona humana a proyectarse, a buscar un horizonte, y por tanto a orientarse. Y esto lo hace tratando de imaginarse en aquel tiempo que todavía no es, pero que está haciendo y proyectando en el presente: «La vida se hace hacia adelante; el hecho de que acontece, su temporalidad, le marca esa dirección y ese avance en que la futurición consiste» (Marías 1982, 79). Javier Pérez comenta que es gracias a la futurición que la vida humana acontece en la realidad, porque la vida humana sucede como evento futurizo en el presente, no solo como aquello que se percibe sino también como aquello que se está viviendo:

La futurición introduce en él [el mundo][68] la temporalidad intrínseca; por tanto, le pertenece esa forma de realidad que es el acontecer. Una vez más la realidad se desdobla en una realidad de la percepción y una realidad del acontecer (Pérez Duarte 2016, 133).

Este carácter imaginativo, proyectante y futurizo es intrínseco a la persona humana en cuanto está instalada en el mundo (Marías 1996b, 127), haciendo que ella se pueda distinguir de las cosas que simplemente se encuentran ya terminadas en la realidad: «Mi vida no es cosa, sino un hacer, una realidad proyectiva, argumental, dramática, que propiamente no «es», sino que acontece» (Marías 1996b, 133). Esta perspectiva antropológico-vital de la realidad en Marías es una concepción diversa en relación al tema del tiempo respecto a los existencialistas; porque para el filósofo español la vida humana es una distinción temporal que se manifiesta en el presente, no siendo toda ella presente:

> La vida personal consiste en una distinción temporal, a diferencia de las cosas, no se reduce al presente, y por tanto a la realidad en el sentido de lo que «es». El hombre, cuando se da cuenta de sí mismo, se encuentra viviendo desde su nacimiento […] con una extraña realidad pretérita, que es el «haber sido» (Marías 1996b, 31).

2. Temporalidad e instalación personal

La presencialidad de la persona se hace en la temporalidad, porque es en el estar presente que la persona con la propia presencialidad narra aquello que ha sido y aquello que será, a partir de

---

[68]   Corchetes míos.

quien está haciendo: «El hombre está «en» el tiempo, sustancia de su vida; pero vivir temporalmente es apuntar vectorialmente en distintas direcciones, cerca o lejos» (Marías 1982, 249). Un punto que no se tiene que ignorar es la preposición «*en*», que Marías utiliza en referimiento al tiempo: esto quiere decir que la persona humana no es solo un actor que acompaña el tiempo en su transcurrir, sino que se desenvuelve en el tiempo interviniendo en su trascurrir personalmente.

La preposición «*en*» muestra la realización de una acción en un lugar y en un tiempo determinado, por ello Marías utiliza esta preposición al lado del verbo estar, para afirmar que el ser humano está instalado en el tiempo y, a su vez, en la temporalidad como una estructura que implica esencia de la persona humana. Russo explica la elección de Marías por el verbo *estar*, ya que en ello está a la base de la instalación personal.

> Según Marías, es necesario devolver al verbo estar todo su peso: generalmente, de hecho, se usa para indicar una situación transitoria, mientras que estar se referiría a lo que permanece. En italiano, estar es un término espacializador, mientras que en Marías tiene un carácter biográfico[69] (Russo 2012, 114).

El verbo estar no es referido solo al espacio en el cual la persona humana se encuentra, al contrario, es el carácter proyectante con el cual el ser humano tiene que vérselas de manera inmediata con el tiempo. A este punto deberíamos preguntarnos: ¿cómo comprende Marías el tiempo desde la persona?

En la sociedad occidental el problema del tiempo se asocia al tema de la muerte: por tanto el tiempo es visto como un enemigo incansable del ser humano, porque evidencia el gran límite hacia el cual camina el ser humano, la muerte, que aniquila el

---

[69]   Traducción propia.

deseo de inmortalidad, según la prospectiva de la filosofía agónica de Unamuno. De hecho, para la filosofía existencialista contemporánea –de la cual, desde este punto de vista, Unamuno es parte– el tiempo es el horizonte que aniquila el ser y con ello a la persona humana y todo su proyecto. Frente a esta problemática inicial del tiempo, el filósofo italiano Emanuel Severino, lo define como aquello que devora y aniquila el Ser:

> El ser y la nada establecen el sentido del nacimiento y de la muerte, de la producción y destrucción de las cosas. La evidencia suprema de nuestra civilización es que hay un tiempo, el pasado, en que las cosas se han vuelto nada, y un tiempo, el futuro, en que las cosas volverán a ser nada: el ser está en el tiempo, por el cual es devorado[70] (Severino 2011, 44-45).

Severino evidencia dos puntos que son los extremos de la vida de la persona, el nacer y el morir, que en Marías son fundamentales para referirse al tiempo de la vida humana (Marías 1996b, 123-124)[71]. Para el filósofo de Madrid, el ser humano está en tensión entre aquellos dos eventos inmóviles de la vida humana, y es entre ellos que la persona humana construye y proyecta la propia vida (cfr. Marías 1982, 216), porque el momento presente en la persona humana es la experiencia empírica de la temporalidad.

La persona humana hace experiencia del vivir en el momento presente, como un momento específico en el cual el tiempo se manifiesta a la realidad de la persona misma. Es en esta experiencia que la temporalidad se hace presente en la presencia del ser humano que está viviendo el aquí y ahora. Con Marías la persona está en el tiempo, realizándose en él y dándole un sen-

[70]   Traducción propia.

[71]   Se debe aclarar que Marías no conoció el pensamiento de Severino, pero el objetivo de citar a este autor es observar las líneas de pensamientos contemporáneas con las cuales Marías se enfrentaba.

tido en cuanto es parte de la estructra de la vida que está viviendo. El tiempo no es para la persona una estructura extraña en su realizarse, eso es más bien esencial a su *quehacer*.

Marías se confronta con las concepciones del tiempo de la prospectiva existencialista, y respecto a esas propone una idea de tiempo y de temporalidad que no devora el ser, sino que realiza la persona humana como ser temporal:

> A medida que pasa el tiempo me «realiza» y, en cierto sentido, me «cosifica»; quiero decir que el «yo» pretérito, a medida que «va siendo», una vez que «ha sido», deja de ser yo y se convierte en circunstancia: el yo que fui es algo que encuentro, con lo que tengo que contar, que me condiciona, que me abre ciertas posibilidades y me cierra otras (Marías 1982, 174).

El filósofo español evidencia dos consecuencias del pasar del tiempo en la realidad del ser humano: la primera y la principal es que el tiempo, sobre todo, realiza el «yo» que lo está viviendo como propio, porque en la medida que la persona humana se identifica con el tiempo que está viviendo ella lo convierte en un tiempo biográfico, dando un sentido y horizonte personal al tiempo en el cual se está realizando biográficamente.

La segunda es que el tiempo cosifica la realidad humana que ha ido haciendo de ella una historia; la realidad del ser humano, en cierto sentido, es una historia pero biográfica, que se narra en el hacerse de la vida de la persona; en esto la persona puede correr un gran riesgo, quedarse anclada en aquello que ha sido sin vivir el presente y por tanto sin proyectarse hacia el futuro; si esto sucediese en el ser humano la vida abandonaría su personalísimo ser «*faciendum*», para conversitirse en un simple «*factum*» histórico e impersonal.

La vida humana en cuanto quehacer es limitada, tiene los días contados. El ser humano. según el filósofo español, posee la propia vida de manera imperfecta y sucesiva como parte de su carácter indigente. La posesión imperfecta de la vida por parte de la persona se manifiesta en el recuerdo que atañe al pasado, en la imaginación como posición del futuro que todavía no es y con la presencia en la cual se vive el presente como un momento fugaz en el cual el ser humano no puede permanecer (cfr. Marías 1989a, 26).

Esta concepción del tiempo en Marías, presenta ciertas analogías con la concepción del tiempo de san Agustín, el cual muestra como el pasado y el futuro se encuentren en el presente de la persona que lo está viviendo, porque es en la fugacidad de tal momento que la persona recuerda el pasado y proyecta el futuro:

> Es inexacto decir que existen tres tiempos, pasado, presente y futuro. Quizás sería correcto decir que hay tres tiempos: presente del pasado, presente del presente y presente del futuro. Estas tres clases de tiempos existen de alguna manera en el alma, el presente del pasado es memoria, el presente del presente es la visión, el presente del futuro es la espera[72] (san Agustín 1994, 325).

San Agustín se refiere al tiempo como una totalidad que puede ser dividida en tres tiempos que coexisten en la intimidad del ser humano, y es entonces, en la radicalidad personal del hombre, que se encuentra el sentido del tiempo, que no es indefinido, pero que aún así se define como un tiempo presente continuo que acontece en el aquí ahora, en el vivir de la persona.

Se puede afirmar que el tiempo en Marías es aquello que el ser humano está narrando, está haciendo y está proyectando; en suma, la temporalidad es aquello que la persona humana encarna biograficamente; por eso en ella se habla de temporalidad en

[72] Traducción propia.

cuanto su acción vital es vivir, o sea, *quehacer* con el tiempo como forma intrínseca de la vida humana en la cual la persona vive y se proyecta (cfr. Marías 1982, 173).

Estar instalado significa que la persona humana está en el tiempo y a su vez en el mundo, instalación no quiere decir que el ser humano está en el tiempo en cuanto pertenece a él está poseído por él, al contrario, en la instalación temporal es la persona humana que aprehende el tiempo mientras lo está viviendo como una instalación temporal:

> [...] la forma de temporalidad personal es exclusiva. No consiste en «estar» en el tiempo, ni en la mera duración, sino en la presencia del pasado y el futuro [...] es decir, de la distinción temporal, bien distinta de mero presente de la realidad (Marías 1996, 129).

Tal distinción hace que la persona consista en ser presencia manifestante del pasado y del futuro en el tiempo que se manifiesta como presente que acontece en la presencialidad personal, por ello es que la persona humana no es presente sino más bien presencia. La presencialidad de la persona en el tiempo no es una extracción, más bien es estar viviendo en manera biográfica y personal aquello que le acontece en manera temporal:

> la forma de temporalidad personal es exclusiva. No consiste en «estar» en el tiempo, [...] sino en la presencia del pasado y el futuro –inseguro por añadidura– es decir, de la distinción temporal, bien distinta del mero presente de la realidad (Marías 1996b, 129).

La presencia de la persona humana según Marías es la manifestación tangible del tiempo biográfico en su distinción, porque la presencia narra aquello que ha sido y aquello que será, porque es en la presencilidad que la persona humana se manifiesta como *alguien* que está viviendo.

3. La mortalidad en la temporalidad vital

En el proyectarse, la persona humana da a la propia vida un horizonte más allá del momento preciso que está viviendo, y el horizonte en el ser humano es aquella realidad ilusoria que se aleja siempre. Pero, en tal realidad aparece siempre la muerte como el límite en el horizonte de la realidad humana: «La palabra horizonte es la más adecuada, porque la mortalidad limita la vida, aparece como una línea que cierra la prospectiva, pero que, como el horizonte mismo se va alejando, está siempre más allá» (cfr. Marías 1989a, 320). La realidad radical en la cual se encuentra el ser humano incluye la muerte en la propia vida, en su proyecto; pero en cuanto límite del horizonte vital, él observa la muerte siempre más allá respecto a la realidad que está viviendo y más allá respecto a la realidad que está proyectando.

Por otra parte, la muerte permanece siempre en el horizonte de la vida humana, como aquella realidad patente con la cual el ser humano no quiere enfrentarse (cfr.Marías 2010, 200). La muerte, de hecho, se manifiesta en la instalación temporal de la persona como aquel momento incomprensible que amenaza la temporalidad de la vida de la persona humana; por ello la vida del ser humano en cuanto quehacer, debe ser creativa y crear ilusoriamente el tiempo, que vaya más allá de los límites de la muerte, por el proyecto principal que es la vida misma: «[...] este tiempo de nuestra vida es un tiempo limitado. Son los días contados. El hombre está amenazado por la muerte. La función de la vida cotidiana es crear una ilusión de eternidad» (Marías 1970b, 576-577).

El ser humano sabe que debe morir, sabe que tiene los días contados, y esta es una certeza que él tiene, pero no sabe precisamente cuándo se dará, esta incerteza muestra el carácter dramático indigente de la vida humana, muestra su límite. José Luis Cañas, afirma que en el momento en el cual la persona humana se deshumaniza, se encuentra en una situación límite[73], y la manifestación más evidente es la llamada muerte existencial, o sea no saber para que se está viviendo y hacia donde se está orientando: «Cuando se sabe cómo vivir pero no para qué se vive, nos adviene la angustia existencial, es decir estamos ante una muerte existencial» (cfr. Cañas Fernández 2018, 42).

La persona humana imagina y proyecta la propia vida como una manera con la cual poder escapar a la muerte real y existencial, ya que es en la propia vida cuando la persona humana experimenta la muerte como aquel evento futuro que sucederá inevitablemente, como alude Marías: «Esa combinación de seguridad e incertidumbre es esencial para comprender cómo funciona en nuestra vida la expectativa de la muerte» (cfr. Marías 1989a, 321). Frente a la muerte la actitud del ser humano es de espera, de expectativa, pero esto él lo hace solo proyectando la propia vida siempre y cuando esté viviendo.

Desde un punto de vista de la teoría analítica, la vida en general no termina, porque es el ser humano el que, cuando muere, deja de vivir, es él quien se detiene, porque la vida por otro lado prosigue (cfr. Marías 1982 206); pero para la teoría empírica de la vida humana la vida termina, porque esa es «mi» vida. El ser humano nace a la vida en cuanto realidad en la cual está previamente radicado, en esa él debe hacer la propia vida mientras está viviendo, porque él no es un devenir, es un quehacer, y la vida es la realidad radical donde se acontecen todas sus experiencias incluida la muerte:

> Mi vida, pues, no es el hombre, ni es el yo, ni es el modo de ser de un ente privilegiado que somos nosotros. La vida no se agota en el yo —este es solo un ingrediente o momento abstracto suyo –, ni es cosa alguna, porque

---

[73]   «Podemos definir las situaciones-limite como aquellas situaciones de la vida dolorosamente intensas, y en principio irreversibles, que están fuera de nuestro control cuando las padecemos» (Cañas Fernández 2018, 41).

toda cosa se encuentra en alguna parte, y la vida es, por el contrario, el «dónde» en que las cosas aparecen (Marías 1962a, 397).

Marías hace la diferencia entre «quién» es el hombre y aquello en que consiste su realidad personal, la persona humana –como se ha visto– es corpórea y por esto está instalada en su cuerpo, pero no es solo su cuerpo ella es pretensión, proyecto, y esto significa para el pensador español que la persona pretende también la inmortalidad: «Lo que yo soy es mortal; pero quien soy consiste en pretender ser inmortal [...] no se puede imaginar la muerte personal más que desde la vida y de su pretensión de inmortaliad» (Marías 1989a, 323). Marías está razonando el carácter menesteroso, penúltimo e indigente de la persona humana, la dramaticidad generada por la conciencia de la muerte, se sintetiza en la frase «tener los días contados», esta no es una perspectiva pesimista de la vida, todo lo contrario: es la conciencia de la realidad de la muerte como parte de la propia vida.

La visión personal de la muerte acaece porque ella es acogida como parte del destino de la persona humana, en el horizonte personal y frente a la muerte, la persona no se presenta como un cualquiera sino más bien como un «yo», porque la muerte no lo convierte en nada, porque el «yo» permanece como alguien. «La vida mortal es el tiempo en que el hombre se elige a sí mismo, no lo que es sino quién es, que inventa y decide quién quiere ser» (Marías 1996b, 96). Este carácter personal que Marías confiere a la muerte hace que se hable de la muerte de alguien de un quién (cfr. Burgos 2016, 36). La muerte es un evento que radica en la vida de alguien, porque ella no es un evento genérico sino que acontece siempre a alguien, a una determinada persona.

Que la vida humana termine en la muerte no quiere decir que se viva para la muerte, esa es posible en todo instante, (cfr. Marías 1989a, 321), por este motivo de encuentro, la persona humana tiene que proyectar la propia vida teniendo cuenta de la muerte, sabiendo que es ella quien limita la vida pero no es un quién que puede determinar su destino.

El ser para la muerte de Heidegger, Marías lo interpreta y lo traduce en manera diversa dando a la muerte una forma en la cual el ser humano se debe instalar. El filósofo español hace una traducción más literal en línea con su teoría de la estructura empírica: él traduce el «*Sein zum Tode*»[74] heideggeriano como el *estar-a-la-muerte* del ser humano (Marías 1970b, 546). Marías ofrece esta interpretación porque cree que el ser humano tiene siempre de frente la muerte, con la cual tiene que hacer como el evento último e inevitable de la propia vida «El hombre es mortal, pero no solo en el sentido de que puede morir, sino que tiene que morir: es *moriturus*» (Marías 1989a, 321).

La muerte, en la de la teoría mariasiana, es analizada como una realidad que es segura y que se tiene que vivir «Y la expectación de la muerte, la realidad de la muerte que amenaza con imprecisa seguridad –*mors certa, hora incerta*– se revela, se hace sentir, vivir, de un modo inmediato y cordial» (Marías 1960 126). La muerte en cuanto realidad de la estructura empírica de la vida no es una posibilidad (cfr. Severino 1994, 223), ese es el evento que acontece a una persona concreta que vive encarnada en un cuerpo y que, por tanto, es mortal. El ser humano en su mortalidad muestra su finitud (cfr. Severino 1994, 224), pero Marías, diversamente de aquello que piensa Severino, observa cómo la muerte en la estructura de la vida humana no impide a la persona humana realizar la propia vida, porque el fin último de la persona no es morir sino el vivir.

Es lógico que la vía sea la condición necesaria para que exista la muerte, de hecho la muerte existe solo en relación a la vida, y por tanto la muerte no es extraña al proyecto de la vida

---

[74] Para un estudio con mayor profundidad sobre el tema de la muerte en Heidegger: cfr. *L'«essere per la morte» in Essere e Tempo di Heidegger. Introduzione alla lettura*. A. Fabris. Carocci, Roma: 2000. También cfr. La finitezza del «Dasein»: morte, coscienza e addebito in Heidegger e la Metafisica. E. Severino. Adelphi, Milán:1994.

humana porque está latente en ella (cfr.Caballero Bono 2009, 406), La muerte es uno de los ingredientes principales que dan al ser humano y a su proyecto una orientación en su *quehacer* como afirma el mismo Marías:

> El hombre, en efecto, tiene un esquema o proyecto vital, que incluye la muerte; solo puede vivir, por tanto, en vista de ella, y por eso tiene que saber a qué atenerse, tiene que estar en alguna creencia respecto a la realidad de eso que llamamos morir; porque si no ocurre así, se encuentra radicalmente desorientado respecto al sentido mismo de su vida y de cada uno de sus haceres concretos (Marías 1962b, 342).

La persona humana, entonces, en cuanto proyecto es futuriza, y está instalada en el momento presente y viviendo a su vez el futuro, o sea imaginándolo y proyectándolo. El único evento seguro que no es proyectado es la muerte, esa es ya parte vital del ser futurizo, de su ser «*moriturus*»: ello no significa que la persona sea para la muerte, sino que en cuanto mortal debe morir, porque la muerte se encuentra en la realidad vital de la persona misma.

4. La persona humana, proyecto futurizo

La antropología cristiana que está de fondo en el pensamiento de Julián Marías emerge en su reflexión sobre el tema de la muerte, pero, sobre todo, cuando trata la persona humana como ser futurizo, o sea, como alguien que tiene un horizonte hacia el cual poder proyectar la propia vida. En *La felicidad humana* (1987), Marías afronta el tema de la persona humana como un proyecto futuro, profundizando la realidad humana desde una perspectiva de esperanza (cfr. Marías 1989a, 325).

Desde esta visión de la realidad de la vida humana Marías observa cómo la persona, en su búsqueda de orientación, es primeramente aquello que todavía no es, un proyecto que es futuro. Respecto a la visión esperanzandora de la realidad, el filósofo español, comentando las bienaventuranzas evangélicas, afirma que ellas han sido formuladas para la persona humana considerada en su característica futuriza, porque la persona, es el único ser capaz de proyectarse hacia tales promesas: «Y en las palabras del Evangelio, directas, no teológicas, encontramos un sentido futurizo, que es precisamente el que corresponde a la vida humana, orientada y proyectada hacia el futuro, aunque esté anclada en el presente» (Olaizola 1995, 13).

Marías afirma que las bienaventuranzas evangélicas se pueden observar desde un doble carácter: el primero es la circunstancialidad, por qué están referidas a la persona en cuanto instalada en el presente; el segundo es el referimiento al futuro proyectado por la persona humana que «relaciona» así el propio presente con una promesa futura, observando en esta promersa el horizonte hacia el cual orientarse (cfr. Marías 1989a, 106). Es importante observar cómo en ambos escenarios la referencia principal no es el tiempo, sino la persona humana en cuanto presencia futuriza en el presente.

Cuando el ser humano proyecta su vida hacia el futuro, significa que está «siendo anticipación» del futuro que imagina. Russo afirma que la ilusión es siempre anticipación de aquella realidad dramática que sorprende la persona humana que está viviendo el aquí y ahora (cfr. Russo 2016, 97). La estudiosa además sostine que la realidad es aquel momento que siempre sorprende y que entra con fuerza en «mi» vida, que es anticipación de aquella realidad que, cuando emerge, muestra siempre novedad en la propia circunstancia.

Estar instalado en el tiempo y asimilarlo como historia biográfica es un acto que pertenece solo a la persona humana, porque la instalación temporal permite su movimiento vectorial hacia el futuro (cfr. Russo 2012, 115). Aldo Pastor afirma que gracias a este acto de instalación se configura en una mejor manera la dinamicidad del ser humano en el mundo:

> La instalación es ese gran concepto metafísico en español
> que proviene del verbo estar y que permite expresar la dina-
> micidad de la realidad personal [...] el concepto de instala-
> ción es lo que simboliza en su conjunto la vida humana, una
> realidad proyectiva y futuriza en todo (Pastor 2019, 205),

La narración biográfica por parte de la persona humana
acontece en el momento en que ella está instalada en el tiempo
presente: porque el ser humano desde el preciso momento que
está viviendo se puede proyectar hacia el futuro que se presenta
en la propia vida como proyecto mejor que como solo presente (cfr. Julián Marías 1983, 13). El presente que el «yo» está
viviendo aquí y ahora es aquel futuro que de forma precedente había proyectado, no es una invención o un acto ideal de la
persona humana, eso es más bien consecuencia de su realidad
radical manifestada en el estar viviendo.

Las acciones de instalación y proyección personal, surgen no
solo por un acto de posesión del tiempo por parte de la persona humana (cfr. Savignano 2016 209), acaecen, sobre todo, por
el acto de co-impliación de la persona humana con el tiempo,
porque es en el tiempo donde la vida ha iniciado y es en el que
terminará (cfr. Marías 1982, 172-173). Esta afirmación podría
parecer superficial, pero si se observa desde otra prospectiva, la
persona humana no puede realizar la propia vida si no en manera temporal, porque es en dicha condición de temporalidad
que ella se está realizando dramaticamente como historicidad y
proyecto:

> El proyecto o programa vital [...] que se refleja en la
> motivación de lo que tengo que hacer por algo y para
> algo, es un requisito indispensable para poder vivir [...]
> yo soy ese programa o proyecto, es decir, una pretensión,
> por lo cual, ser, para el hombre es pretender ser (Soler
> Planas 1973, 103).

El proyecto personal del ser humano se concretiza en el tiempo futuro que todavía no es, pero con el cual la persona cuenta. De hecho, el proyecto muestra el carácter futurizo de la persona humana y manifiesta también el orientarse hacia el futuro de quién pretende ser. El carácter pre-tensivo evidencia –según De Nigris– el carácter penúltimo e indigente del ser humano: «La condición personal es proyectiva, no está dada en el presente pero tampoco en el futuro: es «futuriza», prevé o anticipa el futuro como posibilidad de ser quien pretender ser» (De Nigris 2005, 106). La condición personal del ser humano se hace en el presente, pero se realiza en el futuro manifestándose en la presencia que narra la propia vida como quehacer realidad radical.

El tiempo en la vida humana constituye una estructura principal del proyecto personal, la temporalidad construye no solo la historicidad biográfica del ser humano, sino y, sobre todo, el futuro verso al cual se proyecta: «[…] el tiempo no se limita a «pasar», sino que tiene estructura; y esta no es la de la simple duración o cuantificación, sino la que impone la realidad proyectiva de la vida» (Marías 1982, 175). El tiempo pasa pero la persona humana se instala y acontece en ello, en cuanto evento personal de la realidad; el ser humano acontece en el tiempo manifestando así el carácter sucesivo y temporal de la propia vida (cfr. Marías 1982, 173).

5. Presencialidad y manifestación de la persona

Ortega habla en modo impersonal de la realidad vital refiriéndose a ella como realidad de alguno, Marías actualiza este concepto pasando del plural que generaliza, al carácter singular de «mi» vida que personaliza la realidad humana. De hecho él mismo declara que la vida es: «"lo que hacemos y lo que nos pasa"», en expresión de Ortega; mejor aún, por lo pronto, lo que hago y lo que me pasa, en primera persona de singular del presente de indicativo –que es, no se olvide, el tiempo y el modo de lo real–» (Marías 1947, 230). La atención de Marías se vuelve no solo hacia el modo personal de la vida, sino y, sobre todo, a la temporalidad que se manifiesta en la presencia del ser humano en el tiempo presente.

El presente, no basta para la realización de la vida humana porque ello encarcelaría dicha realidad convirtiéndola en un tiempo histórico. La persona no se puede limitar al aspecto circunstancial de la propia vida, porque la circunstancia se limita al presente que se está viviendo aquí ahora, y entonces a un tiempo específico. Para Marías la persona es presencia que se hace en el presente, que es real, pero no se limita solo a ello porque ella se proyecta hacia el futuro gracias a la propia imaginación.

El ser proyecto es una característica esencial del ser humano, que no lo hace un ser solitario, porque él no se proyecta por sí solo: lo hace con las cosas y, sobre todo, con las personas que forman parte de su realidad radical en el cual la persona humana está instalada:

> En rigor, yo encuentro las cosas en la vida, y después caigo en la cuenta de que encontrarlas es estar yo con ellas; esto es, me encuentro a mí mismo con ellas. Vivir, es, por tanto, con-vivir; vida es coexistencia del yo con las cosas, y esta es la situación primaria. El estar con supone un previo dónde, un en donde se está (Marías 1947, 232-233).

En el ser humano –como se ha visto– vivir significa está instalado en el mundo, Marías por su parte, amplía este término y afirma que vivir significa con-vivir con los otros, y esta acción de co-implicación del «yo» con los otros, se convierte vital y biográfica, porque acontece en su vida que es presente.

El mundo personal no se limita al tiempo presente porque el ser humano es pasado y principalmente futuro: en la presencia de la persona humana, en cuanto narración biográfica que acontece en el presente, se manifiesta su historia y su proyecto. El pasado es pasado de la vida que «*está siendo*» ahora, y el futuro lo es de la vida que se está proyectando desde el momento presente; por tanto la persona humana no se puede entender sin su pasado y ni siquiera sin el horizonte hacia el cual se dirige. Esta perspectiva hace ver cómo la persona humana es una realidad que debe ser comprendida en la totalidad de su presencia, y no solo en la realidad parcial del presente histórico.

La instalación personal en cuanto *estar-en-el-tiempo-presente* constituye la mundanidad del ser humano: «El hombre solo se da en el mundo, y esa mundanidad o, si se quiere, intramundanidad lo constituye» (Marías 1947, 234). Ser mundano no significa que la persona humana es mundo, sino que la persona humana, a partir de la propia realidad, modifica la propia circunstancia mundanal dando un sentido personal a ella, a la realidad determinando así el proprio horizonte que es sobre todo vital y personal.

El Quijote de Marías, un ejemplo de comunicación de las circunstancias

Otro punto de encuentro entre Ortega y Marías se encuentra en la obra *Don Quijote de la Mancha* de Miguel de Cervantes (1605). En ella se puede admirar, según nuestros filósofos, un primer acercamiento el concepto de vida, de proyecto, de imaginación; en conclusión un primer acercamiento del concepto de persona humana en la filosofía y la litertura española.

Dicha obra en Marías pero sobre todo en el Ortega político es un punto de referencia, y no es una casualidad que el primer libro de este último haya sido *Meditaciones del Quijote*. De hecho Heliodoro Carpintero afirma: «A lo largo de toda la obra de Ortega corre una vena nunca extinguida de admiración y atención hacia la figura y la obra de Cervantes» (Carpintero 2006, 234).

En su primera obra Ortega inicia la propia filosofía de la vida del ser humano sobre la base de la circunstancia que está viviendo «El hombre rinde el *máximum* de su capacidad cuando adquiere la plena conciencia de sus circunstancias» (Ortega y Gasset 2004e, 754). La persona humana aprehende la propia circunstancia solo cuando la está viviendo como realidad radical; vivir la circunstancia entonces es interactuar con esa, asumirla, encarnarla; en suma, salvarla.

Vivir la propia vida confiere el ser humano la conciencia que el propio vivir está dando un sentido personal al mundo. Como afirma Marías: «La vida es –suele repetir Ortega–, faena poética. Yo tengo que inventar o imaginar antes el que voy a ser [...] en vista de esa circunstancia en que me ha tocado vivir» (Marías 1969b, 342). Para el maestro español vivir es narrar biográficamente lo vivido pero no solo, sino también pre-vivir aquello que no se está viviendo todavía.

La vida humana, como afirma Ortega, es dinámica en cuanto quehacer temporal «La vida no es una cosa estática que permanece y persiste: es una actividad que se consume a sí misma» (Ortega y Gasset 2004c, 628). El consumarse de la vida humana no debe ser visto como un evento trágico que interviene en la vida para pagarla, sino como un evento dramático de la vida misma, una consecuencia de la estructura corpórea que se desarrolla en la temporalidad. La vida se desarrolla dramáticamente porque no conoce aquello que le sucederá, y es en el no conocer el futuro que encuentra su sentido dramático: «Esta –la vida– no se siente nunca prefijada. Por muy seguros que estemos de lo que nos va pasar mañana lo vemos siempre como una posibilidad. Este es otro esencial y dramático atributo de nuestra vida» (Ortega y Gasset 2008b, 574). La vida humana es la posibilidad que se podría manifestar en el futuro; en el uso, no casual de este tiempo y del modo condicional, se encuentra el dramaticidad de la vida humana, en la posibilidad de ser aquello que todavía no es.

La concretización de la vida humana se encuentra en su temporalidad, porque es la temporalidad misma que presenta a la vida como en el horizonte que la limita: «El tiempo biográfico, por su parte, no es sin más homogéneo. El hombre dispone de una temporalidad en la forma concreta de "tener los días contados"» (Carpintero 1967, 211). La temporalidad como estructura del vivir en el ser humano hace de la vida un consumarse, y esta es la forma concreta de la vida, un consumarse en sí, pero no para así porque la vida del ser humano, no se entiende cuando su fin último es ella misma, y no la apertura a la alteridad.

Un ejemplo concreto que se puede encontrar en la filosofía de Marías y también en la de Ortega es la figura de don Quijote que consuma la vida en sí, aceptando la propia circunstancia, no para sí mismo sino por el amor de su señora Dulcinea del Toboso: este es el paradigma de la vida de la persona humana; el vivir de la persona humana se manifiesta no en la realización solitaria de sí, sino en la realización con el otro que es realidad y relación.

De hecho don Quijote al final realiza su vida con Sancho y la realidad del escudero se manifiesta al caballero como aquella en realidad dinámica y por tanto dramática, que es la alteridad: «El personaje principal del «Quijote» no es don Quijote: es la pareja, es don Quijote y Sancho, personaje dual, esencial amistad desnivelada y por eso, dinámica» (Marías 1969, 8). Por ello cuando se habla del escudero se debe hacer referencia al caballero y viceversa, la realidad de ambos es la circunstancia del uno y del otro, porque es desde la realidad de cada uno de ellos que se inicia el proyecto de ambos.

Cuando se habla de dualidad en ambos personajes no se entiende la simbiosis como realidad del otro. En la relación personal, la circunstancia, en cuanto realidad de ambos, se salva solo salvando las diferencias que emergen de la circunstancia personal de cada uno. El uno es siempre el escudero con una visión «normal» de la realidad, el otro es el caballero que en el vivir el propio mundo –que al final se convierte también en el mundo de Sancho– absorbe el propio destino: «Don Quijote y su escudero tienen circunstancias distintas, porque uno está loco y el otro está cuerdo, pero son «comunicantes»; es decir, uno y otro «conviven» en sentido estricto, no solo coexisten en el mismo ambiente físico» (Marías 1969, 9). Sancho no absorbe la circunstancia personalísima de don Quijote, sino que más bien acepta la persona y la presencia del caballero, el escudero acepta la «locura» de su señor, porque ella es su circunstancia y su destino en cuanto lo está viviendo como realidad presente y que, sobre todo, está proyectando como futuro. Aceptando tal circunstancia el escudero salva no solo la circunstancia del caballero sino sobre todo la propia realidad personal:

> En *Meditaciones del quijote*, la dureza de la vida la supera Ortega con la ironía y el humor o si se prefiere con la metafísica, que es un modo concreto para alzarse de la vida y apartarse de ella; es decir superarla (De Llera Esteban 2016, 10).

1. Sancho Panza, un ejemplo de instalación personal

El análisis de la figura de Sancho Panza nos ofrece al escudero como un ejemplo metafísico de instalación personal, partiendo desde la realidad vivida para reconocer la realidad proyectada.

Es gracias al encuentro personal con don Quijote que Sancho comienza proyectar la propia vida hacia un futuro que no solo o no le pertenece ya que el escudero se proyecta hacia un futuro que no es suyo y además se proyecta hacia un futuro que no había imaginado. Sancho se encuentra con don Quijote y con su proyecto de «caballero andante» después de un largo proceso entra en alma agitada del «caballero de la triste figura» (cfr. Alonso 1984, 314). Don Quijote, su amigo, es parte no solo de su presente sino también de su proyecto, Sancho acepta al caballero y también su mundo y su circunstancia, porque es aceptando la alteridad y por lo tanto la diversidad del otro cuando Sancho empieza a ser parte de la circunstancia quijotesca y don Quijote parte de la vida de Sancho:

> Quizá ningún otro ejemplo muestra con mayor claridad la significación de la tesis orteguiana «yo soy yo y mi circunstancia». El «yo» de don Quijote incluye su circunstancia, su mundo irreal, demencial, en que es posible su caballería. Al

aceptar a don Quijote, Sancho recibe con él esa circunstancia en la que se resiste a entrar (Marías 1969, 10).

Con este ejemplo no se quiere proponer un análisis literario de la figura del escudero, ni tampoco un estudio histórico-crítico sobre la obra cervantina; se quiere analizar el sentidico filosófico de cómo Sancho Panza se instala en una circunstancia que no es la suya y cómo –al fin de cuentas– proyecta la propia realidad vital desde una circunstancia que no era la propia y que aun no siéndolo la asume como propia, salvando así su circunstancia, su mundo, en resumidas cuentas, su realidad vital.

Para llegar a este objetivo, se analizará –desde una perspectiva filosófica– el diálogo que aparece en el último capítulo de la obra entre Sancho y don Quijote. Este diálogo se desarrolla en una realidad no proyectada por Sancho y por tanto se convierte –como en toda la obra– en una realidad dramática, el lecho de muerte del valiente caballero en el cual yace a causa de una enfermedad fatal:

> Y, volviéndose a Sancho, le dijo:– Perdóname, amigo, de la ocasión que te he dado de parecer loco como yo, haciéndote caer en el error en que yo he caído de que hubo y hay caballeros andantes en el mundo.
> – ¡Ay! –respondió Sancho llorando– No se muera vuestra merced, señor mío, sino tome mi consejo y viva muchos años, porque la mayor locura que puede hacer un hombre en esta vida es dejarse morir así sin más, sin que nadie le mate ni otras manos le acaben que las de la melancolía. Mire no sea perezoso, sino levántese de esa cama, y vámonos al campo vestidos de pastores, como tenemos concertado: quizá detrás de alguna mata hallaremos a la señora doña Dulcinea desencantada, que no haya más que ver. Si es que se muere de pesar de verse vencido, écheme a mí la culpa, diciendo que por haber yo cinchado mal a Rocinante le derribaron.

> – Señores –dijo don Quijote–, vámonos poco a poco, pues
> ya en los nidos de antaño no hay pájaros hogaño. Yo fui
> loco y ya soy cuerdo; fui don Quijote de la Mancha y soy
> ahora, como he dicho, Alfonso Quijano el Bueno (Cervan-
> tes Saavedra 2004, 1002-1003).

Es en esta dramática circunstancia de la vida del caballero
que se escribe una de las páginas más bellas de la literatura
española, porque es en la libre aceptación de la propia muerte como realidad circunstancial donde nace y se manifiesta la
amistad entre don Quijote y Sancho. Creo interesante observar de inmediato que el diálogo empieza con una petición de
perdón por parte del caballero, pasando luego a una petición
de inmortalidad por parte de Sancho hacia su señor, compa-
rando su agonía a la holgazanería de no quererse alzar de la
cama.

Para buscar de entretenerlo y alejarlo de la muerte Sancho
recuerda a don Quijote su finalidad, o sea su proyecto y su horizonte, el amor hacia Dulcinea. Parece que la posición de Sancho
frente a la muerte sea de incredulidad o de no aceptación de la
realidad vital del caballero, que lo lleva, por tanto, a desear la
inmortalidad se su señor; por el contrario la actitud de don Quijote es de aceptación y de libertad hacia el límite del horizonte
de la propia vida.

Este último diálogo entre don Quijote y Sancho comienza
con el reconocimiento de Sancho como amigo por parte de
su señor; el escudero no lo entiende, o mejor no se da cuenta
de tal reconocimiento, porque está invadido por el miedo de
volverse en «ninguno». El Caballero de la Triste Figura da
un salto de calidad en la relación con Sancho, él era, hasta
aquel momento solo el escudero, es solo hasta el momento de
absorción y encuentro con la propia realidad que don Quijote
lo reconoce como aquel con el cual ha compartido su propio
proyecto, y lo identifica como un «tú» y por tanto como un
amigo.

En Zubiri se ha visto, que la personalidad es algo que se construye mientras se está viviendo, y esto se hace evidente en la figura de Sancho Panza: su personalidad se hacía cada vez que decidía continuar a vivir el proyecto del señor don Quijote. El proyecto vital de Sancho no se limita solo a su vida, su proyecto, implica la vida de su familia y especialmente la de su hija Sanchica, a la cual quería ver vestida de condesa (cfr. Cervantes Saavedra 2004, 584). Por este motivo él acepta la generosa oferta de gobernar la isla Barataria[75], prometida por don Quijote en cambio de su servicio de escudero.

Sancho es un agricultor, él observa la oportunidad de proyectar una vida mejor, pero este proyecto no empieza desde la realidad personal de su imaginación, sino del proyecto de su señor. Sancho construye su personaje partiendo de un proyecto que no le pertenece, proyecto que poco a poco él comienza a hacer suyo en la medida que va avanzando la historia: de hecho conforme va avanzando la narración, Sancho no es más un agricultor sino que se convierte en el escudero Sancho Panza, encarnando una nueva circunstancia se instala en ella con el solo objetivo de ser él mismo gobernador, su mujer señora y su hija condesa.

Sancho se instala personalmente en la forma de escudero en el proyecto del caballero don Quijote, estar instalado comporta en el ser humano, la construcción de un horizonte desde el presente que se está viviendo; y cambiar la instalación personal significa además cambiar las certezas, el horizonte y también el propio proyecto. La circunstancia vital en la cual está instalado Sancho, proyectada desde el encuentro con el caballero, y con la cual tiene que vérselas, se localiza en el horizonte vital de la

---

[75]   En un diálogo entre don Quijote y Sancho, el caballero promete una isla llamada «Barataria», que significa «engaño». He aquí uno de los puntos crueles de la obra, al humilde escudero se le promete una isla que no existe, y comienza a planear su vida –a través de su servicio– partiendo de una mentira o más bien de una locura, como menciona don Quijote.

«locura» del caballero. No es que Sancho esté loco, sino que simplemente ha absorbido la circunstancia de su amigo, ha creído en tal realidad, y desde aquella circunstancia vital, que no es otra cosa que la vida de don Quijote, él comienza a proyectar la propia vida.

En el momento de la muerte don Quijote, acontece en Sancho un giro de la realidad, no solo en la realidad que está viviendo —aquella realidad de la muerte de su amo— sino también y, sobre todo, de aquella realidad que el mismo «está siendo» (cfr. Socrate 1998, 62). Sancho no es más un campesino, esta circunstancia no le pertenece; la circunstancia que podría aniquilarse ahora es aquella del caballero, porque dicha circunstancia no depende solo de él, sino también de la realidad vital de don Quijote, desde el momento que con-vive con él en la propia realidad de caballero, realidad en la cual se ha instalado Sancho y que ahora no quiere dejar.

La realidad en Marías y en Ortega —en la medida que viene aceptada— es el destino del hombre. El destino del hombre es la realidad con la cual él se está haciendo y en el aceptar el propio destino, la persona humana está reabsorbiendo la propia realidad, aquella realidad que es dinámica y proyectante. Esta es la realidad a la cual se hace referencia cuando se habla de la vida de Sancho; la dinamicidad de la realidad se manifiesta en Sancho, de nuevo, cuando se encuentra frente a Alfonso Quijano el Bueno, que es el opuesto de la figura del valeroso y famoso caballero (cfr. Guillén 1984, 304).

Sancho ha construido el propio horizonte vital sobre el horizonte de su caballero, que declara en su lecho de muerte, donde está ya cuerdo, de haber estado loco. Unamuno ve en esta última escena, entre el excaballero y el escudero, el punto más alto de la fe de Sancho (cfr. Unamuno 1988, 511). La fe de Sancho está puesta en la figura de don Quijote, en su vida, en el proyecto que juntos han construido. El escudero necesita de la circunstancia vital de su caballero para poder continuar a proyectar su vida, él es Sancho Panza porque junto a don Quijote ha proyectado la propia vida:

> ¡Ay!, amigo Sancho, que tu amo no puede ya volver en sí, sino que ha de volver al seno de la tierra todoparidora, que a todos nos da a luz y a todos nos recoje en sombras. ¡Pobre Sancho, que te quedas solo con tu fe, con la fe que te dio tu amo! (Unamuno 1988, 511).

Se debe recordar que para Unamuno la razón no tiene nada que ver con la vida, la cual no puede ser explicada desde la razón sino solo desde la vida misma, es desde aquí que se coloca la figura de Sancho, en el plano de la experiencia vital más bien que sobre el plano racional. El escudero no tiene más la racionalidad de la cual se jactaba, él está viendo la realidad que don Quijote ahora ha dejado.

Por este motivo, Sancho tiene necesidad de la circunstancia de don Quijote, de la imaginación y de la locura del amigo: quiere salvar las circunstancia quijotesca para salvarse en ella también él mismo. Este es el máximo ejemplo de la segunda parte de la famosa frase Ortega «si no salvo ella, no me salvo yo». Es en la dramática experiencia del otro que Sancho se ha descubierto como un «tú», para el «yo» del caballero, él es el «tú» porque viene reconocido por don Quijote como tal. Desde el momento que está instalado en el horizonte quijotesco, Sancho es parte fundamental de la circunstancia de su amigo que proyecta la propia vida al lado de su escudero, el caballero, a su vez, hace parte de la vida y el proyecto del horizonte de Sancho.

Unamuno observa en Sancho una fe que lo puede salvar del olvido, la fe en la vida del Quijote. Su circunstancia que aunque sea construida desde la imaginación, es una circunstancia que ha sido vivida y que, por tanto, puede ser narrada en la vida de cada uno. Esta fe heroica, como la llama Unamuno, permite a Sancho salvarse no en la figura de un Quijote, si no en la figura que él mismo aceptado, aquella de escudero, en la cual está instalado no solo imaginariamente sino sobre todo personalmente:

> […] tal fue la heroica fe que Sancho Panza tuvo en su amo el caballero don Quijote de la Mancha […] una fe a base de incertidumbre, de duda. Y es que Sancho Panza era hombre, hombre entero y verdadero, y no era estúpido […]. Y por ser un heroico desesperado, el héroe de la desesperación íntima resignada, por eso es el eterno dechado de todo hombre cuya alma es un campo de batalla entre la razón y el deseo inmortal. Nuestro señor don Quijote es el ejemplar vitalista cuya fe se basa en incertidumbre, y Sancho lo es del racionalista que duda de su razón (Unamuno 1958, 248).

El deseo de Sancho era ser reconocido como escudero, su miedo, por otro lado, ahora es debido al hecho que, con la muerte de su señor, él pasará el resto de su vida sin un horizonte, siendo ninguno, sin ser el «quién» que se ha construido, Sancho Panza el escudero de don Quijote. Su reconocimiento llega por parte de Alfonso Quijano el Bueno, no ya por parte de don Quijote. De hecho, Alfonso Quijano representa aquella realidad «racionalista» a la cual pertenecía Sancho (cfr. Hamling 2003, 96); para él la realidad que ahora cuenta es la del caballero y la suya como escudero.

Hipólito Romero muestra cómo en Sancho acontece una «quijotización» que va a tomando progresivamente la realidad circunstancial del escudero (cfr. Romero Flores 1951, 185). El reconocimiento de Sancho hace de él mismo un «tú» para el otro, no solo para don Quijote, sino para toda la sociedad que todavía hoy lo acoge en la literatura.

Don Quijote ya cuerdo, reconoce en Sancho no solo el sabio escudero, reconoce, sobre todo, el valor de la fidelidad y de la lealtad y por tanto, reconoce el valor más elevado y puro que puede existir entre ellos, el valor de la amistad y por tanto, ve en él no el escudero sino al amigo. Sancho en la persona de Alfonso Quijano, es reconocido como el amigo fiel que ha acompañado a su señor en todas las locuras, Sancho no es más solo el escudero, sino sobre todo el amigo; el giro de la realidad circunstancial de ambos acontece de nuevo, Sancho se instala en la propia circunstancia de escudero quijotizado, y su señor, al final de su vida, se instala en aquella razón vital de la cual puede contar biográficamente la propia vida:

> Es Sancho, es tu fiel Sancho, es Sancho el bueno, el que enloqueció cuando tu curabas de tu locura en tu lecho de muerte, es Sancho el que ha de asentar para siempre el quijotismo sobre la tierra de los hombres (Savignano 2017, 814).

El diálogo que es principio relacional, instaura en los dos protagonistas una apertura no solo hacia el otro, sino también, sobre todo, hacia su realidad. Como afirma Carpintero: «Gracias a que el caballero habla con Sancho, y éste penetra en el mundo quijotesco, se logra comunicar los mundos de los dos aventureros, formando al cabo un mundo común en que se integran los particulares de cada uno» (Carpintero Capell 2005, 511). Entre el escudero y el caballero no hay mas dos proyectos, sino un único proyecto que los dos llevan a cabo en su circunstancia vital, gracias a su con-vivir. La apertura hacia el otro y su mundo permite un conocimiento holístico de alteridad, haciendo que cada uno pueda penetrar la intimidad del otro y conocerlo en la experiencia. Continúa Carpintero:

> En la novela, Sancho llega a penetrar hondamente en la personalidad de su amo. Para la mirada simple e ingenua, el loco solo ve y hace locuras sin sentido; en cambio para Sancho, las locuras de su amo son parte de la «vida» de este, y entiende aquellas porque llega a entender lo que significa

ser un caballero andante. Y porque entiende «quién» es don
Quijote, por eso le anima en la hora final a que no se mue-
ra y a que siga emprendiendo aventuras (Carpintero Capell
2005, 513).

Comprendiendo y, sobre todo, aprehendiendo la realidad del
amigo, Sancho puede ver siempre en el rostro del caballero el
«quién» que proyecta no solo las propias fantasías, sino sobre
todo la propia vida en la realidad circunstancial, que se puede
narrar solo geográficamente en cuanto experiencia vivida en la
realidad personal (cfr. Marías 1969b, 546). Marías entiende por
narración, especialmente en Cervantes, el momento en el cual
se observa la vida humana construir temporalmente la propia
personalidad (cfr. Marías 1969b, 547), y nosotros lectores del
Quijote de la Mancha asistimos a la construcción temporal de
la personalidad de Sancho como escudero, que llega a su punto
más alto en el momento en el cual está asistiendo la muerte de
su señor, de su caballero, de su amigo.

En el Quijote y, sobre todo, en la figura de Sancho, se observa un claro ejemplo de construcción de la personalidad en el
tiempo en el cual el personaje se instala en la circunstancia vital
que está viviendo.

El Quijote, afirma Marías, es: «una realidad que exige una
multitud de interpretaciones, cada una de las cuales lo descubre
en un escorzo determinado, sin agotarlo, dejando más allá otras
posibles, que vendrán a alumbrar otros aspectos» (Marías 1966,
608). Se puede decir que Sancho es un intérprete de la realidad
del caballero: por ejemplo, él interpreta los molinos de viento
no como gigantes sino como aquello que en realidad eran; ahora
que asiste a la muerte de su amigo, la realidad, su interpretación, cambia, porque ve la muerte no como tal, sino como la
holgazanería por no querer vivir, y tal vez ahora, los molinos no
son más molinos sino verdaderamente gigantes.

Sancho es el escudero, él está instalado en el mundo creado y proyectado por don Quijote y es desde aquel mundo que él proyecta la propia circunstancia. Por este motivo su señor no se puede dejar morir, porque muriendo, muere también el personaje de su escudero. Muere el personaje pero no su realidad, no su personalidad construida en una realidad específica, «en un lugar de la Mancha», y absorbida en el proyecto personal de la pareja inmortal del caballero y del escudero:

> Sancho, que no ha muerto, es el heredero de tu espíritu, buen hidalgo, y esperamos tus fieles en que Sancho sienta un día que se le hincha de quijotismo el alma, que le florecen los viejos recuerdos de su vida escuderil, y vaya a tu casa y se revista de tus armaduras, que hará se las arreglen a su cuerpo y talla el herrero del lugar, y saque a Rocinante de su cuadra y monte en él, y embrace lanza, la lanza con que diste libertad a los galeotes y derribaste al Caballero de los Espejos, y sin hacer caso de las voces de tu sobrina, salga al campo y vuelva a la vida de aventu– ras, convertido de escudero en caballero andante. Y entonces, don Quijote mío, entonces es cuando tu espíritu se asentará en la tierra (Unamuno 1988, 515-516).

A este punto Alfonso Quijano sabe vivir sin Sancho, pero Sancho no puede vivir sin su señor, ya que es en su persona que el escudero ha construido su proyecto y ha puesto su fe (cfr. Romero Flores 1951, 147). Él, el escudero, ha dejado la propia realidad, y ahora es solo el escudero de alguien que no *está* más. Su radical instalación lo lleva a inventarse su nuevo horizonte, lo lleva a ver más allá de la muerte de su amigo, lo lleva a vivir no más como escudero sino como Sancho, el amigo fiel; la realidad que ahora debe construir en la propia vida es aquella vida que conoce la muerte, pero que principalmente sabe vivir.

Sancho debe imaginar su vida auténtica aquella de escudero, porque la de agricultor no existe más (cfr.Willis 1984, 337). La vida de Sancho es esta, no hay ninguna otra, él ha construido esta vida, y desde esta vida que es su realidad radical, él debe proyectarse como el fiel escudero que ahora está viviendo la propia vida quijotesca en su realidad sanchezca.

Conclusiones

Este trabajo se ha iniciado con el objetivo de profundizar en el tema de la vida de la persona humana en la filosofía española del siglo xx desde la perspectiva de Ortega y Gasset, Zubiri y Marías en cuanto filósofos y maestros de la Escuela de Madrid. Para introducir este tipo de pensamiento español, se ha dado un paso atrás y se ha analizado la figura del escritor español Miguel de Unamuno, como el precursor de una filosofía que pone como centro de su pensamiento el tema de la vida humana y del ser humano.

Miguel de Unamuno, se ha dicho, es la llave que abre el pensamiento español del novecientos hacia una filosofía que se centrará en la vida del ser humano que busca la trascendencia en la vida perdurable. Esta orientación filosófica se da principalmente por la influencia del vitalismo filosófico de Kierkegaard y de los protestantes liberales como ha mostrado Orringer. El pensamiento agónico unamuniano trae consigo una fuerte fe hacia Dios –sentido vertical– pero también hacia los hombres –sentido horizontal–, encontrando en ella el deseo del no morir y la vida perdurable.

Ángel Alcalá evidencia cómo el deseo de inmortalidad en el pensamiento unamuniano se debe a dos razones: la primera es el miedo personal que tiene Unamuno a verse o imaginarse muerto, el segundo es una raíz claramente existencial, en la cual se presenta la no existencia como un volverse nada, y este es –según Alcalá– el miedo más profundo que Unamuno puede experimentar (Alcalá 1969, 70). El miedo por la muerte que aniquila el ser se convierte para Unamuno en una categoría filosófica universal que conlleva una lucha sin sentido contra la muerte. Es aquí donde se evidencia de manera clara la influencia de la filosofía existencial de Kierkegaard sobre la figura de Unamuno.

En la filosofía unamuniana no se habla de una muerte en general, sino de la muerte que acontece a un *quién* de carne y hueso, por tanto, la muerte es afrontada de manera personal. Como afirma Alicia Ezcurra: «El hecho que le preocupaba era el de la muerte individual del hombre de carne y hueso, cuestión que se convierte en problema central, en la medida en la que la propia esencia de nuestro ser consiste en querer persistir» (Ezcurra 2007, 242). El quién– en cuanto alguien concreto de carne y hueso– será, sin lugar a duda, un punto propicio para los pensadores españoles de la Escuela de Madrid que desarrollarán el tema de la vida humana –de manera personal– como un punto central en sus investigaciones.

Es necesario recordar que uno de los temas principales en Unamuno –pero no el único– es el tema de la muerte, ya que como se ha observado anteriormente, es parte de la totalidad del ser humano, es parte de lo más común de la persona, lo humano (cfr. Unamuno 1916, 18). Se puede afirmar que el tema del ser humano, el ser de carne y hueso que es el «*yo*», es el hilo conductor de la obra unamuniana, porque es desde la humanidad de alguien concreto donde se desprenden los temas de la muerte, la agonía, el vivir humano, la vida, el pervivir, que son parte de la experiencia vital del ser humano.

La muerte es analizada por Unamuno desde la perspectiva de la vida, porque es en ella que se quiere pervivir. De hecho, por medio del tema de la pervivencia, Unamuno trata de darle sentido a la vida que se está viviendo frente a la posibilidad de la muerte. Esta búsqueda de sentido y de perduración llega incluso al deseo de aniquilar la muerte misma, quitarla del horizonte vital de la persona, porque la búsqueda del horizonte en la obra unamuniana significa esa pervivencia que tanto desea trágicamente, ese deseo de inmortalidad. Como evidencian Viteri y Posada: «La filosofía de Unamuno pone como centro de su reflexión al hombre que lucha encarnizadamente por no morir, asumiendo el reto de buscar la pervivencia de una manera total desde esta lucha (Viteri Bazante y Posada Gómez 2018, 1091).

En el ser humano el deseo de inmortalidad es consecuencia de la consciencia de la inevitabilidad de la muerte en la realidad vital humana, por ello dicho deseo se presenta como secundario al momento radical del vivir aquí y ahora. Por medio de la experiencia del vivir, el ser humano llega a la experiencia de la muerte, que, en el caso de Unamuno, significa límite y aniquilación no solo de la vida en sí sino del ser mismo que la está viviendo.

El ser humano –como se ha visto– es comprendido por el escritor español como alguien específico, o sea, como un *quién* que está muriéndose mientras está viviendo, porque su vida se desenvuelve agónicamente, entre el deseo de pervivir y la fatalidad inevitable de la muerte del *quién* específico. Unamuno posee una visión de totalidad del ser humano, observarlo «por partes» sería, como él mismo declara, deshumanizarlo (cfr. Unamuno 1916, 16).

El intento de observar la muerte como una experiencia externa a la vida humana es para Unamuno un problema que tiene que ver, como afirma Nelson Orringer, con el problema de la escatología y la salvación del hombre desde un punto de vista protestante y existencial: «La resurrección del cuerpo y la inmortalidad del alma, pues, forman para Unamuno la aspiración de todo hombre de carne y hueso» (Orringer 1985, 61). El literato español desea salvar su circunstancia individual, dando un sentido y horizonte a la vida que le toca vivir, pero evadiendo el hecho inevitable de la muerte, observándolo, por lo tanto, como una experiencia externa al proceso vital del ser humano.

Para los filósofos de la Escuela de Madrid, de Unamuno en adelante, la filosofía de la muerte no va a significar una ruptura de lo humano, sino que se observará como parte de la experiencia de la vida humana, porque el ser «*moriturus*» es parte fundamental de la vida de la persona humana.

Es oportuno recordar que Unamuno trata de desacreditar la realidad científico-filosófica y el continuo progresismo europeo con la cultura y el espíritu español, alejando así el pensamiento español de toda influencia exterior. Por otra parte se encuentra Ortega y Gasset y su anhelo de llevar a España a un nivel cultural superior, a un nivel europeo, con el fin de españolizar Europa. En suma, lo que Ortega pretendía era construir las bases del pensamiento filosófico español del siglo xx. Como afirma Marías:

> Ortega quería «la interpretación española del mundo», hacía «experimentos de nueva España», pero todo ello desde el nivel de Europa. España era el problema y Europa la solución; pero a su vez España aparecía como una posibilidad europea, como una versión nueva de Europa, destinada a integrarse con otras no a repetirlas o imitarlas. Es decir, se trata de ser verdaderamente circunstancial, lo cual significa atenerse a las circunstancias tal como es: España en Europa (Marías 1974, 182).

Ortega y la razón del con-vivir

En filosofía de la razón vital de Ortega lo que se ha analizado es el fundamento no de la vida en sí, sino de la persona humana como *quehacer* de la vida circunstancial. La realidad del ser humano, para el maestro de la filosofía española, no es un problema de sustancia, de esencia, o de existencia, sino más bien es un problema de *quehacer*, o sea de «*faciendum*» en la circunstancia concreta que está viviendo.

En el problema del *quehacer* en cuanto dinamicidad de la vida humana está la raíz de la vida humana, porque ella es *quehacer* pero no para sí misma, sino que es la manifestación del hacerse de la circunstancia en la vida de la persona que la está viviendo. Esta co-implicación de la realidad vital con la realidad circunstancial acontece en la vida que el «yo» está haciendo, porque la vida y el «yo», en cuanto razón de la vida, no son separados como sucedía en Unamuno. La vida es el ser de la razón vital, o la creencia en la cual el «yo» está radicado circunstancialmente. Para decirlo con palabras de Ortega, en la vida es donde se encuentra la creencia en la cual el ser humano está instalado.

El hombre es presentado por Ortega en manera general como el verdadero problema de la vida (cfr. Ortega y Gasset 2004f, 65), este problema es el que Ortega y Gasset analiza desde diversas perspectivas, principalmente desde el panorama que es la vida. El panorama que descubre el maestro español es la vida como realidad radical en la cual se instala el «yo» y el punto de vista es el ser humano. El punto de vista y el panorama son el «yo» y la circunstancia que Ortega presenta ya en *Adán en el paraíso*. Por ello, el destino del hombre –para el filósofo español– es salvar la propia vida, y esto lo logra viviendo, integrando y absorbiendo en su vida su circunstancia como su destino.

La realidad del hombre no es su circunstancia o solo su vida, sino la unión de ambas en la realidad de la persona que está siendo mientras está en la inexorable actividad del vivir[76]. Ser persona humana en Ortega es tener la perspectiva completa del panorama que es la propia vida, es por ello que se entiende la persona solo desde el panorama que está viviendo, porque es ahí donde se encuentra el sentido que está dando a ello; porque,

---

[76] Como se ha observado en Ortega el ser no es solo *Dasein* sino que el ser se hace en el estar viviendo, porque es en el estar viviendo donde el ser está siendo en la realidad, y por tanto en Ortega no se habla de ser sino del «yo» como aquel que da sentido y a la realidad del ser que es la vida misma.

para el maestro español, persona no solo es el hombre, sino que es el hombre con las cosas, con el mundo, con su circunstancia que está siendo.

La vida en cuanto *quehacer* en el ser humano –desde la perspectiva de la persona que desarrolla Julián Marías– acontece a un «yo» corpóreo que está siendo en una corporeidad específica, que encarna un cuerpo, una carne y que con ella encarna una circunstancia. Es esta especificidad y profundidad en la búsqueda de la radicalidad la que parece faltar en la filosofía de Ortega. La radicalidad de Ortega se queda en la universalidad de la vida humana misma y, por lo tanto, no «baja» al hecho que esa vida esté encarnada por un «yo» específico, no solo por un «yo» circunstancial:

> Los fisiólogos, al querer definir la vida mediante atributos puramente biológicos, se pierden siempre, y aún no han logrado una definición que se tenga en pie. Frente a todo esto, opongo un concepto de vida más general, pero más metódico. La vida de una cosa es su ser (Ortega y Gasset 2004g, 65-66).

En este trabajo se ha observado cómo la filosofía orteguiana, de frente a la filosofía alemana idealista, y especialmente respecto a la filosofía de Heidegger, presenta al mundo o la circunstancia como fundamento del ser, de frente al *Dasein* de Heidegger que es ya, como se ha visto para Ortega y Marías, una interpretación de la realidad, o sea es algo que esta no fundado en sí mismo sino que en cuanto que esta-en-el-mundo se funda precisamente en el mundo que está.

Ortega a diferencia del filósofo alemán propone como fundamento de la realidad del ser humano no el ser-en-sí sino la vida humana misma, la vida es aquella realidad que da sentido y fundamento al ser, y que se manifiesta en la persona humana mientras está siendo con el mundo. El ser humano, para el filósofo español, es aquella realidad –vital– que se está haciendo con el mundo y por lo tanto, siendo en el mundo (cfr. Ortega y Gasset 2008a, 443-444). El mundo no solo es el lugar en el que se está viviendo, sino que es aquel lugar en el cual se está pre-viviendo lo que todavía no se es.

De hecho un punto importante en las obras de Ortega y que luego su discípulo Marías profundizará con mayor rigor, es el tema de la futurición de la vida del ser humano. Como afirman Malishev y Herrera:

> Según Ortega, el futuro es el horizonte del presente en que todo es problemático, incierto y preñado de presentimientos indefinidos; mientras que el pasado es una base sólida, un camino seguro y cotejando con él su ruta, el hombre se mueve hacia delante (Malishev y Herrera 2010, 232).

El ser futurizo como parte de la realidad de la persona humana se profundiza con mayor insistencia en la filosofía de Marías, pero se debe recordar que es un tema que viene desde Unamuno hasta Marías, o sea, que atraviesa todo el pensamiento español del siglo xx. Es cierto que el futuro se presenta al ser humano como un problema existencial, porque el ser humano respecto al futuro no sabe a qué atenerse, pero sobre todo –como muestra Ortega– es un problema que pertenece a la experiencia vital: «Porque vivir es algo que se hace hacia adelante, es una actividad que va de este segundo al inmediato futuro. No basta, pues, para vivir la resonancia del pasado, y mucho menos para convivir» (Ortega y Gasset 2005b, 456-457).

En Ortega, como en Marías, el vivir es una acción que se hace hacia delante, o sea, hacia el futuro. Se ha visto como el ser humano para Ortega no es solo un pasado sino también y, sobre todo, un futuro que todavía no es, pero que está siendo en la circunstancia que está viviendo y no en la circunstancia que ha sido. Si el ser humano se quedase con el haber sido, o sea con su historia, no se podría decir «yo soy yo y mi circunstancia...» sino yo he sido con la circunstancia, y esa no sería más su circunstancia, porque el ser humano pasaría a ser parte interpretativa –y no intérprete– de la circunstancia misma, y por tanto, historia de la circunstancia.

Vivir lo que todavía no es, desear o anhelar aquello que «todavía no soy», es lo que Ortega llama futurición. Esta cualidad vital de la persona humana se construye desde la imaginación, la cual proyecta el deseo del ser futuro en el ser humano, que se manifiesta en el presente que el ser humano está siendo:

> Vivimos avanzando en nuestro futuro, apoyados en el presente, mientras que el pasado, siempre fiel, va a nuestra vera. [...] En un buen orden psicológico, pues, lo decisivo no es la suma de lo que hemos sido, sino de lo que anhelamos ser: el apetito, el afán, la ilusión, el deseo. Nuestra vida, queramos o no, es en su esencia misma futurismo (Ortega y Gasset 2008a, 371).

Este es el carácter de la vida que hace que ella se ejecute, y se plantee siempre hacia delante desde el presente que se está siendo. La vida en cuanto actividad, afirma Ortega, es primeramente lo que todavía no es, desde ella el pasado y el futuro se descubren como la presencia de la realidad humana, desde cual se está proyectando aquello que será: «la vida es una actividad que se ejecuta hacia adelante, y el presente o el pasado se descubre después, en relación con ese futuro[77]» (Ortega y Gasset 2008a, 358). El proyecto futuro, como se ha especificado, no se entiende si no se hace referencia al pasado y al presente desde el cual se proyecta el futuro que se quiere ser. El futuro es aquello

[77] En la edición de *Obras completas* (1964) en *Revista de Occidente*, el texto apenas citado se concluye en manera diversa «[...]La vida es futurición, es lo que aún no es» (Ortega y Gasset 1964a, 420). Esto es importante porque sucesivamente Marías, como se ha visto, afirma que la vida es «futurición», recordando, sin ninguna duda, las teorías del maestro Ortega. Para una mayor profundización del tema y la selección de los editores de la edición Taurus, recomiendo ir al texto en cuestión. (cfr. Ortega y Gasset 2008, 697-701)

que se construye en el ahora que se está viviendo y es desde este
«ahora» donde el futuro se hace posible dentro de la realidad de
la posibilidad que es vida humana:

> Constantemente estamos decidiendo nuestro ser futuro y
> para realizarlo tenemos que contar con el pasado y servir-
> nos del presente operando sobre la actualidad, y todo ello
> dentro del «ahora»; porque ese futuro no es uno cualquie-
> ra, sino el posible «ahora», y ese pasado es el pasado hasta
> ahora, no el de quien vivió hace cien años (Ortega y Gasset
> 2008a, 371).

La realidad del ser humano, en Ortega y Gasset, se puede
afirmar que de una parte es el yo y la circunstancia, pero es el
proyecto irreal en el cual el ser humano no solo proyecta su
«yo» sino que proyecta además su mundo y su circunstancia
en una realidad que todavía no es, pero que desde «ahora» está
siendo.

El modo gerundio en español, como se ha tratado de observar, es importante no solo para la gramática, sino para el plan-
teamiento filosófico de la persona humana en cuanto proyecto y
realidad. Esto se demuestra con el hecho que para Ortega, y no
solo para él la realidad humana es un *faciendum* y no un *factum*,
en suma es un *quehacer* que acontece en un tiempo que pertenece a alguien y que por tanto es un tiempo personal.

La realidad humana como *quehacer* es un tema que no se
debe dejar pasar por alto, porque es un punto fundamental en la
construcción de la filosofía de la vida y de la realidad humana
como una realidad que tiene que hacerse siempre, porque es una
realidad no hecha sino que se está haciendo. Y es aquí donde
se encuentra la gran diferencia entre la realidad de la cosa «que
simplemente es» y la realidad de la persona humana que es una
realidad en proyecto que «está siendo», es en este punto principalmente donde las filosofías de Ortega y su discípulo Marías se
alejan de la filosofía de Zubiri, —los primeros la vida y la perso-

na humana son el sentido y la realidad radical de la realidad, por ello se puede hablar de una antropología vital–, para el filósofo vasco es la realidad en cuanto tal fundamento de todas la cosas.

Esto se puede observar desde dos puntos de vista diversos, desde el punto de vista de la vida humana del «yo» como realidad radical y desde el punto de vista de la realidad en sí como fundamento de la persona humana. El primer punto de vista abre la realidad de la persona humana y su circunstancia hacia la realidad de los otros en cuanto es una realidad que se da en convivencia. La realidad del ser humano no se hace sola, sino que es en con-vivencia con los otros que se proyectan como realidad hacia el «yo» en tanto que realidad «mundanal» diría Julián Marías. El segundo punto de vista de la realidad como fundamento de la persona como realidad en sí, es el punto que desarrolla más ampliamente Xavier Zubiri en su filosofía sobre la realidad de la persona humana.

Zubiri y el ser humano como viviente

Para Zubiri la realidad es aquello en lo cual la cosa queda o permanece, la realidad es analizada por el filósofo vasco desde la instalación en que se está en la realidad, o como se ha dicho, desde la realidad que el objeto-cosa está siendo. En español, la actualidad de una cosa se describe –como se ha dicho– con un gerundio y para afirmar que la cosa es real y se da en la actualidad, el gerundio va acompañado del verbo «estar» que afirma su instalación, y por tanto su actualidad en la realidad, por ejemplo: «la cosa está siendo». Para el metafísico Zubiri es importante no solo «el siendo» sino aquello que le es previo, «el estar», porque se es primeramente aquello en que se está, de hecho, la forma en que está la cosa se hace presente y se manifiesta en su actualidad.

La actualidad se manifiesta en la instalación en que está, y dicha realidad es aprehendida por parte de la persona humana como aquello que es esencial a la cosa que se le presenta, a su actualidad que se manifiesta en la realidad. Gracias a la actualidad de la cosa, ella es aprehendida sentientemente por el ser humano en cuanto realidad y no en cuanto cosa, es aquí donde Zubiri se aleja del idealismo alemán, la cosa en su talidad no muestra su «cosidad» sino que ella manifiesta la realidad en la cual está. El ser humano por la instalación de la cosa en la realidad la aprehende no en cuanto estímulo externo a su realidad, sino en cuanto tal realidad, o sea en su «*talidad*» en la cual está presente.

Como se ha tratado de mostrar en esta investigación, la filosofía zubiriana es una filosofía de la realidad en la cual la realidad metafísico-antropológica de la persona humana tiene un espacio fundamental. Como afirma Ellacuría:

> El punto esencial de la antropología filosófica de Zubiri es el de la conexión de la realidad del hombre con el ser del hombre. Es, en toda su generalidad, uno de los temas centrales de la metafísica zubiriana [...] el problema del hombre es inicial y radicalmente el problema de su realidad (Ellacuría 1976, 93).

Se ha visto que de frente a la actualidad de la realidad, Zubiri presenta al ser humano como «*el viviente*» que está siempre en movimiento, porque su vida consiste en auto-poseer o aprehender la realidad. Una de las definiciones que el filósofo vasco da del ser humano es el de «animal de realidades», y esto por su carácter personal, lo lleva a enfrentarse y relacionarse con la realidad y las cosas que están en ellas: «Por su carácter personal, el hombre no es en sentido estricto un animal racional [...] sino un animal de realidades: el ser vivo que puede y tiene que enfrentarse radicalmente a las cosas como "realidades"» (Pintor Ramos 1996, 47). En cuanto realidad que está siendo, el ser humano puede realizarse en la realidad, en cuanto «*suidad*», o sea en cuanto persona humana que debe (como tarea moral) confrontarse con las cosas, interpretarlas y vivirlas.

Es importante aclarar que la realidad es el lugar en el cual el ser humano, en cuanto «*realitas in essendo*», se realiza con la realidad misma. La sustantividad de la persona hace que ella busque en el otro, que es sustantividad en realidad abierta, la propia realización: «La realidad en tanto que común, es justamente el aspecto trascendental de la realidad qua tale» (Zubiri 1995, 257). Porque es esta realidad común, que es la realidad personal, donde se encuentra el lugar en el cual se realiza y se proyecta al ser humano como «*suidad*», en cuanto persona. Como afirma Pintor-Ramos:

> En tanto que «esencia», es el sistema de aquellas notas constitutivas que determinan su suficiencia estructural y su clausura cíclica por lo que son de suyo. Pero ese sistema, al serlo de notas reales, queda en una situación en la cual, cada realidad dada en cada contenido excede siempre del contenido en que está dada y abre a esa esencia concreta a un ámbito de realidad que la excede. Por ello, su esencia es «abierta»; pero ¿abierta a qué? Ante todo, a la propia realidad que es su esencia y que debe hacerla suya, por lo que la esencia abierta que, como toda esencia, es suficiente de suyo, tiene también que ser «suya» y esto se hace inexorablemente en la realidad que queda como alteridad excedente, lo cual permite y exige una apropiación de esa alteridad (Pintor-Ramos 1993, 57).

Este buscar el otro en cuanto realidad abierta es el dinamismo de la unidad en la realidad, que es personalizada en la manifestación de la presencialidad:

> La persona no puede ser lo que es (en el caso del hombre) más que personalizándose, es decir, dando de sí mismo como persona algo que es una personalidad. Y el dinamis-

mo de la suidad no es otra cosa sino el dinamismo de la personalización (Zubiri 1995, 225).

La persona humana, en su instalación en la realidad, hace la propia personalidad personalizando la realidad, y esto acontece por ser una esencia –o realidad– abierta, que se manifiesta en el propio «dar de sí» (cfr. Zubiri 1995, 308-309). Esto hace que el ser humano no sea una esencia para sí sino para los otros. La *personeidad* no se queda para Zubiri solo una teoría, sino que se muestra como un *«faciendum»* donde la persona humana personaliza la realidad con realidades iguales a ella.

El hacerse del ser humano manifiesta su presencia como un haciéndose, más que como un hecho, superando así cualquier naturalismo (cfr. Conill-Sancho 2012, 187). El ser una realidad finita o realizada es una característica que no pertenece a la realidad de la persona humana porque ella es siempre un «siendo». Cómo explica Ellacuría: «Como la realidad del hombre solo es realidad realizándose, el ser del hombre solo es siendo. Este gerundio expresa no solo la efectividad actual del participio presente, sino una actualidad abierta; el ser del hombre es gerundialmente abierto» (Ellacuría 1976, 128).

El carácter de gerundio de la realidad de la persona humana muestra cómo ella es una realidad abierta a la realización, al hacerse, y no al hecho. En el querer realizarse, la persona humana debe abrirse a la realidad de la alteridad que es también sustantiva y sustantivante, proyectando así ambas realidades hacia múltiples –por no decir infinitas– posibilidades de realización. Se podría afirmar entonces que Zubiri pretende mejorar la analítica existencial de Heidegger no solo introduciendo la noción de persona, sino también, hasta cierto punto, modificándola, presentando otros planos sustantivos como, por ejemplo, aquel de la *«personeidad»*.

Para Jesús Conill en esta realidad que es la *«personeidad»* se encuentra un importantísimo carácter que pertenece a la persona humana en cuanto *«suidad»*: aquel de la intimidad. Este es un carácter esencial en la persona humana misma, respecto a las cosas o a los animales que poseen solo su naturaleza. La intimidad, en cuanto realidad personal, se distingue de la naturaleza de las cosas que acontecen –afirma Conill– en el «quién» de la realidad sustantiva de la persona:

> De gran relieve es la aportación de Zubiri, al radicalizar la concepción corporal de la intimidad, añadiendo en su carácter personal «No todo lo real posee intimidad; esto solo se da […] en las realidades humanas. Las cosas materiales carecen de intimidad, pero poseen interioridad». Por tanto, en el pensamiento zubiriano la intimidad sirve para distinguir entre naturaleza (lo que una cosa es) y persona (en qué consiste y «quién»), de quién es aquello que la cosa es (Conill 2019, 77).

Es cierto, como se ha afirmado, que la trilogía sobre la inteligencia sentiente es el punto «más elevado» de la filosofía zubiriana; pero en el análisis de la totalidad de la obra se puede notar como el tema del ser humano y de su realidad son temas que recorren toda la obra del filósofo vasco, ocupando gran sistematicidad y profundidad en muchas de sus páginas.

En este punto se puede observar una ligera «continuación» entre la filosofía de Zubiri y la de su discípulo Julián Marías con su filosofía antropológico-vitalista sobre la realidad personal del ser humano. Como se ha observado, la filosofía de Marías ha encontrado en la filosofía de sus maestros, pero sobre todo en Ortega y Gasset, un espacio seguro para poder desarrollar su propia filosofía. Esto no quiere decir que su filosofía sea solo una filosofía en la cual convergen otras filosofías, porque en Marías se puede encontrar –como se ha analizado– un verdadero y original pensamiento filosófico, en el cual se pueden observar dos momentos: el primero de recepción o conservación, y el segundo de superación del maestro y de los precedentes pensamiento filosóficos.

Marías y la presencia como fundamento personal

Marías reconoce que la vocación de la metafísica es la investigación de la realidad en cuanto tal, como se vio con Zubiri, o sea, de la realidad como fundamento de las demás realidades, pero ello no quiere decir que el filósofo forme parte del punto de vista de zubiriano. De frente a la metafísica como estudio de la realidad en cuanto tal, Marías da un paso adelante y funda una antropología metafísica, iniciando desde la realidad corpórea del ser humano, la presencia de la realidad personal.

En la construcción de su propia filosofía, Marías supera el historicismo orteguiano con su teoría de la estructura empírica de la vida humana. Dicha teoría se basa no en el carácter universal de la realidad, de la vida, o del ser humano, sino que más bien mira lo más particular que es la vida de cada uno, o sea «mi» vida a la cual están referidas las demás realidades.

Este es el punto que separa la filosofía de Marías de sus maestros, porque él observa la realidad siempre referida a un «quién» que da sentido a la realidad. Una teoría analítica como la existencial no explica la esencia de la realidad del ser humano, por ello es necesario para Marías construir una metafísica que inicie no en un teoría abstracta del ser, sino en la realidad de un «quién» que está siendo alguien. La realidad personal y, por tanto, corpórea en la filosofía mariasiana es el lugar, el «donde», se manifiesta la realidad de la personal y es a ella, en cuanto realidad, a la que están referidas las demás realidades.

Esta realidad personal en Marías no es fruto de una teoría general sino de la realidad que está encarnada en la corporeidad del «yo», en la cual el «yo» está instalado en ella como el momento más íntimo de su realidad, porque es por medio de su realidad corpórea que él es identificado no solo como un «quién» sino sobre todo como un «tú».

El ser humano esta-siendo-en-el-mundo gracias a su realidad que se manifiesta como corporeidad, sexualidad, temporalidad y mortalidad. Es por ello que la persona no solo puede estar-en-el-mundo, ella por su dinamicidad temporal está siendo con el mundo, es por ello que Marías habla de mundanidad o carácter mundanal de la persona humana, porque es en la realidad corpórea que identifica al «yo» como un «tú» y dicha realidad es el lugar privilegiado donde se manifiesta la realidad personal como un proyecto que es «*futurizo*».

Anteriormente se ha analizado en la teoría agónica de Unamuno al ser humano con el anhelo del no querer morir, y en la filosofía de Ortega se ha observado al ser humano como aquello que todavía no es. Con Marías se da un paso más adelante en la teoría de la vida humana porque es en el «quién» que es corpóreo, o sea en el «yo» que es presencia, que el hombre de carne y hueso unamuniano y el «yo» circunstancial orteguiano encuentran su punto más alto, porque para hablar de vida humana en Marías se debe hacer referencia, sobre todo, a un «quién» que está viviendo dramáticamente la propia vida que, a su vez, es dramática, por el hecho de no saber qué esperar de ella, o sea del futuro hacia el cual tiende y se proyecta el ser humano. De hecho, en la filosofía mariasiana la vida del ser humano es identificada con un vector que va siempre hacia adelante, porque la vida se hace siempre hacia delante (cfr. Marías 1982, 81), o sea, la vida de la persona humana se está haciendo siempre, desde el pasado, que ahora es presente pero que se está proyectando siempre hacia el futuro.

La presencialidad en esta investigación es analizada como la manifestación de la presencia personal en el presente, entendiendo esta –la presencialidad– como la manifestación de la temporalidad de la persona humana en su totalidad de pasado-presente-futuro, o sea, como aquello que ha sido, aquello que está siendo y aquello que será. Se puede decir que esta es una visión de totalidad de la realidad biográfica de la persona humana. Se debe prestar atención a no confundirla con la presencialidad desarrollada por Heidegger que es asociada a la «*Temporalität*» del ente el cual es visto como un tiempo que es solo presente (cfr. Heidegger 1976, 39). Para el filósofo alemán la presencialidad es la manifestación de la sustancia del «*Dasein*», o sea, esa es su realidad que permanece y se desarrolla en el presente en el cual está.

Esta visión de la temporalidad humana manifiesta –como se observa en la teoría de Marías– la realidad de la persona humana desde una visión de totalidad, no solo desde lo que es (como si fuese un fenómeno), tampoco solo desde lo que ha sido (como si fuese un hecho histórico terminado en el pasado), o como si fuese solo un proyecto ideal (como aquello que será). Es por ello que la vida de la persona humana, para el discípulo de Ortega, no puede ser analizada en segmentos, porque es en ella donde la realidad de la totalidad de la persona humana se hace presente en su presencialidad como manifestación de la realidad biográfica que está siendo.

Teniendo en cuenta que la persona humana debe ser analizada desde una visón de totalidad, a ella no se le puede observar como si fuese solo presente, como si fuese solo un periodo de tiempo. El ser humano no puede ser solo presente, ni tampoco es presente, porque él, más bien está en el presente siendo presencia. Esta es una importante distinción que hace la lengua española entre los verbos «ser» y «estar». La persona está instalada en el presente, o sea, aprehende la realidad en la cual está siendo como suya y la hace parte de su circunstancia, pero la persona no es presente porque su realidad radical no se puede entender sin su pasado y sobre todo sin su futuro. El pasado en cierta manera en la persona no existe más y el futuro no es todavía, pero existen en la realidad biográfica de la persona humana, o sea en su memoria y en su imaginación. Estos dos puntos temporales –pasado y futuro– se hacen presente en la presencialidad de la persona cuando ella narra biográficamente aquello que ha sido y sobre aquello que quiere ser, desde *quien* está siendo, o sea, desde su ser presencia.

De acuerdo con el recorrido que se ha hecho de la filosofía española contemporánea, se puede afirmar que el carácter de la presencialidad de la persona humana es uno de los aportes más importantes de la Escuela de Madrid. Esta conclusión se fundamenta en las teorías filosóficas de los tres autores que se han analizado en este estudio. La realidad del ser humano es una realidad corpórea que se manifiesta en el presente gracias a la presencia que está siendo el ser humano en cuanto que ser corpóreo. En la presencia, por tanto, se puede observar el carácter personal del ser humano que se hace presente en la presencialidad que está siendo en el aquí y ahora, o sea, en la realidad circunstancial que el «yo» como ser personal está viviendo.

Cuando en Zubiri y Ortega se habla de realidad, lo que podrían tener en común es que los dos miran a una realidad externa al ser humano, o sea a una realidad que fundamenta el «estar viviendo» de la persona que está siendo. Con Marías se habla que es el «yo» corpóreo por medio de su presencialidad quien da sentido a la realidad que el mismo está siendo, porque para que haya una realidad, una circunstancia o un mundo, se ha afirmado precedentemente, esa debe estar referida a un «yo» que está presente, pero que, a su vez, no es el presente, sino presencia.

Es a partir de la presencia de un «*quién*» que es corpóreo, que el «yo» se convierte en un «tú» para el otro. La alteridad que es un «tú» en cuanto que es un «*quien*» corpóreo es re-conocido como un «tú» biográfico que está en el presente siendo presencia. En la persona humana, la presencia es precedida por la realidad corpórea que ella encarna, pero, sobre todo, por su rostro que es –como afirma Marías– el «donde» acontece o se manifiesta el proyecto futurizo de la persona misma:

> La cara es una estructura dramática, que «viene» hacia mí, que avanza hacia adelante, y eso quiere decir hacia el futuro: es el órgano somático de la futurición. Por eso, la cara no está

nunca «dada», sino que, a lo sumo, se está dando (Marías 1982, 124-125).

El rostro es «donde» se manifiesta la realidad futuriza de la persona; Marías hace casi una fenomenología del rostro, el cual no solo es el «órgano» donde se «encuentra» el «*quién*» que está presente sino sobre todo el «*quién*» futurizo que todavía no es:

> Solo en el rostro se nos muestra la persona como tal. El carácter «viniente» de esta corresponde, como hemos visto, a la función delantera y proyectiva de la cara, en la cual se contrae y concentra todo el cuerpo como abreviatura de la realidad personal. En la cara se expresa la persona, la biografía entera (Marías 1982, 163).

El evento futuro o el proyecto –aquello que la persona todavía no es– acaece en su rostro; esto hace que la persona se presente como la realidad temporal en la cual su presencia es un *faciendum* del futuro en el presente, en la forma de la presencialidad personal. El ser futurizo del ser humano hace que él mismo proyecte su vida hacia el futuro, hacia un horizonte que se debe construir desde el presente el cual está viviendo. En la construcción de dicho horizonte se encuentra un punto que des-orienta la realidad proyectante del ser humano, la muerte. La temporalidad del ser humano se manifiesta en dos momentos, el primero es aquel que delimita el ser gerundio del ser humano, o sea la vida, y el segundo es aquel que limita su ser temporal, la muerte.

El ser humano por su carácter «*moriturus*» sabe que tiene que morir y por ello su ser temporal contempla la muerte, no como fin, sino como momento de la realidad radical del ser humano que es mortal. El *ser-para-la-muerte* de Heidegger en la filosofía de Marías no subsiste, porque la teoría de la realidad vital del ser humano en el filósofo español, contempla la muerte como parte de la vida misma, y no como fin o aniquilamiento del ser personal.

La teoría mariasiana del horizonte vital y de la muerte en la persona humana se debe observar desde la vida misma. Como se ha dicho, el ser humano vive en una radical desorientación, y la muerte, en cuanto que ingrediente de la vida, está dentro de la vida de la persona humana, es parte de la totalidad de la vida, no es su horizonte ni tampoco su límite, ella está más allá del límite vital, porque el límite de la persona humana es la vida misma por su carácter temporal que implica que el ser humano sea mortal. La muerte es un punto fijo en el horizonte y en el proyecto de la persona humana, es por ello que la mortalidad en el ser humano se entiende desde la vida misma porque la vida humana es la realidad en la cual la persona está instalada, en la cual la persona se proyecta y en la cual la persona muere.

Estar-a-la-muerte en la antropología vital de Marías significa considerar la mortalidad del ser humano como parte de la totalidad de la vida, significa re-conocer que el hombre no solo debe morir sino que tiene que morir, en suma, que la persona reconozca la propia mortalidad significa que está salvando la circunstancia que está viviendo. La muerte es el momento en el cual la presencia de la persona humana no *está* más, porque la presencia de la persona humana es la manifestación de su realidad vital en cuanto narración biográfica de su pasado que no está y de su futuro que todavía no es, la presencia de la persona humana es narración, es por ello que cuando la persona muere no puede narrar más, porque ahora ella está presente solo en la muerte.

Como se ha dicho varias veces Marías tiene presente, sobre todo, la filosofía orteguiana de la circunstancia del ser humano como gerundio o *«faciendum»*, frente al *«Dasein»* heideggeriano el cual está en el mundo no siendo sino como algo que «ha sido», o sea, como una realidad finita. Por ello Marías frente al *ser-para-la-muerte* del filósofo alemán afirma –como se ha visto– el *estar-a-la-muerte*, como aquella acción constante del estar proyectando la propia vida hacia un futuro sin saber cuándo sucederá. Es por ello que respecto a la muerte –que en la realidad humana se presenta como un evento que acontecerá en el futuro– el ser humano, desde el estar viviendo el aquí y el ahora, debe –como si fuese un imperativo– proyectar quien todavía no es, incluso frente a la realidad de la muerte.

Se puede decir entonces que frente a la realidad de la muerte la persona humana no puede ser ni reducida al presente ni al pasado, sino que ella es un proyecto futuro, el cual se proyecta desde el presente que está siendo. La presencia de la persona es, por lo tanto, la manifestación en la temporalidad de la totalidad de la propia vida, que tiene un inicio concreto con el nacimiento y un final con la muerte.

La condición personal del ser humano es presente pero llega a su realización en el futuro, que se manifiesta en la presencia del ser humano, por ello en la filosofía antropológico-vital de Marías se puede hablar de presencia, como el lugar, o el «donde» la realidad personal del ser humano acontece, porque la presencia de la persona humana –como se ha dicho– no se limita al momento presente y ni siquiera al tiempo presente, la persona humana por medio de la presencialidad narra biográficamente la totalidad de quién ha sido y de quién será pero, sobre todo, desde quién está siendo.

Hasta aquí se ha indagado sobre la realidad de la persona humana desde el ámbito específico de la Escuela de Madrid. Ahora se tratará de dar una respuesta a al menos a dos preguntas que pueden nacer de esta investigación:

¿Tiene sentido hablar hoy sobre la persona humana desde una perspectiva integral?

Como se ha observado en este trabajo, el tema de la realidad de la persona ha sido un tema central para la construcción del pensamiento español contemporáneo. Dicha problemática hizo que se formara una escuela de pensamiento que llevó pensar la realidad humana entorno a su circunstancia, como realidad personal radicada en una realidad precedente a ella misma y como una realidad personal que da sentido a las demás realidades.

En la sociedad actual de frente a la presencia de la persona humana, que se presenta como una realidad corpórea concreta de varón y mujer que es a su vez una realidad disyuntiva, hablar solo de estas dos realidades corpóreas es problemático, sea por divergencias ideológicas, políticas, culturales, económicas y éticas; este último tema es el que interesa en manera directa esta investigación.

Respecto a la vida de la persona humana como realidad primaria, la filosofía actual debe dar, en la medida de lo posible, una respuesta con una perspectiva que mire la totalidad de la persona misma y no solo a una parte de su realidad que pueda ser: biológica, sexual, psicológica, espiritual, política o social.

En esta investigación se ha analizado la realidad de la persona humana desde una perspectiva de la totalidad, y se ha afirmado que el ser humano en cuanto *«faciendum»*, o sea, en cuanto *«realitas in essendo»*, es una realidad personal que está siempre haciéndose sobre la base de la *personeidad*, que es —como se ha visto— aquella realidad primaria de la persona. Esto significa que la realidad del ser humano en cuanto persona es una realidad que se está haciendo, o sea, es una realidad que es en proyecto, una realidad futuriza.

Pero, ¿y qué del salvar la circunstancia que el «yo» está viviendo? ¿y qué de la realización de la realidad de la persona en cuanto realidad que es dada pero no dada hecha ni terminada? ¿Qué se puede decir de la realidad sexuada de la persona humana?

La realidad de la persona humana es una realidad que se hace pero no en manera aislada de las demás realidades, por tanto en ese hacerse influye la relación con su circunstancia particular, con su mundo; y es en esa relación con lo otro y sobre todo con el otro —en cuanto experiencia del estar viviendo humanamente— que se da la construcción de la personalidad de la persona. El ser humano de hecho, en cuanto realidad *«gerundial»* está haciendo no solo su personalidad, sino que sobre todo está haciendo y proyectando la propia realidad en la cual está presente, y de la cual es presencia.

El presente de la persona humana es en acto gracias a la presencia de lo que ha sido y de lo que quiere ser; dicha presencia no es solo fruto de un acto circunstancial, sino que sobre todo es un acto personal en el cual construye la propia personalidad. Para la construcción de la personalidad es necesaria la presencia del ser humano, que es a su vez una presencia personal y por lo tanto lo que se construye a partir de dicha presencia no es otra cosa que un acto personal de la persona humana. El acto personal procede de la persona humana que es presencia y dicho acto tiene como fin formar la personalidad la cual se manifiesta en el presente de la presencia personal.

La persona en cuanto realidad se manifiesta en su presencia desde la cual narra biográficamente quién es. La presencia de la persona no es algo que se ha construido, sino que es la manifestación de un «yo» que está siendo presencia en la realidad para un «tu». En este sentido la presencia es manifestación no solo de la personalidad en cuanto construcción de la experiencia del ser humano, sino de la biografía de la persona. Se puede decir entonces que lo que la persona construye en su estar viviendo no es su persona, ni su presencia sino aquello de lo cual la presencia es manifestación, su personalidad.

La construcción de la personalidad que se hace en el estar viviendo no afecta la esencia que es la persona misma, porque es la persona que construye su personalidad, y esa –desde el punto de vista de Marías– no puede ser desligada de la totalidad de su esencia personal. Es por ello que para Marías la persona humana en cuanto que es alguien corpóreo, es también una corporeidad sexuada que se manifiesta en la condición disyuntiva de varón y mujer.

Este trabajo ha pretendido profundizar en una antropología vital y metafísica de la realidad de la persona humana, desde una filosofía que todavía se debe descubrir, como lo es la filoso-

fía española contemporánea. Desde la perspectiva de esta filosofía se ha querido observar por el ser humano como una realidad
personal que responde a la pregunta ¿Quién soy yo? Esta realidad de la persona humana en cuanto *quehacer* y por tanto como
realidad biográfica, se manifiesta en la presencia personal, que
en cuanto principio relacional es presencia para alteridad.

En esta investigación, además se ha tratado de ver la filosofía
española como una posibilidad no solo para Europa, sino también
para el pensamiento europeo actual. La filosofía española es todavía un pensamiento por descubrir sobre todo para el pueblo español. Baste analizar los programas de estudios de la educación superior en filosofía y se podrá observar el poco espacio que se ofrece
para el re-descubrimiento y la actualización de esta filosofía.

Re-descubrir por lo tanto la filosofía española de la Escuela
de Madrid y abrir el pensamiento español actual a Europa no
es solo españolizar Europa y europeizar España, significa sobre
todo pensar con Europa y pensar con España desde la circunstancia específica que la persona humana está viviendo.

¿Existe una continuidad filosófica entre el pensamiento español contemporáneo y la Escuela de Madrid?

Este investigación se ha desarrollado en diversas instituciones y con personas que mantienen vivo el pensamiento de los autores que han ocupado nuestra atención en este
recorrido, como lo son la Fundación Xavier Zubiri y la Fundación José Ortega y Gasset-Gregorio Marañón. Es interesante
observar cómo en estas instituciones la línea de investigación se
refiere estrictamente a la teoría filosófica del autor que en ella se
investiga y que por tanto, defiende, dejando de lado el continuo
diálogo filosófico con sus contemporáneos.

Por tal motivo no creo que se pueda hablar de una continuidad con el pensamiento de la Escuela de Madrid, ya que el

pensamiento de los maestros de la escuela se encuentran ence-
rrados en sus fundaciones e institutos como fines en sí mismos.
De todos modos, se deben agradecer los esfuerzos que se hacen
en dichas fundaciones e institutos por mantener la filosofía de
los diversos autores profundizados en este estudio, pero, a su
vez, se debe decir que dichos esfuerzos se realizan de manera
individual y desligada entre ellos.

En cuanto a la cuestión de la continuidad se puede afirmar
que –por ahora– no hay un esfuerzo objetivo de conjunto con el
cual se pueda hablar de una continuidad o renovación filosófica
en la filosofía de la España contemporánea. El actual director
de la Fundación Xavier Zubiri, Dr. Diego Gracia[78], afirma, que
no se puede hablar ni de una continuidad con la filosofía precedente, ni de continuidad con la Escuela de Madrid. Además
–comenta– que no se puede hablar de una filosofía española
actual porque el pensamiento estrictamente español, afirma el
estudioso zubiriano, se ha detenido en repetir las teorías del pasado y no en proseguirlas o innovarlas. A esto se puede añadir
la dificultad en el poner a dialogar estos tres pensadores tan diversos entre ellos y con distintos puntos de vista, tal y como lo
manifiestan sus teorías filosóficas. Pero, a su vez, es paradójico
que ellos en su difícil circunstancia histórica, social y política
–como se ha evidenciado en este trabajo–, hayan podido llevar
el pensamiento filosófico español a niveles tan elevados con tan
pocos recursos.

Teniendo presente lo que se ha dicho en esta investigación,
las obras y los autores contemporáneos que se han consultado
y discordando en algunos aspectos con el Dr. Gracias, creo que
se puede decir, sin lugar a dudas, que hoy en España se pueda
hablar de una continuidad de pensamiento con respecto a la filosofía del siglo xx, que tiene como base y como punto de referimiento la filosofía del ser humano.

---

[78]   Entrevista personal (4 de marzo 2020).

Referencias bibliográficas

Abellán, José Luis. 1972. «Aportaciones de Unamuno y Ortega para una filosofía española». *Universidad de Salamanca* 15: 11–18.

Abellán, José Luis. 1979. *Historia crítica del pensamiento español. La Edad de Oro. El siglo XVI.* Vol. II. Madrid: Espasa-Calpe.

Abellán, José Luis. 1989. *Historia crítica del pensamiento español. La crisis contemporánea. II: de la Gran Guerra a la guerra civil española (1914-1939).* Vol. V. Madrid: Espasa-Calpe, Madrid.

Abellán, José Luis. 1991. *Historia crítica del pensamiento español. La crisis contemporánea. III: de la Gran Guerra a la guerra civil española (1914-1939).* Vol. V. Madrid: Espasa-Calpe.

Abreu Abreu, Pedro María. 1985. «José Ortega y Gasset: un madrileño en el mundo y para el mundo». Revista Cuadernos de Filosofía: 30: 87-95

Agostino, San. 1994. *Le Confessioni.* 5th ed. Milán: BUR.

Agua, Juan del. 1984. «Introducción: Julián Marías o la lontinuación de una gran empresa intelectual». En *Homenaje a Julián Marías*, Espasa Calpe, España: 13–20.

Alcalá, Ángel. 1969. «Unamuno agónico y el Sentido de la vida». *Cuadernos Hispanoamericanos* 77: 267–301.

Alonso, Dámaso. 1984. «Sancho-Quijote: Quijote-Sancho». En *El Quijote de Cervantes*, editado por George Haley, 313–19. Madrid: Taurus.

Alonso Fernández, Marcos. 2020. «El hombre no tiene naturaleza». Un examen de la metafísica orteguiana. *Revista de Filosofía* 45 (1): 69–85.

Araújo, Ana María. 2009. «La instalación sexuada: la disyunción varón-Mujer». En *El vuelo del Alción: el pensamiento de Julián Marías*, editado por José Luis Cañas y Juan Manuel Burgos, 177–94. Madrid: Páginas de Espuma.

Araújo Castro, Ana María. 2017. «Proyecto vital o de la felicidad en el pensamiento de Julián Marías». En *Filosofía y personalismo en un mundo en crisis: tomo 1,* editado por Edgar Javier Garzón-Pascagaza, 139–55. Bogotá: Universidad Católica de Colombia.

Arévalo Benito, Héctor. 2016. «El joven Rof Carballo y la Escuela de Madrid (Ortega, Morente y Gaos)». En *Psicosomática, medicina y filosofía. Estudios de humanidades médicas en torno al pensamiento de Juan Rof Carballo*, editado por Antonio Piñas Mesa, 211–36. España-Ecuador: Instituto de Humanidades-CEU San Pablo.

Aristotele. 2004. *Metafisica*, editado por Giovanni Reale, 2 impresión. Milán: Bompiani.

Arrate, Aparicio Marcos. 2023a. «Ética Del Dolor En Miguel de Unamuno». *Anales del Seminario de Historia de la Filosofía*. 40 (3), 541-550.

Abellán, José Luis. 2023b. «Ética y Educación En Miguel de Unamuno. El amor, el erostratismo y la pedagogía al descubierto». *Agora. Papeles de Filosofía* 42 (2).

Ávila, Teresa de. 1967. «Poesías». En *Obras completas de santa Teresa.*, 2ª ed. Madrid: Biblioteca de Autores Cristianos.

Azorín *et al.* 1960. *Experiencia de la vida*. Madrid: Tribuna de la Revista de Occidente.

Barreiro Gordillo, Cristina. 2015. «La recepción del pensamiento de Ortega en la prensa española (Años 20)». *RIHC: Revista Internacional de Historia de la Comunicación*. 1 (5): 143-163.

Barrio, Jaime Franco. 1989. «Kierkegaard en Español». *Azafea: Revista de Filosofía*, 2: 211–34.

Benítez, Jaime. 1984. «Reflexiones Sobre Julián Marías». En *Homenaje a Julián Marías*, Espasa Calpe, España: 113–17.

Berti, Enrico. 2006. *Struttura e significato della Metafisica di Aristotele. 10 lezioni*, editado por Ignacio Yarza. Roma: Edusc.

Berti, Enrico. 2017. *Introduzione alla Metafisica*. 13ª ed. Torino: UTET.

Bueno, Miguel. 1962. «Manuel Granell, Ortega y su Filosofía» *Revista de Filosofía Diánoia* 8 (8): 318–23.

Burgos, Juan Manuel. 2012. *Introducción al personalismo*. Madrid: Palabra.

Burgos, Juan Manuel. 2016. «Humana, Hombre y Persona. En Julián Marías: Análisis de una translación conceptual y de sus resultados» *Quién: Revista de Filosofía Personalista* 4 (January): 27–46.

Caballero Bono, José Luis. 2009. «Marías a propósito de la muerte y la vida perdurable». En *El vuelo del Alción: El pensamiento de Julián Marías*, editado por José Luis Cañas y Juan Manuel Burgos, 405–18. Madrid: Páginas de Espuma.

Cañas Fernández, José Luis. 2018. *Ciencias de la persona: antropologia personalista aplicada*. Madrid: Dykinson.

Cañas López, Sergio Arturo. 2005. «Vida y Obra Filosófica de Xavier Zubiri, Pedro Laín Entralgo e Ignacio Ellacuría». *Realidad: Revista de Ciencias Sociales y Humanidades*, no. 106: 537–61.

Carpintero Capell, Heliodoro. 1967. *Cinco aventuras españolas: (Ayala, Laín, Aranguren, Ferrater, Marías)*. Madrid: Revista de Occidente.

Carpintero Capell, Heliodoro. 2005. «Cervantes y "el Quijote" en la visión de Julián Marías». En *Anales de la Real Academia de Ciencias Morales y Políticas*, 503–28. Madrid: Academia de Ciencias Morales y Políticas.

Carpintero, Helio. 2006. «Ortega y el "Quijote". Los primeros apuntes». *Anales del Seminario de Historia de La Filosofía* 23 (SE-Estudios): 233–47.

Cervantes Saavedra, Miguel de. 2004. *Don Quijote de la Mancha*. Ed. del IV Centenario. Madrid: Alfaguara.

Chumillas-Zurilla, Pedro. 2017. «La vida biográfica de la persona en Julián Marías». *Cuadernos Doctorales de la Facultad Eclesiástica de Filosofía* 27: 293–371.

Conill-Sancho, Jesús. 2012. «La superación del naturalismo En Ortega y Gasset» *Isegoría*, 46: 167–92.

Conill, Jesús. 2019. *Intimidad corporal y persona humana. De Nietzsche a Ortega y Zubiri*. Madrid: Tecnos.

Conill Sancho, Jesús. 2015. «La intimidad corporal en la filosofía de Ortega y Gasset». *Isegoría. Revista de Filosofía Moral y Política* 53: 491–513.

Corte, Luis de la. 2006. «Structure and personal condition of human life and Subjectivity. Remembering Julián Marías». *Estudios de Psicologia* 27 (1): 3–8. https://doi.org/10.1174/021093906776173135.

Cuevas González, Pedro Carlos. 2006. «Ortega y Gasset ante las derechas españolas». *Revista de Estudios Políticos*, 133: 59–116.

276 El problema de la vida humana

D'Aquino, Tommaso. 2017. *L'ente e l'essenza*. Milán: Bompiani.

Díaz Díaz, Gonzalo. 1995. *Hombres y documentos de la filosofía española*. Vol. V. m-n-ñ. Madrid: Editorial CSIC-CSIC Press.

Díaz, Jorge Aurelio. 2015. «Julián Marías y la voluntad». *Discusiones Filosóficas* 16 (27): 163–74. https://doi.org/10.17151/difil.2015. 16.27.10.

Ellacuría, Ignacio. 1976. «Introducción crítica a la antropología filosófica de Zubiri». *Realitas II, 1974-1975*, 49–137.

Espinoza Lolas, Ricardo A, Pamela Soto García, y Ronald Durán Allimant. 2017. «Noología y técnica en Zubiri». *Ideas y Valores: Revista Colombiana de Filosofía* 66 (163): 243–60.

Evans, Jan E. 2008. «La Metáfora de la llaga en Søren Kierkegaard y Miguel de Unamuno: la Importancia del sufrimiento en la existencia auténtica». *Cuadernos de la Cátedra Miguel de Unamuno* 46 (1): 13–25.

Ezcurra, Alicia Villar. 2007. «Muerte y pervivencia en Unamuno». *Contrastes. Revista Internacional de Filosofía*, 12: 239-250.

Fabris, Adriano. 2000. *Essere e Tempo Di Heidegger. Introduzione Alla Lettura*. Roma: Carocci.

Fernández, Óscar Barroso. 2009. «El fundamento en Zubiri. Aportaciones de su filosofía al debate antropológico entre relativismo y universalismo». *Daimon Revista Internacional de Filosofía*, 48: 117–35.

Ferrater Mora, José. 1965. *Diccionario de filosofía,* Vol II. Buenos Aires: Sudamericana.

Fioraso, Nazzareno. 2018. «Españolizar/Europeizar un panorama sobre la relación Entre España y Europa desde la ilustración hasta Ortega y Gasset». *Otrosiglo* 2 (2): 28–40.

Fonck, Béatrice. 2010. «Ortega y el poder bajo la dictadura de Primo de Rivera a la luz de los inéditos del Tomo VII de las obras completas». *Revista de Estudios Orteguianos*, 20: 7–19.

Fraile, Guillermo. 1972. *Historia de la filosofía española. Desde la ilustración.* Madrid: Biblioteca de Autores Cristianos.

Fueyo, Sabino Alonso. 1949. «Existencialismo español. Ortega y Gasset, Unamuno y Xavier Zubiri». *Saitabi* 7 (31–32): 3–11.

Garagorri, Paulino. 1968. *Unamuno, Ortega, Zubiri en la filosofía española*. Madrid: Plenitud.

Garagorri, Paulino. 1970. *Introducción a Ortega*. Madrid: Alianza Editorial.

Gómez Álvarez, Nieves. 2017. *Julián Marías. Metafísico de la persona*. Madrid: Ciudad Nueva.

Gómez Álvarez, Nieves. 2019. «Julián Marías: metafísico español». *La Albolafia: Revista de Humanidades y Cultura*, 17: 105–37.

Gonçalves, Arlindo F. y José Marcelo Siviero. 2009. «Ética e pessoa humana segundo o raciovitalismo hispânico: contribuições da filosofia de Julián Marías». *Ideas y Valores* 58 (140): 53–71.

González, Antonio. 1997. «El problema de la alteridad en Ortega». *Realidad: Revista de Ciencias Sociales y Humanidades*, 58: 373–94.

González de Cardenal, Oligario. 1996. «Laudatio académica. Dr. Julián Marías Aguilera». En *Doctorado Honoris Causa, Dr. Pedro Laín Entralgo. Dr. Julián Marías Aguilera.*, 35–67. Salamanca: Universidad Pontificia de Salamanca.

Gracia, Diego. 2013. «El Puesto Del Hombre En La Realidad». *Cuadernos Salmantinos de Filosofía* 40: 611–43.

Gracia Guillén, Diego. 2017. *El poder de lo real. Leyendo a Zubiri*. Madrid: Triacastela.

Guillén, Jorge. 1984. «Vida y Muerte de Alfonso Quijano». En *El Quijote de Cervantes*, editado por George Haley, 303–12. Madrid: Taurus.

Gutiérrez-Pozo, Antonio. 2012. «La vida a humana como principio interpretativo radical en la filosofía de Ortega y Gasset». *Trans/Form/Acao* 35 (3): 81–96. https://doi.org/10.1590/S0101-31732012000300005.

Guy, Alain. 1983. *Historia de la filosofía española*. Barcelona: Anthropos.

Hamling, Anna. 2003. «Tolstoi, Unamuno y el existencialismo cristiano». *Cuadernos de la Cátedra Miguel de Unamuno*, 38: 91–105.

Heidegger, Martin. 1976. *Essere e Tempo*. 11th ed. Milián: Longanesi.

Henares, Domingo. 1991. *Hombre y sociedad en Julián Marías*. Albacete: Universidad de Murcia.

Herranz Pérez, Miguel. 2004. «Ortega y los retos de la filosofía española». En *Concordantia Ortegiana : Concordantia in José Ortega y Gasset Opera Omnia / Javier Fresnillo Núnez*. Alicante: Publicaciones de la Universidad de Alicante.

En: Laín Entralgo, Pedro. 1953. «Zubiri, en el pensamiento español». *Homenaje a Xavier Zubiri*, 139–52.

Lázaro Quintero, Manuel Andrés. 2020. «La educación sentimental en el pensamiento de Julián Marías. Una reflexión en el contexto colombiano». *Perseitas* 8: 51-74. https://doi.org/https://doi.org/10.21501/23461780.3501.

Llera Esteban, Luis Ricardo De. 2016. «Ortega y las "Meditaciones del Quijote"». *Arbor* 192 (782): 2–13.

López Quintás, Alfonso. 1970. *Filosofía española contemporánea*. Madrid: Biblioteca de Autores Cristianos.

López Quintás, Alfonso. 1979. «La racionalidad propia del arte. Creatividad y acceso a lo real». *Realitas III-IV,* 1976-1979: 151–235.

Malishev, M L, y J Herrera. 2010. «José Ortega y Gasset: la metafísica existencial de la vida». *Eidos. Revista de Filosofía de la Universidad del Norte, México*, 12: 214–35.

Marías, Julián. 1947. *Introducción a la filosofía*. Madrid: Revista de Occidente.

Marías, Julián. 1949. *El método Histórico de las generaciones*. Madrid: Revista de Occidente.

Marías, Julián. 1960. «Miguel de Unamuno». En *Obras*, 7ª ed. Vol. V. Madrid: Revista de Occidente.

Marías, Julián. 1962a. «Idea de la metafísica». En *Obras*. Vol. II. Madrid: Revista de Occidente.

Marías, Julián. 1962b. «Introducción a la filosofía» En *Obras*, 2ª ed. Vol. II. Madrid: Revista de Occidente.

Marías, Julián. 1966. «El tiempo que ni vuelve ni tropieza». En *Obras*, 3ª ed. Vol. VII. Madrid: Revista de Occidente.

Marías, Julián. 1967a. «Historia de la filosofía». En *Obras*, 4ª ed. Vol. I. Madrid: Revista de Occidente.

Marías, Julián. 1967b. «Reflexión sobre un libro propio (Prólogo a la traducción inglesa)». En *Historia de la filosofía*, 4ª ed., Vol. I: XXXIII–XXXVIII. Madrid: Revista de Occidente.

Marías, Julián. 1969a. «Ensayos de teoria». en *Obras*, 4ª ed. Vol. IV. Madrid: Revista de Occidente.

Marías, Julián. 1969b. «La Escuela de Madrid». En *Obras*, 3ª ed. Vol. V. Madrid: Revista de Occidente.

Marías, Julián. 1969c. «La imagen de la vida humana». En *Obras*, 3ª ed. Vol. V. Madrid: Revista de Occidente.

Marías, Julián. 1969e. «Prólogo». En *Biografía de Sancho Panza, filósofo de la sensatez*. Barcelona: Aedos.

Marías, Julián. 1970a. *Antropología metafísica: la estructura empírica de la vida humana*. Madrid: Alianza.

Marías, Julián. 1970b. «Aparición del hombre». *Homenaje a Xavier Zubiri*. II: 333–41.

Marías, Julián. 1970c. «Nuevos ensayos de filosofía». En *Obras*. Vol. VIII. Madrid: Revista de Occidente.

Marías, Julián. 1974. «La retracción a España del europeo Ortega». *Revista de Occidente*, 140: 181–95.

Marías, Julián. 1982. «Antropología metafísica». En *Obras*, 3ª ed. Vol. X. Madrid: Revista de Occidente.

Marías, Julián. 1983. «Prólogo». En *Antropología metafísica*. Madrid: Alianza Universidad.

Marías, Julián. 1989a. *La felicidad humana*. Madrid: Alianza.

Marías, Julián. 1989b. *Una vida presente. Memorias (1914-1951)*. 1ª ed. Vol. I. Madrid: Alianza Editorial.

Marías, Julián. 1989c. *Una vida presente. Memorias (1951-1975)*. Vol. II. Madrid: Alianza Editorial.

Marías, Julián. 1996. *Persona*. Madrid: Alianza.

Marías, Julián. 2010. *Mapa del mundo personal*. 5ª ed. Madrid: Alianza.

Marquínez Argote, Germán. 2004. «Actualidad de Zubiri en América Latina». *Cuadernos de Filosofía Latinoamericana* 25 (91): 4.

Molina García, Diego. 2006. «Realidad y Ser: una lectura comparada de Zubiri y Heidegger». *Thémata* 36: 153–70.

Nicol, Eduardo. 1961. *El problema de la filosofía hispánica*. Madrid: Tecnos.

Nigris, Francesco de. 2005. *Libertad y método. El liberalismo desde la perspectiva personal de Ortega y Marías*. Madrid: Fundación Universitaria Española.

Nigris, Francesco de. 2012. «La razón vital de J. Ortega y Gasset y la analítica existencial de M. Heidegger / J. Ortega y Gasset's vital reason and M. Heidegger's Existential Analytic». *Ideas Y Valores* 61 (148).

Nigris, Francesco de. 2016. «La fertilidad teológica del pensamiento de Julián Marías». *SCIO: Revista de Filosofía* 12 (December): 77–96.

Nigris, Francesco de. 2018. «Mereología, teoría del conocimiento y metafísica de Ortega como fundamento de la antropología metafísica de Julián Marías». *Anales del Seminario de Historia de La Filosofía* 35 (1 SE-Estudios): 205–32.

Nigris, Francesco de. 2012. «El ser y la sustancia de Aristóteles ante la razón vital: las cuatro reducciones de la realidad». *Anales del Seminario de Historia de La Filosofía* 29 (2): 625–48.

Ochoa de Michelena, Francisco Javier. 2007. «La Europeización de España desde la cultura y las categorías del juicio. Reflexiones en torno a Ganivet, Unamuno y Ortega». *Barataria. Revista Castellano-Manchega de Ciencias Sociales*, 8: 193–213.

Olaizola, José Luis. 1995. «Prólogo de Julián Marías». En *Las bienaventuranzas hoy*. Barcelona: Planeta.

Orringer, Nelson R. 1985. *Unamuno y los protestantes liberales (1912)*. Madrid: Gredos.

Ortega y Gasset, José. 1964a. «¿Qué es filosofía?» En *Obras completas*, 2ª ed. Vol. VII. Madrid: Revista de Occidente.

Ortega y Gasset, José. 1964b. «Historia como sistema». En *Obras completas*, 6ª ed. Vol. VI. Madrid: Revista de Occidente.

Ortega y Gasset, José. 1964c. «Obras completas, Vol. VI». En *Obras completas*, 6ª ed. Madrid: Revista de Occidente.

Ortega y Gasset, José. 1966. «Meditaciones del Quijote». En *Obras completas*, 7ª ed. Vol. I. Madrid: Revista de Occidente.

Ortega y Gasset, José. 1970. *Unas Lecciones de Metafísica*. 3ª ed. Madrid: Alianza Editorial.

Ortega y Gasset, José. 2004a. «El Espectador V».En *Obras completas*, editado por Fundación José Ortega y Gasset. Centro de Estudios Orteguianos. Vol. II. Madrid: Taurus.

Ortega y Gasset, José. 2004b. «El espectador VI». En *Obras completas*, editado por Fundación José Ortega y Gasset. Centro de Estudios Orteguianos. Vol. II. Madrid: Taurus.

Ortega y Gasset, José. 2004c. «Meditaciones del Quijote». En *Obras completas*, editado por Fundación José Ortega y Gasset. Centro de Estudios Orteguianos. Vol. I. Madrid: Taurus.

Ortega y Gasset, José. 2004d. «Personas, obras, cosas». En *Obras completas*, editado por Fundación José Ortega y Gasset. Centro de Estudios Orteguianos. Vol. II. Madrid: Taurus.

Ortega y Gasset, José. 2004e. «Vieja y nueva política». En *Obras completas*, editado por Fundación José Ortega y Gasset. Centro de Estudios Orteguianos. Vol. I. Madrid: Taurus.

Ortega y Gasset, José. 2005a. «El tema de nuestro tiempo». En *Obras completas*, editado por Fundación José Ortega y Gasset. Centro de Estudios Orteguianos. Vol. III. Madrid: Taurus.

Ortega y Gasset, José. 2005b. «España invertebrada. – Bosquejos de algunos pensamientos históricos». En *Obras completas*, editado por Fundación José Ortega y Gasset. Centro de Estudios Orteguianos. Vol. III. Madrid: Taurus.

Ortega y Gasset, José. 2005c. «Ni vitalismo ni racionalismo». En *Obras completas*, editado por Fundación José Ortega y Gasset. Centro de Estudios Orteguianos. Vol. III. Madrid: Taurus.

Ortega y Gasset, José. 2006a. «En la muerte de Unamuno». En *Obras Completas*, editado por Fundación José Ortega y Gasset. Centro de Estudios Orteguianos. Vol. V. Madrid: Taurus.

Ortega y Gasset, José. 2006b. «Ensimismamiento y alteración». En *Obras completas*, editado por Fundación José Ortega y Gasset. Centro de Estudios Orteguianos. Vol. V. Madrid: Taurus.

Ortega y Gasset, José. 2006c. «Goethe desde dentro». En *Obras completas*, editado por Fundación José Ortega y Gasset. Centro de Estudios Orteguianos. Vol. V. Madrid: Taurus.

Ortega y Gasset, José. 2006d. «Historia como sistema y del Imperio Romano». En *Obras completas*, editado por Fundación José Ortega y Gasset. Centro de Estudios Orteguianos. Vol. VI. Madrid: Taurus.

Ortega y Gasset, José. 2006e. «Misión del bibliotecario». En *Obras completas.*, editado por Fundación José Ortega y Gasset. Centro de Estudios Orteguianos. Vol. V. Madrid: Taurus.

Ortega y Gasset, José. 2006f. «Para el «Archivo de la palabra». En *Obras completas*, editado por Fundación José Ortega y Gasset. Centro de Estudios Orteguianos. Vol. V. Madrid: Taurus.

Ortega y Gasset, José. 2006g. «Prólogo a una edición de sus obras». En *Obras completas*, editado por Fundación José Ortega y Gasset. Centro de Estudios Orteguianos. Vol. V. Madrid: Taurus.

Ortega y Gasset, José. 2008a. «¿Qué es Filosofía?». En *Obras completas. Obra póstuma*, editado por Fundación José Ortega y Gasset. Centro de Estudios Orteguianos. Vol. VIII. Madrid: Taurus.

Ortega y Gasset, José. 2008. *Obras Completas. Obra póstuma*. Vol. VIII. Madrid: Taurus.

Ortega y Gasset, José. 2008b. «Principios de metafísica según la razón vital. Curso de 1932-1933». En *Obras completas. Obra póstuma*, editado por Fundación José Ortega y Gasset. Centro de Estudios Orteguianos. Vol. VIII. Madrid: Taurus.

Ortega y Gasset, José. 2010. «El hombre y la gente [Curso de 1949-1950]». En *Obras completas. Obra póstuma*, editado por Fundación José Ortega y Gasset. Centro de Estudios Orteguianos. Vol. X. Madrid: Taurus.

Parente, Lucia Maria Grazia. 2016. «Premessa». En *La Scuola di Madrid. La Filosofia Spagnola Del XX Secolo*, editado por Lucia Maria Grazia Parente. Milano-Udine: Mimesis Edizioni.

Pastor, Aldo Giacchetti. 2019. «La persona como ser en relación en el pensamiento de Julián Marías». *Quién: Revista de Filosofía Personalista* 10 (January): 204–9.

Pérez Duarte, Javier. 2016. «La imaginación en el pensamiento de Julián Marías». *SCIO: Revista de Filosofía* 12 (December): 125–43.

Pintor-Ramos, Antonio. 1983. «El magisterio intelectual de Ortega y la filosofía de Zubiri». *Cuadernos Salmantinos de Filosofía* 10: 55–78.

Pintor-Ramos, Antonio. 1993. *Realidad y sentido. Desde una inspiración zubiriana.* Salamanca: Publicaciones Universidad Pontificia de Salamanca.

Pintor-Ramos, Antonio. 2002. *Historia de la filosofía contemporánea.* Madrid: Biblioteca de Autores Cristianos.

Pintor Ramos, Antonio. 1983. *Génesis y formación de la filosofía de Zubiri.* 2ª ed. Salamanca: Universidad Pontificia Salamanca.

Pintor Ramos, Antonio. 1996. *Xavier Zubiri : (1898-1983).* [1ª. ed.]. Madrid: Ediciones del Orto.

Pontificia Commisione Biblica. 2019. *Che cosa è l'uomo? Un itinerario di antropologia biblica.* Editado por Pontificia Commisione Biblica. Città del Vaticano: Libreria Editrice Vaticana.

Ponzio, Paolo. 2015. «La experiencia como paradigma del nexo entre el hombre y Dios». *Pensamiento. Revista de Investigación e Información Filosófica* 71 (266): 413–24.

Riaza, María. 1984. «La "Historia de La Filosofía" Como Fundamento». En *Homenaje a Julián Marías*, Espasa Calpe, Madrid: 589–99.

Romero Flores, Hipólito Rafael. 1951. *Biografía de Sancho Panza: filósofo de La sensatez.* Barcelona: Aedos.

Russo, Maria Teresa. 2003. «La riflessione antropologica nella filosofia spagnola della seconda metà del novecento». *Paradigmi* 21 (63): 603–33.

Russo, María Teresa. 2012. *Corporeità e relazione: temi di antropologia in José Ortega y Gasset e Julián Marías.* Roma: Armando Editore.

Russo, María Teresa. 2016. *Alla ricerca del bene e del meglio: etica ed educazione morale in Julián Marías.* Roma: Armando Editore.

Russo, María Teresa. 2009. «Antropología de la técnica: Ortega y Gasset y el pensamiento italiano». *Revista Portuguesa de Filosofía* 65 (1/4): 619–28.

Salmerón Jiménez, María Angélica. 1998. «Unamuno, precursor del existencialismo». *La palabra y el hombre*, 106: 105–20.

San Baldomero Úcar, José Manuel. 1999. «El significado de la vida
    y la filosofía de Xavier Zubiri (1898-1983) In Memoriam en el
    centenario de su nacimiento». *Príncipe de Viana* 60 (218): 705–56.
Sánchez, José Luis. 2016. «Las Categorías Antropológicas de Julián
    Marías». *SCIO: Revista de Filosofía* 12 (December): 159–76.
Sánchez Muñoz, Rubén., y Sandra Chávez Báez, Román Alejandro.
    García Pérez. 2018. «Ideas sobre la estética y el arte desde el
    neokantismo de Ortega y Gasset». *Elementos*, no. 109: 13–18.
Savignano, Armando. 1996. *Introduzione a Ortega y Gasset*. Roma-
    Bari: Laterza.
Savignano, Armando. 2016. *Storia della filosofia spagnola del XX
    secolo*. Brescia: Morcelliana.
Savignano, Armando. 2017. *Vita di don Chisciotte e Sancio, e altri
    scritti sul Chisciotte*. Milán: Bompiani.
Severino, Emanuele. 1994. *Heidegger e la metafisica*. Milán: Adelphi.
Severino, Emanuele. 2011. *Gli abitatori del dempo*. Milán: BUR.
Socrate, Mario. 1998. *Il riso maggiore di Cervantes: le opere e i tempi*.
    Florencia: La nuova Italia.
Solari, Enzo. 2010. *La raíz de lo sagrado: contribuciones de Zubiri a
    la filosofía de La religión*. RIL editores.
Soler Planas, Juan. 1971. «¿Es original el pensamiento filosófico de
    Julián Marías?». *Mayurqa* 5: 57–74.
Soler Planas, Juan. 1973. *El pensamiento de Julián Marías*. Madrid:
    Revista de Occidente.
Soto García, Pamela, y Ricardo Espinoza Lolas. 1970. «Xavier
    Zubiri y María Zambrano: de la crisis europea a una reforma
    del entendimiento». *Pensamiento. Revista de Investigación e
    Información Filosófica* 71 (266): 435–57.
Terricabras, Josep-Maria. 2012. «Introduction». En *Three Spanish
    Philosophers: Unamuno, Ortega, Ferrater Mora*, 1–8. New York:
    SUNY Press.
Ullán, Antonio Sandoval. 2003. «El "Cristo de Velázquez" Como
    única vía de acceso a Dios». En *Miguel de Unamuno estudio sobre
    su obra I: Actas de las IV Jornadas Unamunianas, Salamanca,*

Casa-Museo Unamuno, 18-20 de Octubre de 2001, editado por Ana Chaguaceda, 37–49. Salamanca: Universidad de Salamanca.

Unamuno, Miguel de. 1916. «La dignidad humana». En *Ensayos*. Vol. III. Madrid: Residencia de estudiantes.

Unamuno, Miguel de. 1918. «Sobre la europeización (Arbitrariedades)». En *Ensayos*. Vol. VII. Madrid: Residencia de estudiantes.

Unamuno, Miguel de. 1958a. «Almas Jóvenes». En *Obras completas*. Vol. III. Madrid: Afrodisio Aguado.

Unamuno, Miguel de. 1958b. «Del sentimiento trágico de la vida» En *Obras completas*. Vol. XVI. Madrid: Afrodisio Aguado.

Unamuno, Miguel de. 1958c. «Discurso en el homenaje a Darwin en la Universidad de Valencia 1909». En *Obras completas*. Vol. VII. Afrodisio Aguado.

Unamuno, Miguel de. 1958d. «La agonía del cristianismo». En *Obras completas*. Vol. XVI. Madrid: Afrodisio Aguado.

Unamuno, Miguel de. 1958e. «La locura del doctor Montarco». En *Obras completas*. Vol. III. Madrid: Afrodisio Aguado.

Unamuno, Miguel de. 1958f. *Obras completas,* Vol. XVI. Madrid: Afrodisio Aguado.

Unamuno, Miguel de. 1988. *Vida de don Quijote y Sancho*. Editado por Alberto Navarro. Madrid: Cátedra.

Vargas Abarzúa, Esteban. 2018. «El "Realismo científico" a la luz de Xavier Zubiri». *Ideas y Valores* 67 (167): 177–98. https://doi.org/10.15446/ideasyvalores.v67n167.59450.

Vayá Menéndez, Juan. 1966. «Unamuno, Filósofo Existencial». *Convivium*, 21: 287–98.

Viteri Bazante, Frank Bolívar, y Edward Andrés Posada Gómez. 2018. «Miguel de Unamuno: una comprensión de su pensamiento en torno a la agonía y la muerte». *Pensamiento. Revista de Investigación e Información Filosófica* 73 (278 SE-Artículos): 1091–1114. https://doi.org/10.14422/pen.v73.i278.y2017.005.

Willis, Raymond. 1984. «Panza: prototipo para la novela moderna». En *El Quijote de Cervantes*, editado por George Haley, 320–38. Madrid: Taurus.

Zubiri, Xavier. 1963. *Naturaleza, historia, Dios*. 5ª ed. Madrid: Editora Nacional.

Zubiri, Xavier. 1979. «Respectividad de lo real» En *Trabajos del Seminario Xavier Zubiri. Realitas III-IV*, IV:13–43. Madrid: Sociedad de Estudios y Publicaciones.

Zubiri, Xavier. 1980. *Inteligencia sentiente*. Madrid: Alianza.

Zubiri, Xavier. 1986. *Sobre el hombre*. Madrid: Alianza.

Zubiri, Xavier. 1995. *Estructura dinámica de la realidad*. 2ª ed. Madrid: Alianza.

Zubiri, Xavier. 2016. *Estructura de la metafísica*. Madrid: Alianza.